本书得到"中央高校基本科研业务费专项资金"资助

本书是国家社会科学基金一般项目《我国司法公信力建设中的传媒角色与全媒体传播策略研究》(15BXW078)的结项成果之一。

我国司法公信力建设中的传媒角色研究

WOGUO SIFA GONGXINLI JIANSHEZHONG DE CHUANMEI JUESE YANJIU

王天铮 等◎著

中国政法大学出版社

2023·北京

声　明　1. 版权所有，侵权必究。
　　　　2. 如有缺页、倒装问题，由出版社负责退换。

图书在版编目（CIP）数据

我国司法公信力建设中的传媒角色研究 / 王天铮等著. —北京：中国政法大学出版社，2023.12
ISBN 978-7-5764-1334-2

Ⅰ.①我… Ⅱ.①王… Ⅲ.①司法制度－研究－中国　Ⅳ.①D926.04

中国版本图书馆CIP数据核字(2023)第257203号

出版者	中国政法大学出版社
地　址	北京市海淀区西土城路25号
邮　箱	fadapress@163.com
网　址	http://www.cuplpress.com（网络实名：中国政法大学出版社）
电　话	010-58908435(第一编辑部) 58908334(邮购部)
承　印	北京中科印刷有限公司
开　本	880mm×1230mm　1/32
印　张	8.5
字　数	206千字
版　次	2023年12月第1版
印　次	2023年12月第1次印刷
定　价	56.00元

摘 要

近年来，各类媒体（平台）的法治传播受到公众广泛关注和持久讨论，对我国法治建设、从严治党、社会公德等领域产生深远影响，关系着国家的民主法治与社会稳定。不同传媒角色的传播实践在司法公信力建设中既有贡献，也有干扰，如何规范与整合各类传媒角色、制定具有建设性的传媒传播策略以提升我国司法公信力、树立法治信仰、维护社会稳定是本研究的研究主旨。

本书以角色理论为基础，采用文献研究法、问卷调查法、深度访谈法和个案研究法，按照"提出问题—分析问题—解决问题"的研究思路，探讨司法公信力的形成与现实困境、法治传播的传媒生态环境、司法公信力建设中的多种角色采择、角色扮演、角色冲突和角色建构问题。

本书在梳理了司法公信力的内涵价值、建构基础、发展历程的基础上，明确我国司法公信力建设的现实困境，具体包括：个别行政管理干涉司法权实施、腐败作风腐蚀司法权威、传媒与舆论动摇司法公正、涉诉信访影响司法终局。这些现实困境既是我国司法公信力建设中存在的问题，也是传媒法治报道负面内容的主要来源，而且还影响传媒法治传播的还有传媒生态环境，主要包括外部环境和行业环境。外部环境的法治环境、文化环境和媒介融合环境均对我国传媒的法治传播具有正面和负面的影响；行业环境的发展对传媒法治传播的内容导向、采编规则、技术偏向、用户引导等都提出了多重要求。

司法公信力建设中的传媒角色包括记录者、宣传者和监督者：记录者包括记录司法资讯、记录司法案件和记录法治现象；宣传者包括宣传法律知识和改革成果，树立司法形象和司法威信，构筑法治观念和法律环境；监督者包括监督涉法案件、监督司法人员和监督司法条例。

在具体的新闻实践里，每类传媒角色均有角色内部冲突和角色间的冲突。内部冲突包括记录者角色存在用语失范、报道侵权等问题；宣传者角色存在过度宣传的问题；监督者角色存在报道思维偏颇、追求轰动效应等问题。角色间冲突表现为记录者与宣传者之间的冲突、记录者与监督者之间的冲突。在系统分析传媒对司法公信力的影响要素基础上，本问题提出旨在解决记录者、宣传者、监督者三种角色内部冲突的传媒角色规范策略：记录者的规范策略包括以法言法语记录法治精神、以普法目标指引报道内容、以法律事实框定报道范围。宣传者的规范策略包括：注重报道时机、控制报道密度、把控报道尺度。监督者的规范策略包括：恪守法律规定、避免报道侵权；秉持客观理性、遵循司法程序。为弥补已有角色无法满足全媒体时代我国司法公信力建设需要的不足，本书提出传媒需要构建建设者角色，具体措施包括创新法治内容生产协同模式；打造传媒主导的法治交流平台；为司法与公众提供对话和协商机制。

目 录

绪 论 ··· 1
  一、研究价值 ··· 1
  二、理论基础 ··· 2
  三、文献综述 ··· 8
  四、研究对象与研究思路 ··· 72
  五、研究方法 ··· 75
  六、创新之处 ··· 77

第一章 我国司法公信力的形成与现实困境 ···················· 78
  第一节 司法公信力的内涵与价值 ······························ 78
  第二节 我国司法公信力的形成发展历程 ························ 84
  第三节 我国司法公信力的构建基础 ······························ 88
  第四节 我国司法公信力建构的现实困境 ························ 94

第二章 我国法治传播的传媒生态环境分析 ···················· 105
  第一节 我国法治传播的外部环境分析 ························ 105
  第二节 我国法治传播的行业环境分析 ························ 119

第三章 我国司法公信力建设中的传媒角色采择 ·············· 150
  第一节 我国司法公信力建设中的传媒角色采择：
         记录者 ··· 150

第二节　我国司法公信力建设中的传媒角色采择：
宣传者 ………………………………………… 154
第三节　我国司法公信力建设中的传媒角色采择：
监督者 ………………………………………… 161

第四章　我国司法公信力建设中的传媒角色扮演 ………… 166
第一节　我国司法公信力建设中的传媒角色扮演：
记录者 ………………………………………… 166
第二节　我国司法公信力建设中的传媒角色扮演：
宣传者 ………………………………………… 175
第三节　我国司法公信力建设中的传媒角色扮演：
监督者 ………………………………………… 185

第五章　我国司法公信力建设中的传媒角色冲突 ………… 191
第一节　传媒角色的内部冲突 ………………………… 191
第二节　传媒角色之间的冲突 ………………………… 200

第六章　我国司法公信力建设中的传媒角色建构 ………… 207
第一节　影响我国司法公信力的传媒要素分析 ………… 207
第二节　我国司法公信力建设中传媒角色的规范策略 …… 228
第三节　我国司法公信力建设中传媒建设者角色的构建
……………………………………………………… 237

结论与讨论 ………………………………………………… 245

参考文献 …………………………………………………… 248
一、中文文献 …………………………………………… 248
二、英文文献 …………………………………………… 264

后　记 ……………………………………………………… 265

绪　论

近年来，于欢案、彭宇案等热点案件经媒体报道后，受到公众广泛关注和持久讨论，对我国法治建设、从严治党、社会公德等多个关系民主法治、社会稳定的领域产生深远影响。转型期社会适逢自媒体繁荣，公众可以通过多种媒介渠道获取司法信息，进而形成对司法公信的态度。不同传媒角色的传播实践在司法公信力建设中既有贡献，也有干扰，如何规范与整合各类传媒角色、制定具有建设性的传媒传播策略以提升我国司法公信力、树立法治信仰、维护社会稳定是本研究的研究主题。

一、研究价值

（一）学术价值

第一，探究自媒体时代多元传播主体的多重传媒角色在法治传播过程中的表现、冲突及其对司法公信力的影响，扩宽了基于单一传播渠道或单一传媒角色的研究视阈，是对已有研究内容的丰富，也为后续研究提供参考借鉴。

第二，依据角色理论，深入探讨司法公信力建设中的记录者、宣传者和监督者三类传媒角色的角色采择、角色扮演、角色冲突以及各类角色的角色规范和角色建构，进而提供操作性强的意见和建议，弥补当前相关经验性研究较多和缺少学理性支撑的缺憾。

第三,定量研究与定性研究相结合,通过问卷调查、深度访谈、文献研究、个案研究等研究方法对司法公信力微观和宏观两个层面的影响进行统计分析,为提出和构建科学的传媒角色规范策略提供数据支持,使研究结论更具科学性和实用价值,也是前人经验性研究的有益补充。

第四,本研究属于交叉学科研究,以新闻传播学、法学和社会学的相关理论和研究文献为基础,既是对现有基于法学或新闻传播学的单一学科的研究的延伸,又是对其有益的补充,扩宽了同一研究主题的研究视野。同时,本研究基于交叉学科的分析框架和研究结论,也为今后法学与新闻传播学的交叉研究提供参考借鉴。

(二)应用价值

第一,本研究对如何通过精准构建与规范各类传媒角色以提升司法公信力和维护社会稳定具有重要的指导意义。有助于传媒管理部门进一步规范各传播主体的法治传播实践,建立健全相关法规政策。

第二,本研究可促进司法、传媒和民意的良性互动,为司法机关及政府其他部门的法治传播工作、舆论疏导工作提供可借鉴的模式及建议。其有助于促进司法公开工作的顺利开展,为司法机关与大众媒体就司法公开工作达成理性共识提供参考意见。

二、理论基础

(一)角色理论的主要内容

本书采用角色理论作为理论基础。"角色"一词最初由拉丁语 rotula 派生而来,20 世纪 20 年代,社会学家格奥尔格·齐美尔在其学术文章《论表演哲学》中最早使用了这个概念。在 20 世纪 30 年代之前,"角色"一词被专门用来讨论戏剧舞台中的角

绪 论

色问题,直到人们发现,舞台戏剧是现实社会的缩影,现实社会和戏剧舞台有内在联系,美国社会学家米德和人类学家林顿开始把"角色"概念引入社会心理学,用戏剧比拟现实生活,认为具有一定社会身份者的行为如同戏剧中扮演一定角色的演员的行为。

角色理论是社会心理学理论的一个组成部分。角色理论大体分为两种取向:"一种是对角色理论持结构性观点,另一种是采用过程的研究策略"。[1] 米德和林顿两个学者对于"角色"的阐释成为角色理论两个取向的理论基础。

林顿是结构角色论的代表,他认为角色概念是用作构造其关于社会结构、社会组织理论体系的基石。在这种取向中,理论家都认为"个体在社会相互联系的位置或地位组成的网络中扮演各自的角色,对于其中的每一个种类、每一个群体、每一类地位,都能区分出不同的有关如何承担义务的期望"[2]。这种取向侧重于强调围绕社会关系系统中地位的、代表社会结构因素的期望对于角色扮演者的行动起制约作用。基于米德的"互动理论",特纳等学者又对角色的概念作了发展,提出了过程角色论,强调"互动过程而不是受社会结构和文化脚本支配"[3] 的角色论述。他们认为角色以互动作为纽带,互动贯穿角色领会和角色扮演的过程,人们通常面临一个松散的文化结构,在其中建构一个角色来扮演;人们假定他人也在进行角色扮演,所以努力建构隐藏在一个人行为背后的角色;人们试图为自己建构一个角色,并通过向他人发出暗示来确认角色实现。过程角色论者认为结构角色论不够完善,存在偏向于描述角色冲突等"失范"的社会过程,

---

[1] 乐国安主编:《社会心理学》,中国人民大学出版社2009年版,第133页。
[2] [美] 乔纳森·H. 特纳:《社会学理论的结构》,邱泽奇、张茂元等译,华夏出版社2006年版,第428页。
[3] Ralph H. Turner, "Unanswered Questions in the Convergence between Structuralist and Interactionist Role Theories", *Perspectives on Sociological Theory*, 1985, p. 855.

忽视了分析人类互动的常态过程；过于强调规范、社会地位等设定，对社会看法比较泛化；此理论包括的命题和经验概括之间联系不紧密、不成体系等问题。

综上，许多学者认为两种取向的角色理论看似对立，实则互补，经过融合，可以建立一个统一的角色理论：过程理论强调的互动过程也是遵循结构框架下有角色规定的方向性，同时角色扮演者也发挥创造性作用的能动辩证过程。确切地说，角色理论"既强调社会环境对行为的定向作用，同时也重视个人可能的角色创造"[1]。

基于统一的角色理论，角色的定义为"处于一定社会地位的个体，依据社会的客观期望，借助自己的主观能力适应社会环境所表现出来的行为模式"[2]。探讨这个模式，既要重视考察对象所处的社会地位的性质，也要考虑考察对象的特征和主观表演能力的影响。发现一个种类、一个群体、一个个体进入或者占据一定的社会位置的过程，也是相应的角色采择、角色扮演、角色冲突、角色建构的过程。

角色采择是指关于自己（群体）和他者角色的设想。设想形成的过程也是角色学习的过程，是角色扮演的基础和前提，主要包括形成角色观念和习得角色技能两个方面。在这个阶段，角色主体形成对自己所扮演的角色的认识、态度和情感，即扮演这个角色的必要性；也习得完成角色形象应该具备的知识、智慧、能力和经验等。

角色扮演是指人们或群体按照特定的地位和所处的情境而表现出来的行为。这个过程也称为角色塑造过程，虽然"由对情境的初始定义形成的期望所驱动，却也在互动者之间一些敏感、微

---

[1] 乐国安主编：《社会心理学》，中国人民大学出版社2009年版，第137页。
[2] 乐国安主编：《社会心理学》，中国人民大学出版社2009年版，第133页。

妙的试探性交流中逐渐展开"[1]。在交流中，互动双方随时调整、更改互动的状态。社会结构对于这种互动性有一定限制，这种互动性在一定弹性范围内发生，也会反过来导致社会结构的变迁。

角色冲突是指占有一定地位的个体或群体与不相符的角色期望发生冲突的情境，也可以认为是角色扮演者在角色扮演中出现的心理或行为的不适应、不协调的状态。具体表现为两种形式：角色内冲突和角色间冲突。角色内冲突是指由于角色互动对象对同一角色抱有矛盾的角色期望而引起的冲突，这里的角色互动对象既可来自不同类型，也可来自同一类型。角色间冲突表现在以下两种情况时：几个角色同时对同一个对象提出履行角色行为的要求；两个角色同时对同一个对象提出两种相反的角色行为要求。

角色建构基于角色冲突而起，心理学家认为可以通过角色规范法、角色合并法、角色层次法三种方式来解决。角色规范法即对角色权利和义务进行清楚划分；角色合并法指可以将两个相矛盾的角色进行融合，发展为一个具有新观念的新角色；角色层次法要求按照角色重要性和价值进行分层，将角色按照重要程度大小进行排列。

（二）角色理论的研究意义

角色理论研究具有重要的理论价值和实践意义。

理论层面，角色理论研究对开拓研究视域、解释社会现象以及总结方法论至关重要。首先，角色理论与政治学、伦理学、传播学等学科相结合，既为其他学科研究提供新的视角，也为复杂社会问题的解决提供理论支持。其次，角色理论用于分析社会乱象，能够解释乱象背后的社会关系和行为逻辑。例如，目前社会

---

〔1〕［美］E. 阿伦森等：《社会心理学》，侯玉波等译，中国轻工业出版社2007年版，第344页。

中存在的贪污腐败、官僚主义等问题，一定程度上是因为公职人员角色观念淡薄，缺乏"人民公仆"的角色自觉。最后，角色理论蕴藏着一套方法论原则，即权利义务分析法、利益分析法和价值分析法[1]。总体来说，公民无论扮演何种社会角色，都要坚持义务观念先于权利观念、总体把握利益格局、找准自身角色价值。

实践层面，角色理论研究的意义有三：一是有助于社会管理，通过确立、宣传和完善角色规范，使社会成员树立角色观念、了解自身权责、自觉履行义务，以缓解角色冲突和角色失调造成的社会矛盾，更好地推进社会主义现代化建设。二是有助于职业道德建设，将角色理论应用于职业角色研究中，阐明各种职业的意义及社会期待，能够促进公民各司其职，加强各行业的自律性。三是有助于社会和谐，角色理论提示人们在不同情境下的角色位置，帮助人们适应自身和他人的角色转换，进而尽快接纳相关对象的社会行为。

（三）角色理论的实践应用

角色理论广泛应用于以下研究领域：

第一，职业角色研究。理解各种职业的角色特征、角色期待、角色定位以及角色冲突，是做好角色调适、角色转向和角色建设的基础，也是推动各个领域各司其职的有效路径。教师职业角色研究中，学者运用角色理论，发现教师角色包括：组织者、交流者、激发者、管理者、职业者、咨询者、伦理者、政治者等。[2]面对诸多角色，教师存在教学者与研究者、研究者与社会

---

〔1〕 齐世泽：《角色理论：一个亟待拓展的哲学空间》，载《北京交通大学学报（社会科学版）》2014年第4期。

〔2〕 徐厚升：《论社会角色理论视野下教师角色的构建》，载《改革与开放》2011年第18期。

服务者、引领者和改革适应者之间的角色间冲突，还存在不同社会需求引发的角色期待矛盾、个人期望与角色实践偏差等问题。[1]医生职业角色研究中，学者发现医患冲突问题主要源于医患之间的角色认知差异，医生的传统角色定位是权威者，而当下患者更希望医生成为服务者。公务人员职业角色研究中，公务人员的现实问题同样主要源于社会期待与角色功能、自身角色期望与角色定位之间的矛盾。记者职业角色研究中，新媒体环境下记者的角色丛包括：大众传播层面，记者是具有专业性和严谨性的"党和人民的喉舌"与"社会公器"；群体传播层面，记者是具有思想性和文采性的意见领袖；人际传播层面，记者是发布实用性和有趣性信息的个人。在受双方地位平等、职业身份与个人身份统一、市场竞争者角色意识明显的网络环境下，记者如何选择和平衡众多身份，是传媒业如何健康发展的重要问题。

第二，性别角色研究。运用角色理论考察女性角色的发展历程、角色定位、角色冲突和媒介构建，是促进性别平等、保护女性权益、发挥女性力量的重要推手。首先，角色理论常用于研究媒介视域下的女性角色构建。通过考察自明初清末到当前社会的大众报刊，发现女性在媒介上的总体形象呈现依然以"家庭""情感"为主，这是因为：一方面，女性被社会期待所制约，拥有一套角色规范，媒介中的女性角色定位受到这套规范的影响；另一方面，传统社会中女性的活动空间被禁锢在家庭内，且在面临困境时，多采取妥协的策略得以调适角色。媒介报道框架一定程度上受此影响，所以媒介中的女性行为多呈现在"私人领域"和"非生产性领域"，而这种报道又进一步加固社会刻板印象，

---

[1] 贺兰、韩锦标：《地方高校转型发展时期教师多元角色的冲突与调适——基于角色理论的分析》，载《继续教育研究》2018年第10期。

削弱女性社会地位。[1]其次,角色理论分别用于研究农村职业女性、城市职业女性的角色定位异同和角色冲突难题。两者均存在"职业与家庭"的冲突,前者的冲突水平更高,而后者表现得尤为普遍,这多是源于角色期望上的冲突及女性自我角色认定与实施能力的矛盾。最后,角色理论还用于研究农村留守女性的角色困境,研究发现当农业生产从"男耕女织"发展到"男工女耕"时,女性既要承担生产劳动,又要承担家务劳动,还要承担教育子女、维系人情等重任,此时女性心理上可能产生压力和焦虑,高负荷的运转使其无法完成各项角色要求。[2]

三、文献综述

未查询到与本研究直接相关的研究文献,与与本研究间接相关的文献主要包括三方面:关于司法公信力的研究文献、关于司法与传媒关系的研究文献、关于传媒角色的文献。

(一)关于司法公信力的文献综述

1. 司法公信力的内涵界定

"司法"与"公信力"结合而形成的"司法公信力"属于一个全新的概念(毕玉谦,2009)[3]。从概念起源看,司法公信力源于公共权力的本质属性(关玫,2005)[4],其理论基础为社会契约论。人民通过订立契约让渡自己的一部分权利,组建起保障人民权利的公共权力。缔结契约的前提是人民对公共权力的

---

[1] 易伟芳:《角色理论下的中国女性媒介角色形象研究》,中国青年政治学院2015年硕士学位论文。

[2] 何得桂、张硕:《积极抗逆力视角下农村已婚中青年女性角色冲突的类型及优化路径》,载《领导科学论坛》2020年第3期。

[3] 毕玉谦主编:《司法公信力研究》,中国法制出版社2009年版,第1页。

[4] 关玫:《司法公信力初论——概念、类型与特征》,载《法制与社会发展》2005年第4期。

绪　论

信任；契约存续的途径是公共权力对人民的信用。司法权作为一种公共权力，其授权依据是人民对司法机关的信任与认同，司法机关能否被人们信任，取决于司法机关是否有能力满足公众对司法的功能期待（季金华，2012）[1]。

从文理解释看，"司法"与"公信力"分别具有多重内涵。"司法"的概念界定分为三种：一是广义说，认为司法是指适用或执行法律活动，是一个以审判为核心，结构清晰、内容确定、层次分明的开放体系，司法机关不仅包括公、检、法三机关，还包括仲裁机关、行政机关、调解机构等（关玫，2005）[2]。二是中义说，认为司法活动即法院和检察院办理案件、适用法律的活动，司法机关是指法院和检察院（龙宗智，2015）[3]。三是狭义说，认为司法是指诉讼。在民事和行政诉讼中，诉讼就是审判；在刑事诉讼中，诉讼除审判外虽还包括侦查、起诉等审前程序，但审前程序主要是为审判程序做准备的（陈光中，2011）[4]，因此司法基本等同于审判，其最基本的职能就是解决纠纷（季金华，2013）[5]，司法机关主要是指人民法院。"公信力"是"公""信""力"三位一体，逐次推进的概念（张芸，2008）[6]。"公"既指公平公正，也指一种观念、制度被公众普遍接受、认同；"信"包含信用与信任两个维度，前者表明双方主体依据事先的约定为或不为一定的行为，后者显示出公众因信任而产生认同和服从的心理感受；"力"是亲和力与威慑力形成的合力，一方

---

[1] 季金华：《司法公信力的意义阐释》，载《法学论坛》2012 年第 5 期。

[2] 关玫：《司法公信力研究》，吉林大学 2005 年博士学位论文。

[3] 龙宗智：《影响司法公正及司法公信力的现实因素及其对策》，载《当代法学》2015 年第 3 期。

[4] 陈光中、肖沛权：《关于司法权威问题之探讨》，载《政法论坛》2011 年第 1 期。

[5] 季金华：《司法公信力的构成要素》，载《学习与探索》2013 年第 4 期。

[6] 张芸：《论司法公信力的逻辑渊源》，载《兰州交通大学学报》2008 年第 5 期。

面,公众信任、认同该观念、制度,愿意运用该观念、制度解决问题,另一方面,该观念、制度以国家政治资源为强力支撑,具有权威性(张芸,2008)[1]。总体来看,"公信力"是指在社会公共生活中,社会公众对公共机关和公共权力所表现出的一种包括公平、正义、效率、道德、民主、责任等内容在内的信任力。它是一种社会系统信任,同时也是公共权威的真实表达(陈发桂,2011)[2]。"司法公信力"经历了由"信用"到"公信"的演变,新中国成立以前,相比于"司法公信","政府信用""法院信用"的用法更为常见。随着"信用"一词从传统的"相信并使用"的概念向"信用贷款"等现代意义的概念转变,"法院信用"接近"司法公信"的内涵,形式上由于"公信力"包含了"公"字,便意味着其与公共权力密切相关(李振勇,2018)[3]。

从分析路径看,司法公信力的概念解读总体上遵照两个维度:信用维度与信任维度(关玫,2005)[4]。信用维度上,司法公信力是司法机关依法行使司法权的客观表现(赵建华,2006)[5],是司法权在其自在运行的过程中以其主体、制度、组织、结构、功能、程序、公正结果承载的获得公众信任的资格和能力(关玫,2005)[6],郑成良将其总结为"四力":司法拘束力、司法判断力、司法自制力和司法排除力[7]。信任维度上,司法公信力首

---

[1] 张芸:《论司法公信力的逻辑渊源》,载《兰州交通大学学报》2008 年第 5 期。
[2] 陈发桂:《重塑信用:论司法公信力的生成——以网络环境下公众参与为视角》,载《学术论坛》2011 年第 8 期。
[3] 李振勇:《司法公信力概念的沿革、辨析与实践》,载《首都师范大学学报(社会科学版)》2018 年第 3 期。
[4] 关玫:《司法公信力研究》,吉林大学 2005 年博士学位论文。
[5] 赵建华、谭红:《论司法公信力的属性》,载《法律适用》2006 年第 12 期。
[6] 关玫:《司法公信力初论——概念、类型与特征》,载《法制与社会发展》2005 年第 4 期。
[7] 郑成良、张英霞:《论司法公信力》,载《上海交通大学学报(哲学社会科学版)》2005 年第 5 期。

先表现为一个内生性概念,即司法权的信用要靠司法人员内心对法律、法律职业和法律共同体的尊重与认同(包美霞,2015)[1],只有这样,司法人员才能以一颗为民司法、公正司法之"公心",为公众权利服务。司法公信力其次表现为社会组织、民众对司法行为的主观评价或价值判断,它是司法行为所产生的信誉和形象在社会组织和民众中所形成的心理反应,既包括公众对司法整体形象的认识、情感、态度、情绪、兴趣、期望和信念等,也包括公众自愿配合司法行为,减少司法的运行成本,以提高司法效率(关玫,2005)[2]。

司法公信力的核心是司法对公众的信用和公众对司法的信任,司法信用是司法信任的外在表现,司法信任是司法信用的内在反映。但当下,司法机关与司法人员的公信力建设和提升司法公信力的努力与变化却得不到社会的充分理解与信任,两者间的差距不意味着司法公信力缺失,而说明了司法公信力不足。具体来说,首先,从每年法院案件的上升趋势看,社会公众是相信司法的,并愿意把纠纷与冲突交给司法机关去判断和裁决,一定意义上说明司法公信力不仅随着中国法治建设的进步而发生,而且呈现提升趋势。其次,司法公信力仍处于产生与形成阶段,所以司法公信力与社会公众对司法的要求与期待存在很大差距,这种差距可以用司法公信力不足来表达。

司法公信力提升与司法公信力不足之间的矛盾可以从司法信任的多层内涵来解释。司法信任分为司法普遍信任和司法个别信任,司法普遍信任是指公众相信理论意义上的司法,因为法律具有至上性,尽管现实司法存在不足和问题,但由于找不到更好的

---

[1] 包美霞:《提升司法公信力的对策分析》,载《学习与探索》2015年第3期。
[2] 关玫:《司法公信力初论——概念、类型与特征》,载《法制与社会发展》2005年第4期。

解决纠纷的替代者，所以期待司法不足将得到改进与完善。司法个别信任是指公众相信实践意义上的司法，这是一种具体的、个别的信任，与中国法治建设的水平与发展状态相适应。由于传统法律观念与现代法治理念之间存在冲突，相对落后的司法体制、机制与独立、公正、高效、廉洁的司法目标之间存在矛盾，因此司法公信力呈现出不足的状态（吴宝珍，2013）[1]。

2. 关于司法公信力结构要件的研究

郑成良（2005）以权力运行角度切入，提出司法公信力赢得公众信任和信赖所依靠的四个要素：司法拘束力、司法判断力、司法自制力和司法排除力[2]。季金华（2013）在此基础上进一步总结，认为判断力和自制力体现了司法自治的能力，因此法院在政府和社会之间建立司法公信力的能力基础包括：司法自治力、司法说服力和司法确定力[3]。关玫（2004）从公权力运行和受众心理双重维度，提出司法公信力的结构性要件[4]：司法权威、司法公正和司法信仰。此外，孟军（2015）增加了司法公开、司法参与、司法监督与司法主体等要素[5]。

（1）形式要素：司法权威。司法权威是司法公信力实现的形式要素。从语义上看，权威既是一种权力，也是一种威望，是权力与威望的统一。司法权威作为一种特殊的权威类型，是指司法

---

〔1〕 吴宝珍、曹义孙：《从法理学看中国司法公信力建设》，载《首都师范大学学报（社会科学版）》2013 年第 3 期。

〔2〕 郑成良、张英霞：《论司法公信力》，载《上海交通大学学报（哲学社会科学版）》2005 年第 5 期。

〔3〕 季金华：《司法公信力的构成要素》，载《学习与探索》2013 年第 4 期。

〔4〕 关玫：《司法公信力的结构性要素》，载《长春大学学报》2004 年第 5 期。

〔5〕 孟军、甄贞：《司法改革中司法公信力问题研究》，载《湖北社会科学》2015 年第 9 期。

在社会生活中所处的令人信从的地位和力量（陈光中，2011）[1]。毕玉谦（2009）认为，司法权威主要依靠国家的政治资源加以支撑与维系，司法权威的大小与强弱主要取决于司法权在整个国家政权体系建设当中的政治功能与作用定位[2]。而徐文星（2010）认为上述说法存在严重问题，应准确分辨"威权"与"权威"的含义。上述利用地位而不顾他人意愿，强迫他人按一定意愿行事的应该被称为"威权"，"权威"则更像一种影响力，一种使大众心甘情愿依照既定意愿行事的能力，具有本质上的正当性[3]。也就是说，司法权威包含着司法公信力的内容，司法在一定程度上反映社会的共同意志和普遍利益，人们才会信任与服从司法；只有人们服从，司法才谈得上有权威性。反过来，司法具有权威性，能够增加人们的信赖与认同（关玫，2004）[4]。陈光中（2011）认为，司法权威源于三个方面：一是法律权威。即法律具有至高无上性，法律一旦得到确立并以国家的名义发布，任何国家机关、单位，任何领导人和普通公民，都必须严格服从与遵守，任何违法行为都将引发消极法律后果，如民法领域的行为无效，刑法领域的构成犯罪和刑事处罚。二是司法公正。三是司法裁判具有终局性[5]。终局性也被总结为司法判决的既判力[6]，判决，尤其是一个具备既判力的判决的权威性，既是法律权威、司法权威的集中体现，也是构成司法公信

---

[1] 陈光中、肖沛权：《关于司法权威问题之探讨》，载《政法论坛》2011年第1期。

[2] 毕玉谦主编：《司法公信力研究》，中国法制出版社2009年版，第4页。

[3] 徐文星：《判决制度与司法公信力之研究——以行政诉讼为中心》，载《法学杂志》2010年第9期。

[4] 关玫：《司法公信力的结构性要素》，载《长春大学学报》2004年第5期。

[5] 陈光中、肖沛权：《关于司法权威问题之探讨》，载《政法论坛》2011年第1期。

[6] 判决的既判力是指法院所做出的确定性和终局性判决所具有的普遍拘束力。

力建构的权威依据（王国龙，2016）[1]。因为如果司法机关作出的生效裁判可以被轻易地推翻，那么诉讼当事人的利益与命运势必长期处于不确定的状态，争议各方将无法根据司法裁判所确立的各自的权利义务去重新安排生活而陷入无休止的诉讼（陈光中，2011）[2]。

权威与司法公信互为表里，互相作用，表现为：一是权威的"辅助性功能"有助于形成司法的初始信任。权威的"辅助性功能"是在人们无法自己作出理性判断时，依赖于他人替代自己作出理性判断。如未成年的孩子对父母、诉讼人对律师或法官的关系中，前者都是特定场域的"弱者"，需要服从后者的权威，由后者帮助他们作出理性的决定。权威的辅助性功能可以帮助人们对司法形成一种初始信任，当人们普遍生出质疑而无法集体行动时，权威通过自身的理智和强力帮助人们达成共识，甚至将这种共识转化为共同信仰去执行。二是权威的"本质性功能"有助于形成司法的实质性信任。权威的本质性功能是指"旨在追求共同善的、社会统一性的永恒不变的善的原则"，这与司法活动的最终目标是一致的。在一个高度分化、价值多元的社会中，反对意见随时可能出现，权威能够帮助主客体之间沟通，让人们学会服从和遵守决定（宣璐，2016）[3]。

（2）关键要素：司法公正。司法公正是司法公信力实现的关键要素，包括实体公正和程序公正。实体公正是指正确的裁决结果（刘青，2007）[4]，是当事人参与诉讼所追究的最终目标。

---

[1] 王国龙：《判决的既判力与司法公信力》，载《法学论坛》2016年第4期。

[2] 陈光中、肖沛权：《关于司法权威问题之探讨》，载《政法论坛》2011年第1期。

[3] 宣璐：《仪式、传统和权威：司法公信生成的文化因素》，载《厦门特区党校学报》2016年第3期。

[4] 刘青、张宝玲：《司法公信力问题研究》，载《法制与社会》2007年第2期。

实现实体公正,不仅要追求公正的处理结果,而且要极力避免冤假错案,冤假错案不仅是不公正的审判,而且严重侵犯公民人权,对司法公信力会造成极为恶劣的影响(陈光中,2015)[1]。程序公正是指一系列能够保障法律准确适用的措施和手段(刘青,2007)[2]。程序公正是实体公正的保障,一方面,程序公开透明、中立独立,将有效避免刑讯逼供等违法情形出现,保护当事人合法权利;另一方面,程序公正将包容实体结果的处理瑕疵,即使当事人对实体结果不满,但因遵循了公开公正的司法程序,当事人也不会将败诉结果归结于司法不公(陈光中,2015)[3]。

我国司法有"重实体、轻程序"的传统,首先,受价值观念、习惯、信仰、立场和诉讼结果等因素影响,实体公正具有主观性和相对性的特点,简单地强调实体公正来提高司法公信力具有局限性。其次,程序公正作为"看得见的公正",是建立与维护司法公信力的一种技术性媒介。民众之所以信任司法,就是因为司法机关经由正当法律程序来定分止争、救济权利、达致正义和形构秩序(公丕潜,2017)[4],实体不公正可能影响个别案件,但如果程序不公正,则会污染法律源头(吕中行,2020)[5],其危害性比实体不公正的危害性更大。因此,提升司法公信力既要注重实体公正,还要注重程序公正。

(3)重要要素:司法公开。司法公开是司法公信力的重要要素。推进司法公开,一方面能够满足公众对司法工作的知情权

---

[1] 陈光中:《略谈司法公信力问题》,载《法制与社会发展》2015年第5期。
[2] 刘青、张宝玲:《司法公信力问题研究》,载《法制与社会》2007年第2期。
[3] 陈光中:《略谈司法公信力问题》,载《法制与社会发展》2015年第5期。
[4] 公丕潜:《法治中国时代司法公信力的提升路径——以程序正义理论为视角》,载《学术交流》2017年第3期。
[5] 吕中行、谢俊英:《新时代我国司法公信力的重塑》,载《河北法学》2020年第4期。

和表达权。公众通过了解司法实际状况,增强对司法的正确认识,进而提出有益的司法建议,帮助司法机关改进工作。这一过程中,公众就会亲身感受到司法的公正,从而对司法工作更加理解和信任(公丕祥,2012)[1]。另一方面能够满足公众对司法工作的参与权和监督权,在公开透明的司法环境下,司法队伍的素质、能力和作风直接面对着公众的评判,司法审判的任何瑕疵和疏漏都可能被公众关注,这既可以提高司法人员自觉公正司法和接受监督的意识,也能有效避免"权力寻租"等司法腐败现象发生(王立民,2013)[2]。

司法公开的内容包括:主体、对象和方式(孟军,2015)[3]。司法公开的主体是负责处理案件的司法机关及其工作人员。司法公开的对象是案件当事人,实现当事人对案件进程的知情权。但随着人民群众了解司法的愿望越来越强烈,在司法公开的对象上,群众不再仅仅满足于司法向当事人公开,而是要求司法进一步向社会公众、社会组织和其他政法机构公开。司法公开的方式具有多样性,首先体现为立案、庭审、执行等审判程序公开,这一过程有助于公众了解司法权的运行轨迹,实现公众对司法结果的信任与认同。其次体现为充分表述当事人的诉辩意见、证据采信理由、事实认定、适用法律的推理与解释过程等的裁判文书公开。通过公开裁判文书,公众既能够通过法官释法说理,了解从适用于自身的法律到适用于自身利益的判决之间经历了什么样的过程,也能防止法官滥用自由裁量权,增强司法审判的说服力

---

[1] 公丕祥:《司法公开:提升司法公信力的重要保证》,载《中国党政干部论坛》2012年第7期。

[2] 王立民:《司法公开:提高司法公信力的前提》,载《探索与争鸣》2013年第7期。

[3] 孟军、甄贞:《司法改革中司法公信力问题研究》,载《湖北社会科学》2015年第9期。

(李冬青，2018）[1]。最后体现为人民法院和人民检察院的业务管理工作以及与业务工作有关的其他管理活动公开。

司法公开并不意味着无限制的完全公开，需要遵循如下要求：依法公开、实质公开、及时公开和规范公开，即司法公开要避免泄露国家秘密和个人隐私，应在依法可以公开的范围内，及时、切实、有序地公开公众真正希望了解的事项，以消除司法神秘主义，让公众更多地接近司法，使司法获得公众更多地理解、信赖和支持（公丕祥，2012）[2]。

（4）心理要素：司法信仰。司法信仰是司法公信力实现的心理要素。从司法人员的角度看，法官作为法律共同体中最为重要的主体，其对法律、司法的态度将直接影响到一般公众对法律、司法的看法。因为培育公众法律信仰的前提是司法正义的实现，而实现司法正义的第一要务在于培育法官的司法信仰。司法信仰的对象不是司法本身，不是司法机关，更不是法官自己，而是隐藏在司法活动背后并透过司法活动体现出来和司法活动最终要实现的公平、正义、为民等司法价值。培育司法人员的司法信仰，既要建立制度化的信仰环境，也要督促司法人员养成坚实健全的道德人格基础（赵元松，2015）[3]。

从公众角度看，对司法制度的影响主要有两个方面：一方面，公众的权利意识是司法公信力得以实现的前提和基础。随着民主政治与商品经济的发展，人们的权力意识觉醒。由于个人利益意识增强，社会纠纷随之增加，因此"公力救济"逐渐

---

[1] 李冬青：《司法公信力目标下司法透明度建设方向探索》，载《广西社会科学》2018年第12期。

[2] 公丕祥：《司法公开：提升司法公信力的重要保证》，载《中国党政干部论坛》2012年第7期。

[3] 赵元松：《法律体系形成背景下法官司法信仰及其养成途径探析——兼论司法信仰对司法过程的意义》，载《法制与经济》2015年第Z2期。

替代"自力救济",成为维护社会秩序的重要环节,人们对司法机关的依赖也逐渐上升。另一方面,社会公众对法律秩序所内含的伦理价值的信仰,即社会公众对法律忠诚的信仰,是司法公信力得以实现的关键。权利主张需要以法律为依据,然而"徒法不足以自行",人们法定权利的实现需要有外在的力量,司法就是法实现的力量之一。可见,人们的权利主张依赖于法律,而"司法最终救济"又是法定权利实现的重要途径,人们对法律的信仰,无疑会促成社会对司法信仰的形成,而对司法信仰的形成又反过来进一步加强了人们对法律的信仰,因为司法无非是法院将法律适用于具体案件的活动。因此,人们对法律的信仰和对司法的信仰是相互影响、相互作用的,二者具有逻辑的互动关系(关玫,2004)[1]。

3. 关于司法公信力评估标准的研究

评价司法公信力之前,需要明确如下问题:司法的哪些因素是可评价的?哪些因素令我们感觉到司法的存在?哪些因素使我们感觉到司法公正与否?哪些因素构成民众所谓的"司法公信力"(孙笑侠,2019)[2]?

四川省高级人民法院课题组(2007)从公众满意度的视角,对司法公信力状况作了全貌分析[3]。公众满意度包括"三率":民意调查满意率、执行成功率和支持率、申诉率和上访率。这一评判标准代表了当事人对裁判结果的不认可态度,如果申诉率和

---

〔1〕 关玫:《司法公信力的结构性要素》,载《长春大学学报》2004年第5期。

〔2〕 孙笑侠:《用什么来评估司法——司法评估"法理要素"简论暨问卷调查数据展示》,载《中国法律评论》2019年第4期。

〔3〕 四川省高级人民法院课题组、李少平、郝银钟:《人民法院司法公信力调查报告》,载《法律适用》2007年第4期。文中"司法"指国家审判权的行使,调查对象主要为:普通社会公众、国家机关工作人员、当事人、律师、其他法律工作者及法官自身。

上访率居高不下，则说明出现司法公信力低下的司法困局（陈光中，2015）[1]。

江西省高级人民法院课题组（2014）认为，满意度调查虽是一种重要评估手段，但在判断司法公信状况时具有片面性，如可能出现涉诉当事人满意但公众不满意的悖离现象。因此应从司法裁判公信的客观表现、法官对司法公信力的自我认知状况、当事人对司法的信任状况和社会公众对司法的信任程度四个方面全面描述人民法院司法公信力的现状[2]。天津市第二中级人民法院课题组（2013）既认同司法公信力评估体系应兼顾司法规律及人民属性，又提出应避免受不符合司法规律的异动指标影响，重视合理调整指标数量、权重和评估方法，以进一步提高司法公信力评估机制的科学性。具体来说，包括审判机关、国家机关、审判执行活动参与人以及社会舆论四类评估主体，设立司法公信力感知度，以审判公正指数、审判效率指数、媒体报道倾向度、国家机关评估指数、法院工作报告得票率、检察院抗诉率、司法建议采用率、审判执行活动、参与人评估指数、审判效果指数等作为三级评估指标，以具体的标准作为各项指标的评估标准[3]。浙江省余姚市人民法院课题组（2013）以司法公信力指数为一级评估指标，以队伍建设、公开透明、公平公正为二级指标，搭建更为系统务实的评价体系。其中队伍建设包括业务能力、办事效率、清正廉洁、文明便民四个三级指标；公开透明包括流程公开、法庭公开、权利义务公开三个三级指标；公平公正包括司法信赖

---

[1] 陈光中：《略谈司法公信力问题》，载《法制与社会发展》2015年第5期。

[2] 江西省高级人民法院课题组、张忠厚、卓泽渊：《人民法院司法公信现状的实证研究》，载《中国法学》2014年第2期。

[3] 天津市第二中级人民法院课题组、姚奎彦：《从粗放到系统：论司法公信力评估体系的构建》，载《法律适用》2013年第1期。

度、程序正义、中立公正、裁判结果认可度四个三级指标[1]。

海淀法院课题组（2018）点评了上述评估标准，认为"江西省高级人民法院课题组的评估标准中，'司法裁判公信的客观表现'一项仅测量案件质量，只能反映出司法公信专业一个方面，欠缺对司法公信职业和司法公信机制的评估指标，导致评估对象不够多元；天津市第二中级人民法院课题组的评估标准过于主观；浙江省余姚市人民法院课题组的评估标准虽较为系统完整，但三级指标较为抽象模糊，存在不务实的缺点"。继而其提出三项评估标准：司法职业公信力、司法专业公信力及司法体制公信力，分别对应着"信服法官""信服裁判"和"信服法律"[2]。

综上，司法公信力的评估标准聚焦于以下方面：司法体制、司法机制、司法程序、司法主体与司法结果。

4. 关于司法公信力的运行现状的研究

关于公众对司法的信任程度，存在两种截然不同的直观感觉：一种是较高，表现为：各级党委、政府对法院总体工作基本满意；每年召开的人民代表大会及其常务委员会组织的专项视察，对法院的总体评价较好；每年开展一至两次征求人大代表和廉政监督员意见的活动，得到的评价也较高（刘青，2007）[3]。如最高人民法院院长王胜俊（2012）认为，"近年来，人民法院工作不断进步，司法公信力逐步提高。"[4]一种是较低，表现为：公众怀疑司法公正、终局性判决之后执行难及上访闹诉等（海淀

---

[1] 浙江省余姚市人民法院课题组：《关于人民法院司法公信力的调研报告》，载《人民司法》2013年第5期。

[2] 海淀法院课题组等：《关于构建司法公信力评估指标体系的调研报告》，载《法律适用（司法案例）》2018年第14期。

[3] 刘青、张宝玲：《司法公信力问题研究》，载《法制与社会》2007年第2期。

[4] 王胜俊：《加强司法公信建设 提升人民法院司法公信力》，载《人民法院报》2012年9月4日，第1版。

法院课题组,2018)〔1〕。

　　这两种感觉并不矛盾,公众对司法较高的信任程度是把司法机关的公信力放在中国司法改革的大背景下来审视,基于司法机关在司法实践过程中有关司法人员、案件受理、审理、司法公开、司法效率等统计数据来评价（包有鹏,2016）〔2〕,体现了公众对司法的普遍信任。这可以从以下方面解释:一是司法公信是以"不信"为前提的,在民主制度下,公权力常被理解为一种必要的恶,既要用它捍卫人权,又要防止它侵害人权;二是司法公信是以法律至上为基础的;三是司法公信力会不断改进与完善的预期,尽管现实中司法存在不足和问题,但由于在现实的制度下,我们找不到更好的解决纠纷的替代者,因而只能相信司法会不断变好（吴宝珍,2013）〔3〕。然而也有学者从其他角度论证司法天然具备的普遍信任,认为司法制度不同于其他制度,西方法学理论的"性恶论"假设主要是针对政府权力而言,司法制度设计的假设前提是"神圣化"的"公正"（孙笑侠,2019）〔4〕。

　　公众对司法较低的信任程度体现了公众对司法的个别信任,是一种具体的、对个案的信任。个别的司法不信任不能说明中国司法公信力缺失或下降,因为这种提法假定存在着一个司法公信力从有到无、由高到低的变化趋势,而这不符合中国改革开放三十年来现代意义上的司法公信力随着法治建设的起步才刚刚问世的事实,也不利于聚合社会力量建设司法公信力的愿景。因此,

---

〔1〕　海淀法院课题组等:《关于构建司法公信力评估指标体系的调研报告》,载《法律适用（司法案例）》2018 年第 14 期。

〔2〕　包有鹏:《转型期中国司法公信力的争论、困境与路径选择》,载《法制与社会》2016 年第 6 期。

〔3〕　吴宝珍、曹义孙:《从法理学看中国司法公信力建设》,载《首都师范大学学报（社会科学版）》2013 年第 3 期。

〔4〕　孙笑侠:《用什么来评估司法——司法评估"法理要素"简论暨问卷调查数据展示》,载《中国法律评论》2019 年第 4 期。

个别的司法不信任可以用司法公信力不足来表达（孙笑侠，2019）[1]。

5. 关于司法公信力不足的原因的研究

已有理论和实证研究表明，司法公信力不足的原因主要聚焦于以下方面：

（1）不足的渊源：传统文化和西方文化的交织影响。首先，中国古代没有完善的司法体制制度，司法公正主要靠"青天大人"的廉洁正义。其次，中央虽专设司法机构，但其从属于行政，不可能独立行使司法权，因而民众需要权利救济时，往往选择权力而非法律（黄正光，2012）[2]。最后，官方和民间多推崇无讼、息诉与和谐之争，即便有矛盾，也多由宗族、氏族或者族群内长者、有威望之人为裁判主体（邵晨，2020）[3]。这种人治色彩、行司合一与无讼观念的司法特色，严重影响人们树立法律至上的观念，影响人们信任司法的心理，成为司法个别不信任的思想文化因素（吴珍宝，2013）[4]。

近代以来，西方法律文化传播到中国，逐渐改变了国人思维。西方崇尚个人权利本位思想，强调法律至上，认为司法是维护公平正义的最佳途径。这种思想一方面帮助法律树立权威，但另一方面也造成兴诉成风，导致大量司法资源被占用和损耗，严重降低了那些对司法裁决有真正需求的人的获得感（邵晨，2020）[5]。

---

[1] 孙笑侠：《用什么来评估司法——司法评估"法理要素"简论暨问卷调查数据展示》，载《中国法律评论》2019年第4期。

[2] 黄正光：《司法公信养成之三维题解》，载《法律适用》2012年第9期。

[3] 邵晨：《法院民事司法公信力的提升路径和构建策略探析》，载《广西民族大学学报（哲学社会科学版）》2020年第1期。

[4] 吴宝珍、曹义孙：《从法理学看中国司法公信力建设》，载《首都师范大学学报（社会科学版）》2013年第3期。

[5] 邵晨：《法院民事司法公信力的提升路径和构建策略探析》，载《广西民族大学学报（哲学社会科学版）》2020年第1期。

此外，这种思想与中国落后的文化思想叠加，一方面弱化公共权力，牺牲公共利益，另一方面引导个人利益膨胀，成为司法个别不信任的因素（吴珍宝，2013）[1]。

（2）司法主体：职业道德缺失和裁量正义困境。目前司法官员队伍建设的整体情况不乐观（龙宗智，2015）[2]。一方面，部分司法人员违反职业道德，工作中存在"衙门作风""吃请收礼"和"人情案"等腐败问题。"衙门作风"，即"门难进，话难听，脸难看，事难办"，说话态度恶劣、滥用职权、推诿扯皮、无故刁难、无故拖延。"吃请收礼"和"人情案"现象虽也占据一定比重，但总体整治效果较好，未来应因时因地制宜，进一步加以治理（郑飞，2015）[3]。

另一方面，由于法律语言的模糊性、概括性，立法的滞后性，以及事实的具体性、灵活性、无法全面认知的特性，从而在事实与法律之间产生间隙，需要法官运用自由裁量权以弥合此间隙，但法官裁量的正义性面临以下四个方面的质疑：一是说理性不足，包括判决说理、法律释义形式化、简单化，给公众留下法官判案过于主观性的印象；二是专业主义与大众主义冲突，法官基于规制主义理性作出的判决与大众朴素的道德理念相矛盾；三是法官滥用、怠用裁量权引发公众对裁量行为本身的质疑；四是"同案不同判"引发公众质疑（蔡卫忠，2019）[4]，但最高人民法院司改办主任胡仕浩（2016）表示，司法实践中

---

[1] 吴宝珍、曹义孙：《从法理学看中国司法公信力建设》，载《首都师范大学学报（社会科学版）》2013年第3期。

[2] 龙宗智：《影响司法公正及司法公信力的现实因素及其对策》，载《当代法学》2015年第3期。

[3] 郑飞：《论提升司法公信力的路径——源自实证调研和数据挖掘的启示》，载《证据科学》2015年第1期。

[4] 蔡卫忠、王文玉：《以裁量正义提升司法公信力问题研究》，载《中州学刊》2019年第12期。

"确实有可能产生裁判标准不统一、同案不同判的现象,在推进司法责任制改革的同时,也在同步建立配套制度,完善法律统一适用机制"。[1]

(3) 司法制度:司法体制地方化和司法机制行政化。司法实践中,地方政府、相关部门、社会团体和有关人员干涉司法的情况时有发生。一方面是因为一些领导、监督司法机关的组织与人员错误理解和运用对司法工作的领导与监督权,如个别地方领导为顾及本地区利益或出于维稳等考虑,直接干预或变相干预司法工作。另一方面是因为司法机关的人、财、物受制于地方,虽然新一轮司法改革已确定"人财物省级统管",但调研中发现,首先,由于司法机关与地方的各种联系不可能割断,地方对司法的影响依然存在;其次,虽然横向行政关系弱化,但纵向关系增强,尤其是法院上下级的业务监督指导关系,可能被上命下从的行政关系所冲击(龙宗智,2015)[2]。

司法机关本身的机构设置带有浓厚的行政管理色彩,例如,案件审理一般采取审判委员会制和合议制,判决书也是以法院的名义发出,错判或不公正判决都与法官个人无关,这既可能招致法官随意裁判,也可能使民众产生审委会才是幕后决定者的错觉(吕中行,2020)[3]。司法管理方面,对审判与检察工作的绩效考核,出现过分数字化的倾向,如有的检察机关为达到办案考核指标对不具备追诉条件的案件立案侦查、批捕、起诉或抗诉;有的法院为结案率指标好看年终突击结案和不收新案,为调解率指

---

[1] 《最高法:司法责任制改革后确有可能出现同案不同判》,载 http://m.people.cn/n4/2016/0229/c22-6342044.html,最后访问日期:2020 年 12 月 1 日。

[2] 龙宗智:《影响司法公正及司法公信力的现实因素及其对策》,载《当代法学》2015 年第 3 期。

[3] 吕中行、谢俊英:《新时代我国司法公信力的重塑》,载《河北法学》2020 年第 4 期。

标违背自愿原则强行调解等（叶竹盛，2013）[1]。

（4）司法行为："严格司法"和"权力得到有效救济"的内在审视。诸多涉法涉诉案件表明，法院作出终局性判决后，当事人仍继续展开"上诉闹访"的行动，这一现实图景背后，实际上存在着两种截然不同的司法职能定位的冲突：一是"依法裁判型"司法职能，即法院努力推进司法自身的职业化改革，展开在各个不同司法程序环节的严格司法，严格落实司法责任，保障司法公正以"看得见的方式"实现，进而在纠纷解决当中以司法公正来引领社会公正的实现。二是"权利救济型"司法职能，法院实现对权利的有效救济不能仅仅止于"坐堂审理"，伸张司法正义既要以"看得见的方式"来实现，更要以"摸得着的方式"来实现，进而发挥法院在实现权利救济、权力制约、发展法律和促进社会改革等现代社会治理当中的延伸性职能。

上述冲突源于两个不同方面的社会压力：一方面，从司法角度而言，"以审判为中心"的新一轮司法改革，其目标在于通过"去地方化"和"去行政化"的种种努力，来实现法院在"依法裁判"层面上的严格司法，以建构适应现代社会治理所需要的现代司法权运行机制。另一方面，从当事人乃至整体社会的立场而言，法院是实现对权利的合法确认和有效救济的场所，只有让权利获得有效救济，司法和法院才能最终确立其在社会中的普遍公信力。否则，仅停留在纸面上的宣誓或者判决书上的承诺难以充分兑现和切实落实，那么通过司法来解决社会纠纷的吸引力也将荡然无存（王国龙，2016）[2]。

（5）司法公开："选择性公开"与"简单化公开"。一方面，

---

[1] 叶竹盛：《法院："数字化生存"的逻辑与异化》，载《南风窗》2013年第1期。

[2] 王国龙：《转型时期司法公信力建构的"内在张力"》，载《求是学刊》2016年第5期。

司法公开存在"选择性公开"的问题，即对社会关注度较高的重大案件，选择性公开审判信息的内容、方式与时机，这种处理既因为担心互联网影响下的舆论压力，也因为担心司法活动中某些问题经不起公开性检验（龙宗智，2015）[1]。另一方面，司法公开存在"形式化公开"的问题，即法院公布的裁判文书内容简单，说理性不足，一般仅包括事实陈述、法律适用和判决结果三个方面，在控辩双方的辩论、证据如何采信以及法律适用的法理阐释等方面明显不足（包有鹏，2016）[2]。这种闭门造车式的审判营造出神秘的司法氛围，即使法官能够做到秉公判案，由于缺乏参与和监督，也极易引起大众的怀疑和猜测。而更常见的情况是闭门审判掩盖下的司法腐败丛生，对司法公信的形成产生严重的负面影响（宣璐，2016）[3]。

6. 关于司法公信力提升策略的研究

整理已有文献发现，提升司法公信力的策略主要表现在以下四方面：

第一，深化司法改革，为司法公正提供体制、机制保障。坚持党的领导，是司法工作中不可动摇的原则，但在实施中，要求地方各级党组织及其负责人对司法工作的领导应当制度化、规范化，禁止任何个人违反制度、超越职权，以不当的方式干预司法机关的个案办理。在当前司法改革的背景下，需要注意以下几点：一是注意"省级统管"的实施及统管后的党委与司法关系规范的调整，如县、市两级司法机关与当地党委的关系如何设置，省委、省政法委如何领导、协调全省司法工作，大要案件党

---

[1] 龙宗智：《影响司法公正及司法公信力的现实因素及其对策》，载《当代法学》2015年第3期。

[2] 包有鹏：《转型期中国司法公信力的争论、困境与路径选择》，载《法制与社会》2016年第6期。

[3] 宣璐、黄明明：《论司法公信的逻辑体系》，载《理论界》2016年第9期。

内报告制度在县、市如何设置和实施等。二是要借助司法公开,建立领导干部干预司法活动、插手具体案件处理的记录、通报和责任追究制度,促进各级领导干部增强法治观念,自觉支持司法机关依法独立行使权力（韩大元,2017）[1]。三是应当完善纪检监察与刑事司法衔接的机制,一方面保障二者的有效衔接及纪检对司法的监督,另一方面能够尊重和保障司法权行使的独立性（龙宗智,2015）[2]。

第二,注重司法公正,兼顾实体公正与程序公正。我国司法有"重实体、轻程序"的传统,司法实践中,应把程序法和实体法置于同样的地位。当程序正义和实体正义明显发生冲突的时候,是否可以依据自由心证选择实体正义,从而放弃程序正义,这依然是司法实践中许多法官的困惑。其实单就个案来说,选择实体正义似乎更加公平,更符合法律所要追求的价值,但是,对整个法治来说,只要开了不严格遵守程序的先河,就会树立一个很坏的榜样,从而引起效仿,这种后果会极大地损害司法公信力。因此,只有兼顾程序的合法和适当,才能保证案件审理的准确性和公正性。（吕中行,2020）[3]。

第三,加强法官能力建设,培育法官司法信仰。首先,要提高法官的专业水平,完善法官准入机制,提高选任标准,从源头上提升法官的职业能力,同时确立法官定期培训制度,强化专业学习,补充法律知识（龙俊迪,2013）[4]。其次,要完善法官

---

[1] 韩大元:《宪法思维四讲》,中国人民大学出版社2017年版,第196页。
[2] 龙宗智:《影响司法公正及司法公信力的现实因素及其对策》,载《当代法学》2015年第3期。
[3] 吕中行、谢俊英:《新时代我国司法公信力的重塑》,载《河北法学》2020年第4期。
[4] 龙俊迪、赵彦双:《论提升我国司法公信力的对策》,载《法制与社会》2013年第11期。

职业保障制度,包括独立审判制度、身份保障制度、职业待遇等,以保证法官免受外部干扰、诱惑,依法行使职权。最后,不仅要培育法官的司法技能,更要培育法官的司法信仰,使法官在判案时只服从法律和自己的良心,不畏权势,不惧诱惑,正确地实现司法正义(赵元松,2015)[1]。

第四,营造良好的舆论环境,达成司法与社会的共识和良性互动。司法公信力的提高要着眼于民众信任,而要获得民众信任,需要在以下两个方面予以加强:一是司法公开透明,推进裁判文书上网;二是构筑司法机关对网络主流民意的搜集、甄别和双向反馈机制(陈发桂,2011)[2]。

一方面,要使公众对司法产生信任和信赖,司法必须以看得见的方式实现。裁判文书公开,不仅是展示案件事实、证据认定、适用法律和审判结果,而且是通过释法说理向社会公众展示司法运作的全过程,使司法审判达到合法性与正当性的统一,增强公众对司法的信赖与认同(陈发桂,2011)[3]。另一方面,对民意的回应不是简单的依从,而需要有更高的说理技巧、司法智慧。首先,法院处理有较大社会影响案件的过程中应高度重视对公众判意的甄别、回应和引导,注意及时、准确、多元、全面地向社会公布案件真相,消除公众的疑虑,引导公众在充分了解案情的基础上展开讨论。其次,在裁判文书中针对支撑公众判意的主要理由尽可能充分地展开说理,并在裁判之后以新闻发布会、判后解读等方式对裁判理由予以详尽解释,以求得最广泛意

---

[1] 赵元松:《法律体系形成背景下法官司法信仰及其养成途径探析——兼论司法信仰对司法过程的意义》,载《法制与经济》2015年第Z2期。

[2] 陈发桂:《重塑信用:论司法公信力的生成——以网络环境下公众参与为视角》,载《学术论坛》2011年第8期。

[3] 陈发桂:《重塑信用:论司法公信力的生成——以网络环境下公众参与为视角》,载《学术论坛》2011年第8期。

义上的社会公众的认同。最后，建设好与公众沟通的常规平台，如新闻发言人制度、网站等，以满足民众实现知情权、参与权的要求（罗薇，2013）[1]。

（二）关于传媒与司法关系的文献综述

在现代民主法治国家，传媒和司法皆为助推法治进步、民主发展和社会治理的重要力量，两者之间的复杂关系可沿着如下路径具体分析：

1. 平衡与互动：传媒与司法之间的正相关关系

传媒与司法的关系涉及社会生活中的两种基本价值，即新闻自由和公平审判（张志铭，2000）[2]，两者在价值层面具有高度一致性。这种高度一致性表现为：首先，新闻自由与审判独立统一于宪政[3]的维度下（田威，2002）[4]。宪政的基本要素包括民主、法治和人权，任何一方均不可偏废。一方面，新闻自由是宪法和法律赋予传媒的神圣权利，这源于两个方面：一是公民的言论自由权和监督权，二是司法公开审判制度所认可的报道权利（彭新林，2018）[5]。它是公民的民主权利的重要组成部分，体现着现代民主和人权的理念。另一方面，审判独立作为一项宪

---

[1] 罗薇：《转型期司法公信力脉象与维护》，载《湘潭大学学报（哲学社会科学版）》2013年第3期。

[2] 张志铭：《传媒与司法的关系：从制度原理分析》，载《中外法学》2000年第1期。

[3] 宪政是国家依据一部充分体现现代文明的宪法进行治理，以实现一系列民主原则与制度为主要内容，以厉行法治为基本保证，以充分实现最广泛的人权为目的的一种政治制度。引自李步云：《走向法治》，湖南人民出版社1998年版，第2页。转引自田威、郭延军：《新闻自由与审判独立——关于传媒与司法的宪法学思考》，载《南京大学法律评论》2002年第2期。

[4] 田威、郭延军：《新闻自由与审判独立——关于传媒与司法的宪法学思考》，载《南京大学法律评论》2002年第2期。

[5] 彭新林、王磊：《论传媒与司法的冲突及其解决》，载《学术交流》2018年第1期。

法性规范，被视为法治的真谛，通过独立的审判，可以保证法律的公正与权威，这是实现现代法治的必要标志。新闻自由与审判独立的关系在本质上就体现为民主人权与法治的关系，两者同为宪政国家的价值追求，缺一不可（田威，2002）[1]。其次，新闻自由与审判独立皆服务于实现社会正义的终极目标（张志铭，2000）[2]。司法作为社会公正的最后一道防线，为社会冲突提供权威、终端的解决途径；传媒以"社会瞭望者"的角色，为公众提供信息资讯，表达舆论意见。

基于相同的价值追求，传媒与司法之间存在着合作、促进和良性互动的积极关系，表现在：一是正确的传媒报道有助于促进司法公正，二是正确的传媒报道有助于遏制司法权力的滥用，三是正确的传媒报道有助于弘扬法治精神（李磊，2011）[3]。首先，传媒报道是实现司法公开和维护司法公正的必要条件。由于受各种主客观因素和条件的限制，大多数群众都难以凭自己的力量有效地行使知情权，而媒体作为公民获知信息最好的代行者，能够帮助公民了解有关案件的真实情况（案件审理及法官执法情况等），进而对司法工作实施监督，维护司法公平正义（郑保卫，2008）[4]。其次，司法具有封闭性的特征。这种封闭性固然可以排除各种案外因素的干扰，但也有可能使司法变得保守和僵硬，并且容易导致暗箱操作和权力滥用，从而使个案正义受到侵犯。而正确的传媒报道有助于打破司法过程的封闭性，增强司法过程的公开性和透明性。最后，立法机关制定的法律只有通过传

---

[1] 田威、郭延军：《新闻自由与审判独立——关于传媒与司法的宪法学思考》，载《南京大学法律评论》2002年第2期。

[2] 张志铭：《传媒与司法的关系：从制度原理分析》，载《中外法学杂志》2000年第1期。

[3] 李磊：《传媒与司法关系思考》，载《理论探索》2011年第5期。

[4] 郑保卫：《论传媒与司法的良性互动》，载《当代传播》2008年第6期。

媒的广泛报道，才能传达及普通民众。同时，各种传媒，特别是报刊的法制专栏和电视台的法制节目，通过典型法制事件的报道，大大普及了法律知识，对于弘扬法治精神、提高国民法律素质有极大的推动作用，并将最终推动整个社会的法治进程（李磊，2011）[1]。

2. 冲突与角力：传媒与司法之间的负相关关系

传媒与司法虽然具有一致的价值目标，但各自实现目标的方式和途径大不相同。两者的冲突与角力表现在以下方面：

（1）权利与权力的冲突。司法代表的是公权力，其职能行使以国家强制力为后盾；而传媒报道司法，则源于公民基本权利的延伸。传媒与司法的冲突，就是社会主体行使基本权利过程中，介入（报道、监督）特定权力主体实施司法活动时发生的摩擦和龃龉，本质上是权利与权力的冲突（彭新林，2018）[2]。

（2）舆论监督与独立司法的矛盾。网络的开放性、匿名性，导致网络言论空前自由，加之自如的表达平台和方式，网络舆论杂乱无章，潜藏着极大的风险。同时，网络传媒的个性化倾向使得个体意见中出现偏激和攻击性的言论，导致个体对司法裁判的随意评判和对司法机关的过度贬损，进一步加剧公众对司法机关的不满，导致司法公信力、既判力的下降，严重削弱司法威严。在媒体的有意渲染下，民意的道德和情感诉求有时会被无限放大，法律和理性的含量被压缩，出于朴素的善恶意识和正义观念的网民若在不了解案件真实的情况下，就盲目进行个人"道德审判"，在法院尚未审理判决之前提出明确的判决要求，民意就会挟道德之名义形成一种强大的影响力，无形中对法官施加"公众

---

[1] 李磊：《传媒与司法关系思考》，载《理论探索》2011年第5期。
[2] 彭新林、王磊：《论传媒与司法的冲突及其解决》，载《学术交流》2018年第1期。

意愿"的压力,影响法官独立审判案件(王海英,2013)[1]。

(3)传媒时效性与司法程序性的冲突。新闻时效性要求传媒需尽可能在事件发生以后最短的时间内、以最快的速度面向公众报道与该事件有关的事实,报道具有过程性和片段化的特点,且后续可能出现新闻反转。而司法非常注重程序,有关机关按照程序去搜集证据,法庭按照程序审查证据。只有等到有关程序履行完毕,法庭才会就案件作出判断(张树剑,2008)[2]。

(4)传媒正义与司法正义的冲突。传媒的正义观是实质正义观,更倾向于从道德的角度、援引道德标准加以评价,强调对事件的判断要符合社会公众心目中的公平观念。而司法的争议观是实质正义与程序正义的统一,对案件的判断不仅要符合实体法,还应当符合程序法,坚持依法审判(张树剑,2008)[3]。

(5)传媒渗透力和司法反应的冲突。随着互联网普及和传媒技术发展,各种传媒手段无孔不入地渗透在当代社会的每一个角落,使得任何有可能甚至没有可能成为焦点的材料或主题都可以在一夜之间成为公共话题。当下,传媒的渗透力大大高于司法的反应能力。传媒在获得某个具有新闻传播价值或炒作价值的案例时,能够在第一时间将与案件有关的各种信息呈现在民众面前。在司法未能采取有效应对措施之前,传媒已经将经过民众评判、专家讨论、传媒加工过的案件形态呈现出来,这种先司法程序一步作用于民众的思想和心理,左右着司法正义,司法机关作出的司法裁判一旦与民众的心理预期差别较大,就会受到强烈的质疑(李磊,2011)[4]。

---

[1] 王海英:《网络舆论与公正司法的实现》,载《法学论坛》2013年第2期。
[2] 张树剑:《传媒与司法的冲突和平衡》,载《国际新闻界》2008年第10期。
[3] 张树剑:《传媒与司法的冲突和平衡》,载《国际新闻界》2008年第10期。
[4] 李磊:《传媒与司法关系思考》,载《理论探索》2011年第5期。

3. 构建传媒与司法之间的良性互动

从传媒角度看，传媒要把握报道的平衡，既要监督司法是否公正，也要做好法治宣传，使群众更多地了解法律知识和司法工作，树立法律权威和司法公信力。但从长远考虑，仅靠平衡报道是无法解决问题的，需要在多方面形成传媒与司法之间的互动框架（陈力丹，2005）[1]。

从环境角度看，当前的法学界与新闻界应加强交流，增进沟通，社会各界应广泛参与，营造正常的舆论氛围，通过讨论达成共识，并在此基础上尽早制定出一部较为完备的、有具体可操作性的新闻法，以使监督与被监督者都有法可依，依法办事，为中国社会的法制化和民主化积极作出自己的贡献（汪振军，2005）[2]。

从监督角度看，要建立媒体监督的约束制度。首先，要建立追责制度，当媒体报道出现泄露个人隐私、商业秘密、国家秘密或者侮辱、诽谤侵犯当事人的权益的情况时要追究相关媒体的民事责任、刑事责任。其次，要健全新闻主管部门、新闻行业协会等相关部门的监督职能，提升行业自律能力（李一鸣，2019）[3]。再次，传媒应在法院判决之后发表意见、展开舆论监督。如果法院的判决还没有出来，甚至审判工作尚未开展，并没有表现出值得众人批评和抨击的问题，传媒和公众就大加挞伐，则很容易陷入"媒体审判"的窠臼（刘海贵，2011）[4]。最后，尊重司法特性和规律的原则，坚持中立性、客观性原则。司法的被动性、

---

[1] 陈力丹：《传媒要审慎对待法治报道》，载《新闻实践》2005年第9期。

[2] 汪振军：《传媒与司法：在矛盾中寻求统一》，载《新闻界》2005年第4期。

[3] 李一鸣：《传媒与司法良性互动的建构思考——以"涞源反杀案"为例》，载《青年记者》2019年第15期。

[4] 刘海贵、庹继光：《论传媒与司法的良性互动》，载《新闻传播》2011年第12期。

中立性、形式性、交涉性、终极性等特性是实现司法公正的必要条件，而实现司法公正又是传媒监督的目的，二者是根本一致的。如果传媒监督损害了司法的特性，就会影响司法公正的实现，这与传媒监督的目的相悖。此外，新闻报道应努力做到了解案件的全貌与问题的实质，依照法律及相关规定进行报道，不掺入主观情绪，不妄下结论；站在中立的立场，将双方当事人的意见及有利与不利的材料如实报道，避免片面性与倾向性（汪振军，2005）[1]。

从司法角度看，首先，司法机关应积极支持媒体的报道活动，利用媒体公开传播的优势，将有关司法信息及时地通过媒体进行传播，以在司法公开方面收到事半功倍的效果。其次，在司法机关内部建立起与大众传媒的信息往来与交互机制，强化司法机关新闻发言部门及其发言人的作用，案件一旦出现在公众视线中，其就能在第一时间敢于面向民众梳理其中的法律规范要求，即使不能全面掌握证据与事实，也要利用案例为民众及时宣传相关法律规则与制度的内容，使民众尽快找到主流声音，而不会迷失在一片混乱的声讨中。同时，司法机关的宣传部门与新闻发言部门应当建立起与大众传媒的长期合作机制，将影响性诉讼案件构建成法治宣传教育的生动教材，将事实真相和法律适用还原给民众，以消除民众对司法权威的质疑与不信任（李磊，2011）[2]。最后，司法机关应自觉接受媒体的监督。人民群众通过媒体将自己对司法工作的批评、建议表达出来，并且依靠媒体所形成的舆论规范司法机关的工作，监督司法机关工作人员的行为，这样可以使司法机关及时发现工作中的问题，纠正工作中的失误，排解因工作失误所造成的矛盾和纠纷，以实现司法的公正和有效（郑

---

[1] 汪振军：《传媒与司法：在矛盾中寻求统一》，载《新闻界》2005年第4期。
[2] 李磊：《传媒与司法关系思考》，载《理论探索》2011年第5期。

保卫，2008）[1]。

（三）关于传媒角色的文献综述

本研究主要选取与法治传播相关的传媒角色文献进行分析和述评。

1. 关于传媒角色的综合性研究

第一，传媒角色的定位及特征。社会角色，是指人们在特定的社会和群体中占有的地位与身份（童兵，2011）[2]，个体在人与人相互作用的社会关系中，通过社会化成为社会角色。一方面，个体经过角色学习，显现出角色特征，并在角色认同中确定其社会身份、规范其行为模式（吴庆棠，1999）[3]；另一方面，群体中的其他成员也会对这些个体产生角色期待，即向他们提出符合其特定身份的希望，而个体则从他人的希望中了解自己所充当的角色应有何种行为模式，以此来严格规范约束自己（童兵，2011）[4]。作为社会生活的重要主体，传媒的角色与其性质、地位、权力、功能、职能、任务等紧密相关，涉及媒体的权力界限、功能范围、行为方式等（戴元光等，2007）[5]。

从角色认同角度看，媒介从业者的角色认知是考察传媒角色的重要角度，这种角色认同既可能决定新闻报道的风格和内涵，也可能影响新闻媒介的社会功能（张志安，2014）[6]。因此，一些学者对传媒角色进行归纳分类，并调查了不同地区从业人员

---

[1] 郑保卫：《论传媒与司法的良性互动》，载《当代传播》2008 年第 6 期。

[2] 童兵：《理论新闻传播学导论》，中国人民大学出版社 2011 年版，第 25 页。

[3] 吴庆棠：《传媒角色论——新闻传媒角色与个性风格》，上海社会科学院出版社 1999 年版，第 2 页。

[4] 童兵：《理论新闻传播学导论》，中国人民大学出版社 2011 年版，第 25 页。

[5] 戴元光、尤游：《媒介角色研究的社会学分析》，载《上海大学学报（社会科学版）》2007 年第 6 期。

[6] 张志安、吴涛：《"宣传者"与"监督者"的双重式微——中国新闻从业者媒介角色认知、变迁及影响因素》，载《国际新闻界》2014 年第 6 期。

的角色认知情况。陆晔(2003)以上海新闻从业者为受访群体,将媒体社会功能分为"提供新信息""实行舆论监督""阻断流言散播""成为人民喉舌""对复杂问题提供分析与解释""引导公众舆论""推动社会改革""传播、解释、讨论政府政策""提供娱乐和休闲""提高群众知识文化水平""质疑并批评企业、政府官员和社会团体的言行"和"声援社会公益团体等",研究发现"提供新信息"和"实行舆论监督"是新闻媒介最为重要的社会功能,而"质疑并批评企业、政府官员和社会团体的言行"则不是十分重要的社会功能。[1]周裕琼(2008)将传媒角色总结为九个方面:①信息发布角色;②信息解释角色;③喉舌角色(即发布政府的政策方针并予以解释);④舆论监督角色(即对政府机关的公务员进行舆论监督);⑤社会批评角色(即揭露和批评社会不良现象);⑥教育角色;⑦教化角色(褒扬先进,树立模范);⑧公共空间角色;⑨娱乐角色。[2]张志安等(2014)将上述传媒角色简单归纳为三个方面:"记录者""宣传者"和"监督者",他以全国新闻从业者为调查对象,结果显示"记录者"的中立角色意识愈发强烈,而"宣传者"和"监督者"的影响角色意识则愈发式微。[3]熊慧(2017)在上述研究成果的基础上,以福建地区为例,研究了融媒体时代的媒体角色认知情况。熊慧将媒介角色进一步归纳为五个部分:一是"监督者",主要指新闻媒体在揭示政治和经济领域的问题方面的职能;二是"信息传播者",主要指新闻媒体在信息保真方面的职能;

---

[1] 陆晔:《新闻从业者的媒介角色认知——兼论舆论监督的记者主体作用》,载《中国青年政治学院学报》2003年第2期。

[2] 周裕琼:《互联网使用对中国记者媒介角色认知的影响》,载《新闻大学》2008年第1期。

[3] 张志安、吴涛:《"宣传者"与"监督者"的双重式微——中国新闻从业者媒介角色认知、变迁及影响因素》,载《国际新闻界》2014年第6期。

三是"服务民生者",主要指新闻媒体下情上达方面的职能;四是"喉舌",主要指新闻媒体在政治宣传方面的职能;五是"娱乐提供者",主要指新闻媒体在日常消遣方面的功能。[1]

从角色期待角度看,有学者从社会责任的角度探讨传媒的角色定位。新闻传媒的社会责任是媒介人员在新闻传播的生产和传播过程中,对社会安定、国家安全和受众身心健康所必须承担的法律、道德责任和社会义务(曾卫伟,2010)[2]。基于社会责任赋予的职责,传媒主要有以下六个方面的社会角色:①信息交换平台,向社会公众提供大量准确、及时的信息,使人们及时了解所处环境,并做出相应的反应;②信仰虔诚的教堂,具有协调社会、引导社会舆论功能,启迪、教化、文化传承和社会化功能;③生活压力的调节器,在娱乐大众的同时,也在形成稳定、统一的大众文化;④危机预警器,将有关周遭环境的信息流通、交通运输、文化消息、经济行情,以及各种即将到来或已经发生的灾害、威胁等信息告知社会大众,协助人们认识复杂的周边环境,及时适应变化着的环境;⑤经济发动机,通过产业化、集团化运作,创造巨大财富,成为实力雄厚、影响巨大、辐射力强的传媒产业,推动国家经济发展;⑥和谐社会缔造者,既做好信息传递员和社会守望员,也做好舆论引导与舆论监督(曾卫伟,2010)[3]。也有学者从社会公众对媒体的认知角度界定传媒角色。人们普遍将新闻传播者比喻为"无冕之王""包打听"等,"这种种借喻和概括,实际上都是人们对新闻传播者的角色期待,

---

[1] 熊慧:《媒体融合时期的媒介角色认知——基于福建地方报业记者和受众的比较研究》,载《东南传播》2017年第11期。

[2] 曾卫伟:《从传媒与社会的互动关系看我国传媒的角色定位》,湖北大学2010年硕士学位论文。

[3] 曾卫伟:《从传媒与社会的互动关系看我国传媒的角色定位》,湖北大学2010年硕士学位论文。

同时也是人们从不同角度对新闻传播者的角色定位"。[1]基于此，传媒角色大致分为四项内容：一是"信息流通的动力"，即传媒是使信息流动永不停息的推动力，也是信息流量和流向的控制者；二是"意见交流的桥梁"，传媒不仅传递消息，而且传递意见，反映社情民意；三是"监督权力的镜鉴"，传媒是社会的瞭望者，公共利益的守护人；四是"社会民众的教师"，传媒是精神文明的传播者，是人民生活的教师（童兵，2011）[2]。

吴庆棠（1999）以角色论的方法分析传媒角色，认为"各种新闻传媒是一个个不同的社会角色"。每个新闻媒体都处在一定的社会关系中，都有一定的社会身份，例如，中央机关报、地方机关报、日报、晚报、综合性报纸、专业性报纸、休闲性报纸等。不同的社会身份，产生不同的社会期盼，拥有不同的权利义务。但总体来说，我国传媒角色具有如下特征：一是党报唱主角；二是各种新闻传媒都坚持四项基本原则，坚持以正面宣传为主的方针，其宣传思想必须在政治上与党中央保持一致；三是传媒角色有较大的稳定性和延续性，我国如各级各类机关报等主要新闻传媒，即使在新闻传媒集团化的热潮中，依然没有动摇和损害其角色地位。[3]

第二，传媒角色的变迁及冲突。作为政府、公众和市场之间的桥梁，传媒在不同的社会关系中担任着不同角色。首先，作为"社会"的一部分，大众传媒是公共管理的客体之一，发挥着环境监测、文化传承、娱乐休闲和广告营销等本体功能；其次，作为一种特殊组织，大众传媒是公共管理的重要主体，也是"国家"对"社会"进行有效控制的手段，具有议程设置功能、政

---

[1] 童兵：《理论新闻传播学导论》，中国人民大学出版社2011年版，第28页。
[2] 童兵：《理论新闻传播学导论》，中国人民大学出版社2011年版，第28页。
[3] 吴庆棠：《传媒角色论——新闻传媒角色与个性风格》，上海社会科学院出版社1999年版，第3~14页。

绪 论

治沟通功能和政治控制功能；最后，作为"国家与社会间的第三领域"——"公共领域"的主体，大众传媒发挥着政治参与和舆论监督功能（费爱华，2011）[1]。但传媒角色也是有边界的，其本身并不是国家治理的行动主体，这一点必须是明确的，否则会发生功能的混乱和冲突（涂凌波，2019）。[2]

媒介在不同阶段所承担的社会角色有所不同，随着社会主义市场经济发展，信息技术日新月异，传媒角色也在发生转变。这表现在：一是从"把关人"向"引导人"转变。过去传统媒体是主要的信息传播者，把控着信息传播的内容、时机和数量，一直是"把关人"角色，而随着公众逐渐掌握话语权，公民记者、草根记者的不断涌现，传统媒体更多地承担起"引导者"角色，"将更多的精力放在对碎片化信息进行整理、筛选、编排，并对新闻进行解读、分析和评论上，帮助受众在浩瀚的信息海洋里把握方向"（范文德，2013）[3]。二是从"报道者"向"组织者"转变。查本恩（2010）发现在报道公益新闻时，"媒体对公益新闻的参与和报道，不再局限于一报了之，而是更主动地介入，既宣传报道，又通过自身努力推动公益事业发展。"[4]三是从"内容提供者"向"新媒体合作者"转变。新媒体平台冲击了传统媒体的内容提供者身份，相比于以往媒体之间的竞争理念，传统媒体应将竞争转变为合作，成为新媒体的合作者，以使两者之间优势互补，从而既能够完成传统媒体记者的身份转变，又能够促

---

[1] 费爱华：《大众传媒的角色定位及其社会管理功能研究——基于国家与社会的视角》，载《南京社会科学》2011年第5期。

[2] 涂凌波：《主体性与适配性：现代国家治理体系中的传媒角色及其挑战》，载《中国新闻传播研究》2019年第3期。

[3] 范文德：《从"信息把关人"到"信息引导人"——媒介融合时代传统媒体新闻传播角色的转换》，载《编辑学刊》2013年第3期。

[4] 查本恩：《从报道者到组织者——公益新闻中媒体角色的转变》，载《中国记者》2010年第10期。

进新媒体信息平台的发展,顺应新媒体时代发展的特征(李丹丹,2019)[1]。

当一个人扮演一个角色或同时扮演几个不同的社会角色时,有时会发生内心冲突与矛盾,这便被称为角色冲突(童兵,2011)[2]。传媒有时也会发生角色冲突,因为:其一,政府、公众和传媒组织对传媒的期待不完全一致,传媒有时无法满足各方面要求。例如,政府希望传媒扮演宣传者角色,而公众则需要媒体成为瞭望者和批评者。其二,改革开放以来,我国传媒业经历了"单一的事业体制——事业性质企业化管理——事业性质、企业性质的分类体制"三个阶段(费爱华,2011)[3],传媒的角色定位也随之发生了变化,从充当旧角色到充当新角色,角色扮演者可能感到力不从心。其三,角色人格同扮演者真实人格不一致。"事业单位,企业化管理"的媒体,在追求社会效益的同时,还要追求经济效益。自媒体时代的到来,新闻媒体间的竞争愈发激烈,为了生存乃至最大限度的追求效益,新闻媒体在报道新闻时,可能会出现尺度失衡、关注点失焦等问题(马丽芳,2017)[4]。只有正视冲突并努力消除这种冲突,角色才能真正发挥其应有的作用,实现人们对其的"角色期待"(童兵,2011)[5]。

2. 关于宣传者角色的研究

记录与宣传是孪生的两个兄弟,他们同置于媒体,无法截然

---

[1] 李丹丹:《浅议新媒体时代传统媒体记者角色的转变》,载《新闻传播》2019年第3期。

[2] 童兵:《理论新闻传播学导论》,中国人民大学出版社2011年版,第28页。

[3] 费爱华:《大众传媒的角色定位及其社会管理功能研究——基于国家与社会的视角》,载《南京社会科学》2011年第5期。

[4] 马丽芳:《新闻媒体的双重角色》,载《山西青年》2017年第9期。

[5] 童兵:《理论新闻传播学导论》,中国人民大学出版社2011年版,第28页。

分开（范晓雁，2015）[1]。记录的首要原则是"用事实说话"，而客观真实是宣传的根本，宣传的主观意图包含在记录报道之中（曹仁义，2016）[2]。法治传播中，法治记录与法治宣传密切相关，媒体如实记录法治个案、条文内容、法治理念和司法成就的过程，也是普及法律知识、宣传法治精神、推动司法进步的过程。因此，本书在梳理传媒的"记录者"与"宣传者"角色时，将两者文献合二为一，具体呈现如下：

宣传包括六个重要元素：宣传者；明确的宣传意图；操纵象征符号；受众是群体而非个体；塑造认知方式或对现实的认识；影响态度和行为（刘海龙，2013）[3]。在我国，宣传活动自古有之，而法制宣传概念兴起于20世纪80年代，我国人大通过一系列法律以立法形式将"法制"与"宣传"相连并称。并明确指出了法制宣传的含义：将法律教给广大人民，使广大人民知法、守法、树立法制观念，学会运用法律武器，同一切违反宪法和法律的行为作斗争，保障公民合法的权利和利益，维护宪法和法律的实施。法制宣传是我国普法工作的重要任务，传媒是法制宣传中的主渠道（任广伟，2009）[4]。

从宣传主体来看，报纸、杂志、广播、电视等传统媒体等都是法治宣传领域的重要阵地。[5]"三五"普法结束时，有抽样

---

[1] 范晓雁、玉文：《新闻与宣传的关系及相互转借》，载《新闻论坛》2015年第6期。

[2] 曹仁义：《信息、新闻、宣传三个概念和它们之间的关系》，载《中国广播》2016年第1期。

[3] 刘海龙：《宣传：观念、话语及其正当化》，中国大百科全书出版社2013年版，第35页。

[4] 任广伟：《媒体在法制宣传教育中存在的问题及解决对策》，载《行政与法》2009年第12期。

[5] 上海市卢湾区法制宣传教育联席会议办公室：《以受众研究为核心 探索运用现代传媒开展法制宣传教育工作的路径——从传播学理论看法制宣传创新》，载《中国司法》2010年第10期。

调查显示，公众获取法律知识渠道主要有四种：阅读法制类报刊杂志、收听法制类广播、收看法制类电视、参加社区法律活动，可见传统媒体对法制宣传的重要性（林凌，2015）[1]。而相较于传统媒体，随着传媒技术的发展，以各类门户网站、微博、微信等为代表的新媒体在法制宣传中的应用也越来越多。新媒体具有传统媒体所不具备的互动性更强、覆盖面更广、内容更丰富、时效性更强、形式更活泼等优势，对于深入开展法制宣传具有重要意义（方添智，2014）[2]。

从报道对象来看，既包括静态意义上的法制，主要涉及国家法律体系、法律制度的具体内容，又包括动态意义上的国家政治、经济社会活动中的法治（王进义，2004）[3]。从内容类型来看，宏观视角上，宣传内容可分成作为法理形态的法律信息和作为法律文化的法律信息；微观视角上，宣传内容可分成作为法律事实的法律信息和作为法律语言的法律信息（刘徐州，2010）[4]。

从宣传手段来看，法制宣传可以分为四类：传达性法制宣传、解释性法制宣传、说服性法制宣传和鼓动性法制宣传。传达性法制宣传内容为国家在民主法制的重大决策、重要信息或立法内容；解释性法制宣传是指对国家规范性法律文件进行解释说明；说服性法制宣传是指对法律规定及法律精神阐释，说服宣传对象依法办事；鼓动性法制宣传是指通过对重大犯罪进行揭露，用事实或情感引起对象共鸣，鼓动其自觉抵制不法行为（牛克、

---

[1] 林凌：《法制宣传教育：从普法模式到公众参与模式》，载《编辑学刊》2015年第5期。

[2] 方添智：《新媒体普法工作的特点及应对》，载《中国司法》2014年第4期。

[3] 王进义：《法制宣传教育的性质、价值及创新初探》，载《中国司法》2004年第10期。

[4] 刘徐州：《法律传播学》，湖南人民出版社2010年版，第35页。

绪 论

刘玉民，2003）[1]。从方式上看，大众传媒传播法律信息的方式主要有两种：一是以新闻方式传递，即通过纪实性信息文本传递相关的法律思想、观念和原则；二是以艺术表现的方式传递，将有关法律信息通过艺术手段在艺术文本中表达出来，传达给受众，以增强他们的法律意识（庹继光、李缨，2006）[2]。

从法制宣传功能来看，法制宣传具有法律知识教育功能、行为评价示范功能和鼓动劝勉功能。法律知识教育功能是指法制宣传通过各种方式，使社会成员都能随时从中接受教育，了解和掌握法律知识；行为评价示范功能是指通过对社会成员法律行为的分析、评论和判断，使公民明白什么是法律禁止，什么是法律允许；鼓动劝勉功能在于鼓励人们普遍守法，劝导人们正确用法（张明新，2009）[3]。

从受众来看，一切有接受能力的公民都应当主动接受法制宣传（翟志勇，2008）[4]。2011年，《中共中央、国务院转发〈中央宣传部、司法部关于在公民中开展法制宣传教育的第六个五年规划（2011－2015年）〉的通知》中明确提出法制宣传教育工作应遵循的原则之一是：坚持分类指导，注重实效性。[5]因此，媒体在进行法制宣传、引导正确舆论时，必须重视公众的主体地位，针对个体差异、分清层次、划分不同区域、不同受众，选取不同的传播方式和不同的传播内容进行宣传教育

---

[1] 牛克、刘玉民：《法制宣传学》，人民法院出版社2003年版，第11~12页。

[2] 庹继光、李缨：《法律传播导论》，西南交通大学出版社2006年版，第93页。

[3] 张明新：《对当代中国普法活动的反思》，载《法学》2009年第10期。

[4] 翟志勇：《民族国家与法律政策——论普法的语境、困境与意蕴》，载《历史法学》2008年第00期。

[5] 《中共中央 国务院转发〈中央宣传部、司法部关于在公民中开展法制宣传教育的第六个五年规划（2011－2015年）〉的通知》，载 http://www.gov.cn/gongbao/content/2011/content_1918911.htm，最后访问日期：2020年12月1日。

（余琪，2016）[1]。在学界，也有不少学者倡导受众分类传播法制信息。比如，刘徐州根据受众分割理论，将接收法律信息的受众分为：普及型受众、强化型受众、批判型受众。针对这三类受众，媒体应当提供不同的新闻产品来满足其对法治新闻的需求（刘徐州，2010）[2]。

1985年，中国启动了大规模、有计划的普法活动，迄今为止已经38年。从微观角度看，法制宣传可以使全体公民的法治观念和法治素质从总体上有明显增强和提高（张金才，2017）[3]；从宏观角度看，法制宣传有力地推进了我国法治社会建设，有利于社会的稳定和发展，为我国的现代化建设作出了重要贡献（孙育玮，2006）[4]。值得一提的是，这38年来，法治宣传观念也得到了更新，已经从"一五"普法的"法制宣传"发展到"七五"普法的"法治宣传"。"法制"，主要指的是法律规制，其更加看重于形式层面上的法律制度，并且重点关注相关法律制度的实施效果。而"法治"则不同，其不仅是强调法律制度的规范性，而且更加看重现实当中的法律至上、权益保障，讲究在法律施行过程中的治理手段（王园园，2020）[5]。因此，法治宣传不同于法制宣传，其"法治"的概念比起"法制"来要更为丰富和深刻。然而遗憾的是，学界对此并没有展开进一步的研究，学术成果也寥寥可数，权威文献更是难得。

---

[1] 余琪：《传统媒体进行法制宣传的"三分"策略》，载《福建医科大学学报（社会科学版）》2016年第4期。

[2] 刘徐州：《法律传播学》，湖南人民出版社2010年版，第35页。

[3] 张金才：《中国普法30年的基本经验：1986—2016年》，载《北京党史》2017年第5期。

[4] 孙育玮：《肩负起提高全民法律素质的历史责任——关于"五五法制宣传教育规划"的理论思考》，载《政治与法律》2006年第2期。

[5] 王园园：《浅谈传统媒体宣传从"法制"到"法治"的转型升级》，载《新闻研究导刊》2020年第19期。

绪 论

一方面，虽然传媒法治宣传取得了一定的成就。但另一方面，随着实践的深入，宣传工作也暴露了一些问题，亟待解决。根据学界相关观点，本书将法治宣传负面效果归结为以下三方面：其一，传播效果不佳。首先，由于媒体从业人员自身法学素养、道德素质不高，导致法治宣传中法律用语不规范，案件报道不平衡等问题屡有发生，宣传内容有待优化，法治精神有待弘扬（任广伟，2009）[1]。其次，媒体过于追求商业利益，刻意放大法治宣传的娱乐功能，追求刺激，低级庸俗（牛客、刘玉民，2003）[2]。再次，媒体对新媒体技术的利用程度和力度力有不逮，法治宣传方式单一。[3]最后，宣传信息未考虑分众化传播，一系列问题都使法治宣传效果大打折扣。其二，法治宣传资源配置不全面、不均衡。在部分经济水平相对较低的农村，司法资源短缺，法治宣传力度不够，"送法下乡"相关措施还有待落实（司小莉，2010）[4]。其三，干扰司法活动。不论是倾向性的报道，还是基于自身法治素养不足而产生的对案件法律问题的误读，在一定程度上都会干扰司法活动的正常进行（刘徐州，2010）[5]。

针对这些问题，学界也提出了一些对策，主要集中于宣传主体、内容、方式、宣传人员素质这四方面。①从宣传主体来看，媒体在运用传统媒体的同时，也要重视新媒体技术作用，努力打造一批在国内外有较强影响力的法治宣传专业化新媒体，把各具

---

[1] 任广伟：《媒体在法制宣传教育中存在的问题及解决对策》，载《行政与法》2009年第12期。

[2] 牛克、刘玉民：《法制宣传学》，人民法院出版社2003年版，第81页。

[3] 上海市卢湾区法制宣传教育联席会议办公室：《以受众研究为核心 探索运用现代传媒开展法制宣传教育工作的路径——从传播学理论看法制宣传创新》，载《中国司法》2010年第10期。

[4] 司小莉：《当代农民法律意识的困境、成因及培育路径》，载《河南师范大学学报（哲学社会科学版）》2010年第6期。

[5] 刘徐州：《法律传播学》，湖南人民出版社2010年版，第35页。

特色的普法网络资源整合起来形成合力,吸引受众学习法律知识(易鹏,2017)[1]。②从宣传内容来看,首先,要规制社会新媒体在法治宣传中的失范内容,自觉抵制虚假报道、保护公民隐私(朱文,2018)[2]。其次,要对报道时机和报道角度的选择严格把关,不抢先报道司法机关未公开信息,不迎合一部分人的低级趣味和阴暗心理。最后,媒体要努力做好内容建设。一方面,既重视对具体法律条文的灌输、法律知识的普及,又重视法律精神的培养、法律意志的锻炼、法律理念的树立,这样就容易使人养成良好的守法意识和用法意识,从而产生对法治的守法性认同和用法性认同(李春明、张玉梅,2007)[3]。另一方面,既要重视法律浅阅读,又要实现对法律的深度理解,构建普法阶梯传播模式,满足各阶层受众需求。③从宣传方式来看,要坚持灵活多样的宣传模式,大力拓展和挖掘互联网、网络游戏、动漫等新兴载体的作用,扩大法治宣传的覆盖面和渗透力(杨其圣,2008)[4]。④从宣传人员素质来看,首先,媒体必须加强从业人员法治素养、道德素养、职业素养,调动各种力量共同参与宣传(朱文,2018)[5]。其次,从事法治宣传的人员必须要与时俱进,更好地找准法治宣传工作的落脚点,提升工作的实效性(宋雨声、张静,2013)[6]。

---

[1] 易鹏:《媒介融合背景下的普法宣传教育:机遇、困境及对策》,载《中国司法》2017年第3期。

[2] 朱文:《基层司法行政组织新媒体法治宣传困境及对策分析——以上海市JS区为例》,上海师范大学2018年硕士学位论文。

[3] 李春明、张玉梅:《当代中国的法治认同:意义、内容及形成机制》,载《山东大学学报(哲学社会科学版)》2007年第5期。

[4] 杨其圣:《关于法制宣传教育与法治文化建设的思考》,载《中国司法》2008年第2期。

[5] 朱文:《基层司法行政组织新媒体法治宣传困境及对策分析——以上海市JS区为例》,上海师范大学2018年硕士学位论文。

[6] 宋雨声、张静:《实现新时期法制宣传教育工作创新发展的路径与思考》,载《中国司法》2013年第3期。

绪 论

3. 关于监督者角色的研究

传媒监督，狭义来看是指传媒对于公权力运行的监督，即报纸、刊物、广播、电视等大众传媒对各种违法违纪行为特别是国家公职人员的违法犯罪、渎职腐败行为所进行的揭露、报道、评论或抨击（卞建林，2000）[1]。其主要作用有四：①揭露各种违法、渎职和腐败行为，为监督机构提供案件线索。②防范各种违法犯罪行为特别是腐败行为的发生。③跟踪信息源，为监督机构提供违法、渎职和腐败犯罪的重要证据。④将已处理的违法、渎职或腐败案件公之于众，增强人民与违法犯罪行为作斗争的信心（谭世贵，1999）[2]。而广义来看，传媒监督是指公众通过新闻媒介对党务、政务等一切公共事务的公开，对国家机关各级公务人员施政活动，以及社会公众人物（包括政治人物、演艺明星、上市公司等）的监督（苏成雪，2005）[3]。其监督客体具有广泛性，包括传媒政治领域、经济领域、社会领域的监督和对传媒自身的监督这四方面（展江、戴鑫，2007）[4]。

关于传媒监督的性质，目前学界主要有四种观点：①权力说认为，"传媒监督"是权力，是除立法权、行政权、司法权以外的"第四种权力"（刘武俊，1999）[5]。②权利说认为，"传媒监督"是一种属于新闻媒体的监督权利，是公民知情权、获取信息权的重要体现（江平，2000）[6]。③社会功能说认为，"传媒

---

[1] 卞建林：《媒体监督与司法公正》，载《政法论坛》2000年第6期。

[2] 谭世贵：《论司法独立与媒体监督》，载《中国法学》1999年第4期。

[3] 苏成雪：《"异地监督"：舆论监督向法治的过渡》，载《武汉大学学报（人文科学版）》2005年第6期。

[4] 展江、戴鑫：《2006年中国新闻舆论监督综述》，载《国际新闻界》2007年第1期。

[5] 刘武俊：《以权力约束权力》，载《南方周末》1999年4月16日。

[6] 江平：《在"刘秋海事件法律论证会"上的发言——他们的提案：与舆论监督有关》，载《南方周末》2000年3月3日。

监督"是媒体的一项功能,媒体的监督是由媒体的采访权、报道权、评论权等舆论自由的实现而表现出来的媒体的社会功能,即对司法的作用(李咏,2001)[1]。④权利与权力交融说认为,"传媒监督"不仅拥有"媒体权利",而且拥有社会权力,即传媒可以凭借自身所拥有的社会资源和独立的经济、社会地位而形成对国家和社会的影响力、支配力(郭道晖,2012)[2]。其中,第二种权利说在学术界已成为主流。

回顾自改革开放以来我国新闻媒体实施传媒监督的发展历程,陈建云、吴淑慧认为我国新闻传媒监督大致经历了三个阶段:恢复建国初期报刊批评的优良传统,正式提出"舆论监督"的概念(1978~1988);形成中央、地方各类新闻媒体的多维监督,舆论监督实施主体和监督模式更加多样(1989~2001);新媒体成为舆论监督最为活跃的实施主体(2002~至今)(陈建云、吴淑慧,2009)[3]。刘春园认为,我国传媒监督大致经历了四个阶段,即传统媒体时代,视听媒体时代,网络媒体时代,自媒体时代(刘春园,2016)[4]。

从监督主体来看,媒介技术的快速发展催生出了新型媒体形态,促使传媒监督的主体也在不断发生改变,在新媒介语境下,"舆论的主要载体发生了转移,从大众传媒转向了互联网",互联网已经成为舆论监督新的平台和方式(黄旦,2008)[5]。部

---

[1] 李咏:《媒体与法院的紧张与冲突:制度与理念的再分析》,载《中外法学杂志》2001年第2期。

[2] 郭道晖:《新闻媒体的公权利与社会权力》,载《河北法学》2012年第1期。

[3] 陈建云、吴淑慧:《舆论监督三十年历程与变革》,载《当代传播》2009年第4期。

[4] 刘春园:《论舆论监督、媒体审判与刑事司法独立关系》,载《社会科学文摘》2016年第11期。

[5] 黄旦:《身份与角色的两难:中国的"报刊批评"和"舆论监督"》,载郑保卫主编:《新闻学论集(第20辑)》,经济日报出版社2008年版,第99页。

分学者认为,新媒体不但能够有力地推动和补充传统传媒监督的范围和力度[1],并且能与传统媒体形成监督合力,推动传媒监督的发展(张淑华,2009)[2]。特别是在司法领域中,新媒体已然成为传媒监督的重要阵地。许霆案、邓玉娇案、呼格吉勒图案等刑事案件之所以能引发广泛热议,也正是由于微博、微信等自媒体及智能手机的流行,使得社会公众对刑事案件拥有了广泛的信息权和发言权,使得传媒监督的影响力愈来愈大(胡铭,2015)[3]。

从监督对象来看,传媒对于司法的监督主要集中在对司法过程的监督,包括案件的相关情形、审判过程、裁判结果及生效判决的执行情况,以及对司法人员的监督,比如法官个人行为素质规范(章洁,2005)[4]。除此之外,顾培东认为传媒监督还应该包括司法的总体状态,即传媒可以就阶段时期司法保护倾向、司法机构的总体素质、司法体制的运作状态以及司法与社会各个层面的关系作出评论(顾培东,1999)[5]。刘斌认为,传媒不但应该对干预司法机关独立办案的外部势力实施监督,而且还须对现行的某些法律制度所存在的一些问题实施监督(刘斌,2005)[6]。

从传媒监督司法正当性来看,学界主要是以公民言论自由保障和公权力制约的必要性,以及传媒与司法内在一致性来作为传

---

[1] 李永:《新媒介语境下舆论监督本位回归:历程与方向》,载《现代传播(中国传媒大学学报)》2018年第1期。
[2] 张淑华:《媒体舆论监督失范与新媒体条件下监督合力模式构建》,载《郑州大学学报(哲学社会科学版)》2009年第3期。
[3] 胡铭:《司法公信力的理性解释与建构》,载《中国社会科学》2015年第4期。
[4] 章洁:《媒体监督对司法独立的影响》,载《当代传播》2005年第6期。
[5] 顾培东:《论对司法的传媒监督》,载《法学研究》1999年第6期。
[6] 刘斌:《论传媒与司法公正》,载《社会科学论坛》2005年第6期。

媒监督的依据。从公民权利来看，有学者认为媒介监督司法的基本效力来源是宪法所赋予的言论自由权（"中华人民共和国公民有言论、出版、集会、结社、游行、示威的自由"）、批评建议权（"中华人民共和国公民对于任何国家机关和国家工作人员，有提出批评和建议的权利"）和知情权（宪法对知情权没有直接规定，但"一切国家机关和国家工作人员必须依靠人民的支持，经常保持同人民的密切联系，倾听人民的意见和建议，接受人民的监督，努力为人民服务"的条文间接含有此内容）（孙旭培、刘洁，2003）。[1] 从制度设计来看，有学者通过孟德斯鸠等人的分权制衡理论，来论证传媒监督是"三权"之外的重要的一种监督权利，可以全方位地坚实国家公共机构活动，其有效行使能够防止权力的滥用和腐败的滋生，促进司法权力的公正行使（贺卫方，1998）[2]。从内在一致性来看，司法与传媒的内在一致性体现为二者目的与信念相同，均是追求社会公正。并且二者均以行政权和立法权的制约为指向，这使二者在政治学意义上的相同之处甚于差异，在现实生活中默契多于掣肘，传媒监督司法是有一定合理性的（左卫民、汤火箭，1999）[3]。

至于传媒监督范围的界限，即新闻监督司法范围和法院独立审判权之间的边界何在，一直都是学界讨论的重点问题。其中，对于案件报道披露时间、案件报道内容、评论范围也是众说纷纭。

从对案件报道披露的阶段限制来看，王利明，张泽涛等学者持在立案、侦查、起诉和审判的任何阶段，新闻媒体都可以对案件进行报道的观点。其理由主要是公众、法学家通过传媒对正在

---

〔1〕 孙旭培、刘洁：《传媒与司法统一于社会公正——论舆论监督与司法独立的关系》，载《国际新闻界》2003年第2期。

〔2〕 贺卫方：《传媒与司法三题》，载《法学研究》1998年第6期。

〔3〕 王好立、何海波：《"司法与传媒"学术研讨会讨论摘要》，载《中国社会科学》1999年第5期。

审理的案件所表达的意见及批评，可以为法官提供"不同的声音"，从而为其公正裁判提供参考和选择（王利明，2000）[1]。并且从司法运作状况来看，司法案件裁判受到刑事诉讼程序的制度性规定以及运用证据证明标准的确定性限制，新闻媒体的舆论监督难以左右法院审判活动，对司法审判的影响实则有限（张泽涛、李登杰，2000）[2]。而孙旭培、齐冠军等学者并不赞同该观点，其表示如果对尚未有裁判结果的案件作有倾向性的报道，就会对法官产生压力，或者使法官先入为主，形成偏见，使公正审判难以实现。所以必须要让司法活动尽可能少地被传媒干扰（齐冠军、马乐明，2009）[3]。故而，虽然传媒监督期间贯穿刑事案件司法进程始终，但言论自由权却应当在案件宣判后行使（刘春园，2016）。在案件宣判后媒体行使监督权是学界主流观点。

对于案件报道内容、评论的限制，学者针对其限制力度有不同意见。张泽涛、李登杰认为，新闻自由要求新闻传媒监督的过程中，只要不违反宪法和法律的规定，不对社会其他利益构成重大威胁或损害，就不应当受到任何限制（张泽涛、李登杰 2000）。张剑秋、郭志媛认为，传媒对案件的报道必须有限制，不仅需要坚持客观公正原则，要本着职业道德和良心对监督的对象作如实报道，要尽到合理审查义务，而且要避免有倾向性的报道，误导公众（张剑秋、郭志媛，2003）[4]。徐迅认为，传媒对案件的报道限制应严格。首先，新闻机构对案件的报道，应当是全面、

---

[1] 王利明：《司法改革研究》，法律出版社2000年版，第158页。

[2] 张泽涛、李登杰：《冲突与平衡：在司法独立与新闻监督之间》，载《诉讼法论丛》2000年第2期。

[3] 齐冠军、马乐明：《传媒监督与司法独立的反思与协调》，载《传媒》2009年第11期。

[4] 张剑秋、郭志媛：《传媒与司法的辩证关系》，载《学习与探索》2003年第3期。

平衡和客观的事实，而不是经过选择的、带有主观倾向的、偏袒一方的"事实"，更不是评论。其次，若是媒体想要发表评论，也应该和报道严格分开，不能相互渗透。最后，对于司法活动的批评性言论更应该谨慎地限制在程序违法及执法作风上，而不对案件实体问题轻易发表评论（徐迅，1998）[1]。

从作用路径来看，传媒监督司法有三条路径：①媒体通过对社会公众的影响，进而间接影响司法机构。②媒体通过自己的行为直接对司法机构产生影响。③最为重要的，就是媒体通过影响某些能够制导司法活动的机构，透过这些机构的制度化手段影响司法活动，从而实现其监督作用（朱海龙，2012）[2]。

从传媒监督司法的正面效果来看，学界基本达成以下方面的共识：①媒体可以对司法审判活动的诸多环节加以公开报道，揭露司法腐败现象，使司法活动置于公众的监督之下，有助于实现司法公正。②其使司法公正问题引起了社会的广泛关注，促使司法机构在现行法律的框架内实施了一些可能的改革，促进司法体制的完善（徐迅，1998）[3]。③传媒监督司法有助于树立法院形象，宣传裁判结果，树立司法权威，弘扬法治精神（牟绿叶，2011）[4]。

虽然传媒监督对司法公正有促进作用，但传媒监督与司法之间也存在着冲突与矛盾，不当的传媒监督也会给司法系统带来负面效果。譬如，"唐慧案"中部分媒体深描某些事实，给政法机

---

[1] 徐迅：《媒介的责任：将报道与评论分开——兼议报道及评论案件的新闻规则》，载《人民司法》1998年第10期。

[2] 朱海龙：《论媒体对司法活动的监督》，西南交通大学2012年硕士学位论文。

[3] 徐迅：《媒介的责任：将报道与评论分开——兼议报道及评论案件的新闻规则》，载《人民司法》1998年第10期。

[4] 牟绿叶：《司法公开论——兼议司法公开与媒体监督》，载《甘肃联合大学学报（社会科学版）》2011年第1期。

关造成巨大压力，最终影响了案件结果，损害了司法权威。"宜黄案"中，部分新闻媒体没有秉持客观中立原则，报道回避事件关键问题，引发了民众对法律的质疑（陈柏峰，2018）[1]。"于欢案"中，媒体客观公正立场的缺失与及时更新事实责任的缺位让公众情绪进一步发酵，让受害者处于舆论上的不利地位，网络热议与批判更是不绝于耳（常纡菡，2018）[2]。由此可见，不当传媒监督在一定程度上破坏了司法公正，降低了司法机关的司法公信力与司法权威，动摇了社会公众对司法机关的信任（李楠，2019）[3]。

探讨负面效果产生的原因，学界观点主要集中在以下五个方面：①传媒自身的利益基点导致其立场无法客观中立。传媒本质上亦是公共选择理论意义上的"经济人"，因此纯客观、完全超脱或中立的传媒仅仅是一种道德虚构（顾培东，1999）[4]。同时，传媒对商业利润的追求常常诱使其放弃自我约束，让报道迎合公众口味，追求轰动效应、热点爆点的同时，丧失其客观立场，发布不真实、不客观、不全面的信息，甚至是对关键事实进行隐瞒，出现监督偏差，导致危害法治的局面（陈柏峰，2018）[5]。②传媒的道德取向与司法公正之间存在差异。司法活动实现的是司法公正，这是一种法律上的公正，而传媒监督寻求的是道德正义，它更倾向于形成建立在情感性判断基础上的道德结论，但是道德的正义毕竟不同于法律的正义，司法公正所坚守的技术性、理性

---

[1] 陈柏峰：《传媒监督的法治》，法律出版社2018年版，第23页。

[2] 常纡菡：《公案报道中媒体责任再审思——以于欢案媒体微博报道为例》，载《郑州大学学报（哲学社会科学版）》2018年第3期。

[3] 李楠：《媒体监督与司法公正的关系研究》，载《传播力研究》2019年第29期。

[4] 顾培东：《论对司法的传媒监督》，载《法学研究》1999年第6期。

[5] 陈柏峰：《传媒监督的法治》，法律出版社2018年版，第23页。

化、程序化的运作方式，使其可能与道德形成断裂与冲突。若传媒仅仅以道德立场监督司法，可能会妨害司法公正的确立（张泽、徐琳，2008）[1]。③传媒的技术素质过低导致报道失范。新闻从业人员在对法律知识的熟悉和掌握上存在缺失，因此很难保证新闻传媒言论在监督司法过程中的合法性，比如有媒体将嫌疑人称为罪犯，把检察院指控事实当做案件事实进行报道等（沈正赋，2002）[2]，甚至部分定性言论还会影响一些依法进行的正常诉讼活动，出现了"传媒审判"的非法治倾向（徐迅，1998）[3]。④传媒的运作规律与司法活动全面性、封闭性存在冲突。新闻媒体更加看重短平快式的文化快餐，追求时效和标新立异，这使传播活动常常具有很强的及时性、倾向性、片面性、主动性、开放性（汪振军，2005）[4]。而司法则注重普遍性规则的创建和遵循，故而司法需要一个相对封闭的环境，需要与社会保持适度的距离，从而杜绝各种公共权力和社会势力以及社会情绪干扰和影响法官的指令，使司法具有一定封闭性（胡正强、沙永梅，2004）[5]。因此，二者之间常常会出现矛盾，而这种矛盾的突出表现就是传媒越位监督，对司法进行一定程度上的干扰。⑤传媒监督的权利义务及责任不清。传媒与司法之所以发生冲突的一个制度性原因，就是到目前为止，我国还没有一部对媒体的权利和义务进行明确规定的新闻法，以使监督与被监督者都有法可依，

---

[1] 张泽、徐琳：《传媒监督与司法公正的法理思考》，载《当代法学论坛》2008 年第 3 辑。

[2] 沈正赋：《新闻监督与司法独立之间的辩证关系》，载《当代传播》2002 年第 1 期。

[3] 徐迅：《媒介的责任：将报道与评论分开——兼议报道及评论案件的新闻规则》，载《人民司法》1998 年第 10 期。

[4] 汪振军：《传媒与司法：在矛盾中寻求统一》，载《新闻界》2005 年第 4 期。

[5] 胡正强、沙永梅：《论传媒监督与司法独立的冲突及整合》，载《新闻界》2004 年第 5 期。

绪 论

依法办事（汪振军，2005）[1]。

除此之外，传媒监督司法还存在监督不力、监督不易、监督错位等困境。监督不力是指传媒未履行或未全面履行监督职能，在需要监督的时刻，传媒放弃自身应有的职责，没有对存在疑问、瑕疵乃至差错的司法活动展开必要的监督，造成了一定程度上的"媒介失语"（庹继光、李缨，2013）[2]。监督不易是指没有配套措施和机制来完善和保障媒体的监督权，使之很难接近司法系统来行使监督权。比如，有的司法机关对传媒的抵触情绪仍非常严重，强行将传媒的报道和监督拒之门外，这使传媒监督权也得不到保障（刘斌，2005）[3]。监督错位是指部分媒体利用监督权谋求私利，造成"有偿不闻"，出现了"封口费"等诸多失范问题（陈建云、吴淑慧，2009）[4]。

面对传媒监督的负面效果及困境的对策，已经有不少学者给予论述。参考于浩的归类标准，这些论述大致可以分成以下两类：一类是着重从整体的制度建构与制度设计原理出发，宏观介绍了域外的相关传媒与司法的主要关系，并从此角度出发反观我国在相关问题上的不足之处，从而提出相关制度构想的相关研究。一类是既着眼于具体案件以及相关制度背后的问题，以具体案件作为观察传媒与司法关系的平台，又从整体社会的构建层面来具体分析传媒与司法互动模式、职权联系、矛盾冲突等具体问题和原因对策的相关研究（于浩，2014）[5]。而这两类研究成

---

[1] 汪振军：《传媒与司法：在矛盾中寻求统一》，载《新闻界》2005年第4期。
[2] 庹继光、李缨：《监督司法：传媒对舆论的支援与离逸》，载《新闻大学》2013年第2期。
[3] 刘斌：《论传媒与司法公正》，载《社会科学论坛》2005年第6期。
[4] 陈建云、吴淑慧：《舆论监督三十年历程与变革》，载《当代传播》2009年第4期。
[5] 于浩：《传媒与司法关系的重构》，载《国家检察官学院学报》2014年第3期。

果，可以划分为传媒规制和司法改革这两类对策研究。

从传媒规制层面来看，学者的观点主要可以分为以下两点：一是加强新闻媒体等制度的立法，强调外部监督。确立传媒和司法机关在处理司法和报道的各自界限，明确司法机关与传媒和处理司法和报道时各自的权利、义务、责任，避免在实际运作中的随意性（李艳，2013）[1]。同时，对于媒体或者新闻从业人员在司法报道中的不当行为，也应依照法律由执法部门依法查处、追究责任（高一飞，2016）。[2] 二是传媒应当尊重司法特性和规律，加强传媒行业自律。从原则来看，徐迅根据一系列法规和惯例，提出了媒体报道司法应遵循十大自律规则。[3] 张宗亮提出传媒监督司法，应当坚持"四性"原则，即真实性、严肃性、准确性、公正性，来规范自身行为（张宗亮，2006）[4]。从自律的具体方式来看，李楠认为建立健全媒体行业自律监督机构是促进传媒监督与司法公正良性互动的重点之一。新闻评议、联动会议、发出倡议引领、接受举报投诉都是行业自律机构监督的有效途径（李楠，2019）[5]。朱玲认为，我国可以借鉴西班牙《马德里原则》的相关经验，由新闻界为自己制定一部自律规则，对

---

[1] 李艳：《论舆论监督与司法公正的协调》，载《求索》2013 年第 11 期。

[2] 高一飞：《互联网时代的媒体与司法关系》，载《中外法学》2016 年第 2 期。

[3] 十项自律具体是：①件判决前不做定罪、定性报道；②对当事人正当行使权利的言行不做倾向性评论；③对案件涉及的未成年人、妇女、老人和残疾人等的权益予以特别关切；④不宜详细报道涉及国家机密、商业秘密、个人隐私的案情；⑤不对法庭审判活动暗访；⑥不做诉讼一方的代言人；⑦评论一般在判决后进行；⑧判决前发表质疑和批评限于违反诉讼程序的行为；⑨批评性评论应避免针对法官个人的品行学识；⑩不在自己的媒体上发表自己涉诉的报道和评论。

[4] 张宗亮：《传媒监督、司法公正的冲突与平衡》，载《理论学刊》2006 年第 7 期。

[5] 李楠：《媒体监督与司法公正的关系研究》，载《传播力研究》2019 年第 29 期。

传媒活动进行规范（朱玲，2002）[1]。从传媒人才队伍来看，张泽、徐琳强调媒体工作者的法律素养和职业道德的重要性（张泽、徐琳，2008）[2]。针对具体报道而言，学者都强调媒体"把关人"角色的重要性，真实客观报道的必要性。代振华、贾国飚建议传统媒体跟进时，必须把握好一个基本原则：媒体从业人员一定要有自己的客观调查结论，不能直接将当事人所述的事实不加核实地写入报道中，以免误导舆情（代振华、贾国飚，2010）[3]。庹继光、李缨认为媒体监督司法应该更自觉地优先考虑法理问题，以法律作为判断信息是否确实、观点是否合理的首要依据，进行严谨的信息把关，避免一味迎合网络媒体、被自媒体的舆论所"绑架"（庹继光、李缨，2013）[4]。

从司法改革层面来看，学者的观点主要可以分为以下四点：一是确立审判公开与媒体接近司法的权利规则，完善司法公开制度，健全司法机关新闻发言人制度，建立与媒体对话的常规渠道，保障媒体接近权、采访权、监督权（赵金、姚广宜，2012）[5]。二是司法机关要正确认识和对待传媒监督，既能欢迎传媒的正面报道，又要容忍传媒的善意批评。在新闻媒体善意的前提下，不能太苛责报道的真实性。在具体实践中，也要给予新闻媒体一定的豁免权（李艳，2013）[6]。三是确立司法人员职业与言论规

---

[1] 朱玲：《传媒与司法关系之探究》，载《当代法学》2002年第12期。

[2] 张泽、徐琳：《传媒监督与司法公正的法理思考》，载《当代法学论坛》2008年第3辑。

[3] 代振华、贾国飚：《媒体监督司法的合理性思考》，载《新闻界》2010年第1期。

[4] 庹继光、李缨：《监督司法：传媒对舆论的支援与离逸》，载《新闻大学》2013年第2期。

[5] 赵金、姚广宜：《媒体与司法，如何良性互动》，载《青年记者》2012年第7期。

[6] 李艳：《论舆论监督与司法公正的协调》，载《求索》2013年第11期。

范。高一飞认为，对法官具体规范范围应包括：法官不应当评论案件；法官与媒体要保持距离。具体来说，法官不必要向媒体解释自己的看法、法官个人不应当回应媒体的批评、法官应谨慎参加广播和电视节目、法官不应当兼任记者或者通讯员；法官应当保守司法秘密；法官社会活动中的言论应当维护法官公正的形象（高一飞，2016）[1]。四是提高法院裁判质量，加强司法自身建设，树立司法权威。首先，司法机关的事实认定、法律适用与量刑情节及相关理由均应当清楚、明白无误地体现在裁判文书当中，应当用详细的案件梳理、严密的逻辑论述，以及紧紧依靠"以事实为依据，以法律为准绳"的原则进行裁判，防止语焉不详的判决令民众质疑，损害司法机关的尊严（于浩，2014）[2]。其次，在法院审理案件时也应该建构更具接受性的证明标准，既包括定罪事实的可接受性，又包括无罪认定、证据不足的可接受性，来增强裁判的可接受性，以树立司法权威（张冠楠，2011）[3]。

4. 关于建设者角色的研究

新闻专业主义肇端于 20 世纪早期，按照专业主义要求，媒体应真实、客观、平衡地报道真相，并借此瞭望时代、监督社会，成就所谓三权分立之外的"第四权力"（胡百精，2019）[4]。百余年来，自由主义理论指导下的新闻实践对西方社会产生过积极意义（芮必峰、余跃洪，2020）[5]，而如今，传统新闻业处于持续的数字化转型过程中，这种变革虽然体现在技术的升级、渠道

---

[1] 高一飞：《互联网时代的媒体与司法关系》，载《中外法学》2016 年第 2 期。

[2] 于浩：《传媒与司法关系的重构》，载《国家检察官学院学报》2014 年第 3 期。

[3] 张冠楠：《"媒介审判"下的司法困境》，载《法学》2011 年第 5 期。

[4] 胡百精：《概念与语境：建设性新闻与公共协商的可能性》，载《新闻与传播研究》2019 年第 S1 期。

[5] 芮必峰、余跃洪：《他山之石：从"建设性新闻"看我国新闻传播理论和实践的创新发展》，载《新闻大学》2020 年第 6 期。

的扩充、内容的丰富等积极面向,但是会带来营收的下滑、信息的过载、受众的脱节、信任的流失等问题(白红义、张恬,2020)[1]。而曾经被新闻界奉若圭臬的新闻专业主义迎来了黄昏(胡百精,2019)[2]——随着时代的变革,西方媒体在长期新闻生产实践中形成了偏爱"呈现冲突、暴露问题、发起批判"的价值选择和叙事范式,不仅造成受众"同情疲劳"(徐敬宏等,2020)[3],而且也极易使公众产生消沉与沮丧情绪(许加彪、成倩,2020)[4]。

为此,新闻业试图通过各种创新的举措来缓解乃至对抗上述危机,也就是在此背景下,建设性新闻应运而生。2008年丹麦广播公司前新闻部执行主任乌尔里克·哈格普鲁(Ulrik Haagerup)在一篇新闻评论中第一次使用"建设性新闻"(constructive journalism)一词,他主张"未来的记者应该采用建设性的新闻标准,补充传统新闻价值观。解决方案与灵感以及其他有建设性效应的故事可以平衡关于死亡、毁灭和社会苦难的故事"(Bro,2019)[5]。2011年,哈根洛普、与吉登斯特德与凯伦·麦金泰尔(Karen McIntyre)共同将"建设性新闻"概念化,之后建设性新闻成为业界与学界关注的焦点,由此,建设性新闻理念开始广泛普及

---

[1] 白红义、张恬:《作为"创新"的建设性新闻:一个新兴议题的缘起与建构》,载《中国出版》2020年第8期。

[2] 胡百精:《概念与语境:建设性新闻与公共协商的可能性》,载《新闻与传播研究》2019年第S1期。

[3] 徐敬宏、张如坤、张世文:《建设性新闻的冷思考:中西语境、理论风险与实践误区》,载《新闻大学》2020年第6期。

[4] 许加彪、成倩:《建设性新闻的产制语境、理论含蕴与学理旨归》,载《中国编辑》2020年第6期。

[5] "Haagerup U. Constructive news: How to save the media and democracy with journalism of tomor-row", *ISDLLC*, 2017. 转引自史安斌、王沛楠:《建设性新闻:历史溯源、理念演进与全球实践》,载《新闻记者》2019年第9期。

（殷乐、高慧敏，2020）[1]。建设性新闻作为反思、批判新闻专业主义并试图有所超越的产物（胡百精，2019)[2]，其试图纠正以往新闻业所具有的负面偏向（negativity bias），通过建设性的报道技巧和积极情感的引入，提供更为优质的新闻（白红义、张恬，2020)[3]，顺应了现代性转型与风险社会中人们对德性、至善与幸福的向往和追求（陈薇，2020)[4]，加强与受众之间的连接，重塑新闻业的权威与合法性（白红义、张恬，2020)[5]。建设性新闻已经成了当前新闻业的一种具有创新意义的变迁，建设性新闻的相关议题也日渐成为学界的重要议题。

2017年我国学者晏青正式将建设性新闻作为一种新闻形式予以介绍[6]，随后，关于建设性新闻的研究逐渐增多，近几年尤为瞩目。总体而言，目前我国学界对于建设性新闻理论性探讨集中在三个层面：一是从学理层面，探讨分析建设性新闻概念界定、理论来源与发展、中西语境差异等。二是从价值层面，探讨新闻的建设性与新闻业的价值重构。三是从实证层面，尝试分析建设性新闻历史实践的影响、效果，并展望其未来发展。本书由于篇幅有限，就建设性新闻概念定义、传媒角色转变和新闻"建设性"历史脉络这三方面对现有文献进行梳理。

---

[1] 殷乐、高慧敏：《建设性新闻：溯源、阐释与展望》，载《新闻与写作》2020年第2期。

[2] 胡百精：《概念与语境：建设性新闻与公共协商的可能性》，载《新闻与传播研究》2019年第S1期。

[3] 白红义、张恬：《作为"创新"的建设性新闻：一个新兴议题的缘起与建构》，载《中国出版》2020年第8期。

[4] 陈薇：《建设性新闻的"至善"与"公共善"》，载《南京社会科学》2019年第10期。

[5] 白红义、张恬：《作为"创新"的建设性新闻：一个新兴议题的缘起与建构》，载《中国出版》2020年第8期。

[6] 晏青、凯伦·麦金泰尔：《建设性新闻：一种正在崛起的新闻形式——对凯伦·麦金泰尔的学术访谈》，载《编辑之友》2017年第8期。

5. 建设性新闻概念的界定

建设性新闻的权威人物凯伦·麦金泰尔（Karen McIntyre）表示，所谓建设性新闻，在坚持新闻核心功能的同时将积极心理学和其他行为科学的技巧运用到新闻流程和产品，致力于创作卓有成效、引人入胜的报道。建设性新闻的倡导者、丹麦媒体人凯瑟琳·戈尔登斯泰德（Katherine Gyldensted）认为，记者们总是"挥舞着大棒"，但却很少为社会提供"胡萝卜"。她提出，新闻业应当从积极心理学中汲取灵感，从而减少新闻报道中的愤怒和偏见。积极心理学为建设性新闻提供了学理基础，而这正是建设性新闻与过去批判性新闻的实质区别。[1]

不过，虽然对建设性新闻的价值基础学界已有共识判断，同时部分学者也在积极尝试定义，比如，有学者将建设性新闻界定为着眼于解决社会问题而进行的新闻报道，是传统媒体在新媒体时代立足于公共生活的一种新闻实践或新闻理念（唐绪军、殷乐，2019）[2]。但目前而言，学界并未对建设性新闻概念达成共识意见。有学者认为建设性新闻并不具备统一、具体的专业范式，而是更像某种尚且模糊的、被从业者默默践行的新闻理念，或是新闻报道策划的又一种策略（翁之颢，2020）[3]。相比于清晰术语，建设性新闻更像是一个"umbrellaterm（伞式术语）"[4]，即涵盖或囊括多个要素或因素，它具有边际模糊、辐射宽泛，却又具有一定的概念统摄力、现实贴近度和实践可行性的重要特征

---

[1] 史安斌、王沛楠：《建设性新闻：历史溯源、理念演进与全球实践》，载《新闻记者》2019 年第 9 期。

[2] 唐绪军、殷乐编著：《建设性新闻实践：欧美案例》，社会科学文献出版社 2019 年版，第 168~176 页。

[3] 翁之颢：《新冠肺炎疫情报道中的"建设性"探索：本土诠释、关键问题与未来面向》，载《中国编辑》2020 年第 7 期。

[4] McIntyreK., GyldenstedC., "Constructive Journalism：Apply-ingpositive psychology techniques to news production", *The Journal of Media Innovations*, 2017, pp. 20-34.

(金苗，2019)[1]。同时，建设性新闻理念仍处于动态发展中，其理论外延在实践过程中不断丰富，例如，包容与多元、面向未来、协同创新（史安斌、王沛楠，2019)[2]。虽然建设性新闻的属性难以定义，但这并不妨碍学者们对其研究或是探讨，甚至有学者认为建设性新闻具有概念的开放性与模糊性，但这恰恰有利于培育建设性新闻更加开放的生命力（许加彪、成倩，2020)[3]。然而作为研究，建设性新闻在术语表达和实践维度上必须与其他新闻理念有明确边界，而这样边界的建立常常依赖其核心特征的表达。在学界，学者开始通过归纳其新闻要素等方式来明确建设性新闻的理论定位。2016年，凯瑟琳·戈尔登斯泰德在荷兰温德斯海姆应用科技大学建设性新闻系结合教学和实践，提出了建设性新闻报道的六大要素[4]，并在界内取得了一定共识：

第一，问题解决导向：借鉴解困新闻学的理念，建设性新闻要求新闻业不仅能够揭示问题，而且需要提供"问题解决导向"的报道框架。

第二，面向未来的视野：建设性新闻在报道新闻事件的过程中，需要在传统新闻报道的5W1H的基础上加入"现在怎样"（whatnow）这一元素。建设性新闻立足于当下的情势，更加看重未来的发展趋势。

第三，包容与多元：建设性新闻力求在报道中涵盖多元的声

---

[1] 金苗：《建设性新闻：一个"伞式"理论的建设行动、哲学和价值》，载《南京社会科学》2019年第10期。

[2] 史安斌、王沛楠：《建设性新闻：历史溯源、理念演进与全球实践》，载《新闻记者》2019年第9期。

[3] 许加彪、成倩：《建设性新闻的产制语境、理论含蕴与学理旨归》，载《中国编辑》2020年第6期。

[4] "Haagerup U. Constructive news: How to save the media and democracy with journalism of tomor-row"，*ISDLLC*，2017. 转引自史安斌、王沛楠：《建设性新闻：历史溯源、理念演进与全球实践》，载《新闻记者》2019年第9期。

音，跳脱传统报道中秉持的"官－民""富人－穷人""施害者－受害者"这类极化的二元对立框架，调和新闻事件利益攸关方之间的冲突。

第四，民众赋权：建设性新闻需要通过报道为民众"赋权"，通过广泛的采访充分了解民意，并通过他们与官方、精英及专家的对话和互动，寻求共识和解决方案，避免既有冲突被进一步放大。

第五，提供语境：建设性新闻要求记者在报道争议和冲突时充分挖掘事件背后的深层次原因，提供充足的背景和语境，引导公众全面理解新闻事件背后的张力，倡导舆论场的理性讨论。

第六，协同创新：建设性新闻吸纳了公民新闻的理念，避免主流媒体与商业利益捆绑，要求新闻业吸纳公众的广泛参与和协同合作，以实现对公共领域和社会共识的维护。

在凯瑟琳·戈尔登斯泰德之后，众多学者都引用此六要素为框架，展开了对建设性新闻共同特征和核心理念的探讨，同时随着理论的发展，部分学者的著述也在丰富着建设性新闻的内涵与特征。本书总结，现有研究还可归纳出两大要素。

（1）积极情绪。许加彪、成倩认为建设性新闻一大显著特征是报道内容是有利于受众积极心理基模的正面信息（许加彪、成倩，2020）[1]。学者凯伦·麦金泰尔（Karen McIntyre）和凯瑟琳·戈尔登斯泰德（Cathrine Gyldensted）指出，建设性新闻就是运用积极心理学的 PERMA 模式：积极情感（positiveemotion）、参与融入（engagement）、和谐关系（relationship）、共同意义（meanings）、任务达成（accomplishment）来重构新闻生产

---

[1] 许加彪、成倩：《建设性新闻的产制语境、理论含蕴与学理旨归》，载《中国编辑》2020 年第 6 期。

流程（*McIntyre&Gyldensted*，2017）[1]。故而，积极情绪是建设性新闻定义中应当强调的重要因素。

（2）记者干预。徐敬宏通过梳理现有文献，认为建设性新闻的显著特征之一就是记者干预。他认为，虽然建设性新闻是在新闻报道中解决特定的问题，但新闻记者并不直接参与或提出解决方案，而是让公民、政客和专家参与这一过程。换言之，受众成了一个更加活跃的社群，他们能够成为新闻制作过程的参与者。记者所扮演的不仅是传播者与监督者的角色，而且扮演着积极的调解者（Fron & Kristensen, 2018）[2]，这和从前新闻业有重要区别。

综上，我们可以看出，虽然建设性新闻是近年来才崛起的一种新闻方式，其概念定义仍处于建设阶段，但随着学界的讨论，其特征与要素也愈加明晰，总体而言，着眼未来、着眼解决方案、强调积极参与是建设性新闻的主要聚焦点，尤其从实操层面来看，"后来呢""现在如何"等问题是报道的着力点（殷乐，2020）[3]。

6. 建设性新闻语境下传媒角色的转变

长期以来，新闻媒体主要功能定位是监视环境和联系社会，但这种角色已经不足以满足新媒体时代舆论引导的复杂要求，因此，对媒介的功能进行深化与拓展、媒体角色的重构，已经成为重要的时代议题（陈小燕，2020）[4]。而随着西方新闻业不断发展，建设性新闻的出现，促使媒体角色发生质的飞跃（殷乐、

---

[1] McIntyre, K., Gyldensted, C., "Constructive Journalism: An Introduction and Practical Guide for Applying Positive Psychology Techniques to News Production", *Journal of Media Innovations*, 2017, pp. 20–34.

[2] 夏雨欣：《基于社会正义：建设性新闻理念与媒介正义的实现路径》，载《当代传播》2020年第4期。

[3] 殷乐：《建设性新闻：要素、关系与实践模式》，载《当代传播》2020年第2期。

[4] 陈小燕：《信息焦虑与建设性新闻功能设置的三重思维》，载《当代传播》2020年第6期。

绪 论

高慧敏，2020）[1]——越来越多的学者、新闻从业者发现建设性新闻能够通过新闻话语和实践层面，将打破以往新闻业监督、促进、激进和协作者的固定形象，从而提出了新闻业的新角色——新闻业应当转变为更积极、更具建设性的角色，主动参与社会建构（李鲤、罗欢，2019）[2]。而对于此种媒介角色的角色定位、角色立场、角色产生时间引起了学界激烈争论。

一方面，在西方新闻理论中，客观性原则作为新闻业的"不死之神"，对于记者的角色定位产生了深远影响（哈克特、赵月枝，2005）[3]。客观性原则约束记者成为新闻事件的"局外人"和"观察者"，限制自己只能够——或者只需要——报道社会现实，而绝不干预社会现实（史安斌、钱晶晶，2011）[4]。另一方面，作为调查性新闻的媒体角色体现了媒体将报道框架聚焦于冲突和批判的功能定位，而缺乏对社会问题深层次原因和解决方案或路径的发掘（Moeller，2002）[5]。随着西方新闻观的逐步建设，客观性与中立性原则地位的奠定，这些角色逐渐上升为新闻人坚定的自我认同。

然而建设性新闻理念的出现，让学者开始重新讨论传媒与社会之间的关系。胡百精认为按照建设性新闻观念的设计，媒体承

---

[1] 殷乐、高慧敏：《建设性新闻：溯源、阐释与展望》，载《新闻与写作》2020年第2期。

[2] 李鲤、罗欢：《建设性新闻：话语、实践与认知争议》，载《当代传播》2019年第6期。

[3] [加]罗伯特·哈克特、赵月枝：《维系民主？西方政治与新闻客观性》，沈荟、周雨译，清华大学出版社2005年版，转引自史安斌、王沛楠：《建设性新闻：历史溯源、理念演进与全球实践》，载《新闻记者》2019年第9期。

[4] 史安斌、钱晶晶：《从"客观新闻学"到"对话新闻学"——试论西方新闻理论演进的哲学与实践基础》，载《国际新闻界》2011年第12期。

[5] "Haagerup U. Constructive news: How to save the media and democracy with journalism of tomor-row", *ISDLLC*, 2017. 转引自史安斌、王沛楠：《建设性新闻：历史溯源、理念演进与全球实践》，载《新闻记者》2019年第9期。

担的理性养成责任包括：作为意见表达和社会行动空间，主导或参与公共讨论规则的制定，规则应最大限度反映、具化程序理性（如真实、真诚、正当）与实质理性（如正义、平等、尊重、关怀、团结、合作）的要求；通过提供事实和解决方案、调适协商过程和场景、激发积极情感和专注投入等手段，合理干预公共协商并持续为之赋能；促进以达成多元共识、建设性成果为导向和目标的平等对话（胡百精，2019）[1]。而传媒责任的不同往往会促使传媒角色定位发生改变。在建设性新闻语境下，记者"局外人"和"观察者"的传统的职业角色设定已经不合时宜，赋予其"解困者""推动者"和"倡导者"的角色才是题中应有之义（陈薇，2019）[2]。

第一，建设性新闻理念要求媒体不再是孤立的观察者，而应与公众保持联系。在具体的新闻实践中，媒体不再是新闻报道形式、内容等的唯一决定者。在新闻生产时，在坚守专业的新闻价值判断基础上，媒体应当询问公众想看到的社会问题和解决方案，与公众合作以得到有趣的报道角度和信息，并且让社会各个阶层和群体的人都参与进来，与公众共同创造内容（徐敬宏等，2019）[3]。更重要的是，在提高公众幸福感的同时，让公众在阅读新闻的过程中提升对建设性方案的参与意识。在建设性新闻中，媒体与公众并肩作战，发现解决问题的办法，从而共同创造新闻报道的内容，凝聚社会解决问题的共识（许加彪、成倩，2020）[4]。

---

[1] 胡百精：《概念与语境：建设性新闻与公共协商的可能性》，载《新闻与传播研究》2019年第S1期。

[2] 陈薇：《建设性新闻的"至善"与"公共善"》，载《南京社会科学》2019年第10期。

[3] 徐敬宏等：《建设性新闻：概念界定、主要特征与价值启示》，载《国际新闻界》2019年第8期。

[4] 许加彪、成倩：《建设性新闻的产制语境、理论含蕴与学理旨归》，载《中国编辑》2020年第6期。

这就要求媒体不再置身事外，而是作为社会成员之一，介入到社会问题的解决过程之中，与其他社会成员一起共筑美好生活（史安斌、王沛楠，2019）[1]。

第二，建设性新闻要求传媒要运用积极心理学的研究成果，以建设性方案代替冲突性的报道，尽量在保证客观性的基础上积极介入社会事务，用乐观和鼓舞人心的叙事方式推动人类社会的切实进步（史安斌、王沛楠，2019）[2]。

第三，在社会运行过程中，新闻传媒不仅扮演着新闻传播者和批判性监督者的角色，而且还扮演着积极的"调解人"和具体问题解决者的角色，是一股致力于解决矛盾冲突和社会挑战的特殊力量（芮必峰、余跃洪，2020）[3]。在突发性事件中，媒体应运用建设性新闻的对话与协商原则，积极参与进复杂的网络舆情中，主动发挥引导舆论的功能，促成社会问题的解决，做秩序良性发展的引导者（陈小燕，2020）[4]。

由此可见，建设性新闻理念摈弃了传统的"超然观"，它倡导新闻人从独立、客观、超然的"观察者""记录者"转为"变革推动者"，增添了"建设性"角色的维度（李林容、陈成，2020）[5]。

综上，我们可以看出"建设性"角色的优势，作为社会变

---

[1] 史安斌、王沛楠：《建设性新闻：历史溯源、理念演进与全球实践》，载《新闻记者》2019年第9期。

[2] 史安斌、王沛楠：《建设性新闻：历史溯源、理念演进与全球实践》，载《新闻记者》2019年第9期。

[3] 芮必峰、余跃洪：《他山之石：从"建设性新闻"看我国新闻传播理论和实践的创新发展》，载《新闻大学》2020年第6期。

[4] 陈小燕：《信息焦虑与建设性新闻功能设置的三重思维》，载《当代传播》2020年第6期。

[5] 李林容、陈成：《必要的思考：建设性新闻的文化意蕴》，载《编辑之友》2020年第4期。

革的"积极参与者"与"推动者",其比单一的监督角色更关注问题的解决,比促进作用的不可知论更具可操作性,比激进报道更加公正平衡,比协作角色更超然独立,从而更接近问题的本身(李鲤、罗欢,2019)[1]。然而这恰恰也是为部分学者所诟病的地方——其认为新闻媒体这种强烈介入社会新闻的做法将会破坏新闻客观性、中立性原则,这可能会导致新闻机构失去权威和信誉(Fron & Kristensen, 2018)[2]。毕竟,记者强烈的社会参与将增加识别风险,公共为导向的方法有可能演变为地方主义,面向公众询问解决方案往往过于关注共识而忽略了冲突,这些问题是建设性新闻有可能带来的负面极化状态。[3]而且,一些记者认为撰写有关冲突和社会问题的报道是他们的职责,提出解决方案只是描绘了一幅美好的世界图景,并不会被看作是"真正的"新闻(McIntyre, 2015)[4]。

针对这一问题,学界反对观点主要有两点。其一是认为客观性、中立性原则已经不适应时代潮流,成为新闻业发展的桎梏,故而建设性新闻业不应当受其束缚。有学者认为长久以来,客观中立的新闻准则并未帮助新闻业完成维系民主、提升社会幸福度的使命,甚至恰恰相反,超然观察者的自我设定让新闻工作者愈发远离了社会现实,逐渐将新闻业引向了社会信任与社会认同的双重滑坡。正因如此,建设性新闻观不再将新闻的理想寄托于客观性这一逐渐被"消耗殆尽的意识形态"之上,而是提出了新

---

[1] 李鲤、罗欢:《建设性新闻:话语、实践与认知争议》,载《当代传播》2019年第6期。

[2] 徐敬宏等:《建设性新闻:概念界定、主要特征与价值启示》,载《国际新闻界》2019年第8期。

[3] 李鲤、罗欢:《建设性新闻:话语、实践与认知争议》,载《当代传播》2019年第6期。

[4] 徐敬宏等:《建设性新闻:概念界定、主要特征与价值启示》,载《国际新闻界》2019年第8期。

闻的"介入文化",认为只有这一文化框架才能抵御当今社会不断积聚的不确定性,进而为新闻业的未来发展提供具体的、有力的并且可持续的保证(李林容、陈成,2020)[1]。其二是作为方法论的"建设性"与传统的新闻专业原则并非是矛盾与对立的关系,正面叙述也不会带来新闻客观性、中立性的消耗。胡百精认为,"建设性"并非是不揭示问题、批评监督的片面叙事。建设性新闻概念带来的真正启发在于,以正面宣传为主的报道方针从聚焦"管过程"转向"管结果",即以推动理性协商、凝聚社会共识为旨归。所以媒体坚持正面报道,最终应以在公共传播中达成积极、建设性效果为目标,而非机械、绝对化地追求过程中的正面叙事(胡百精,2019)[2]。换言之,建设性新闻报道仍然致力于准确、真实、平衡和必要的批评,只是更多地以积极的元素、解决的态度、变革的目标以及赋权于民的方式来报道新闻(吴飞、李佳敏,2019)[3]。在此层面上,建设性新闻并不完全等同于积极新闻,积极新闻是由乐观的故事组成的,重视感情和娱乐,但不是所有的积极新闻都具有冲突性、重要性等新闻的核心要素。建设性新闻并不掩盖议题中的负面内容(Meier,2018),而是继续坚持新闻的伦理和核心功能,这并不会造成单一叙事(徐敬宏,2019)[4]。至于建设性新闻单一逻辑问题,李鲤、罗欢认为,建设性新闻可以通过倡导涵盖广泛的文本背景、多样的声音和观点来对该问题进行改善,新闻界也可以通过相关

---

[1] 李林容、陈成:《必要的思考:建设性新闻的文化意蕴》,载《编辑之友》2020年第4期。

[2] 胡百精:《概念与语境:建设性新闻与公共协商的可能性》,载《新闻与传播研究》2019年第S1期。

[3] 吴飞、李佳敏:《从希望哲学的视角透视新闻观念的变革——建设性新闻实践的哲学之源》,载《新闻与传播研究》2019年第S1期。

[4] 徐敬宏等:《建设性新闻:概念界定、主要特征与价值启示》,载《国际新闻界》2019年第8期。

改革来努力消除新闻媒体创造的负面极化状态,能够以最大限度地保证日常实践中新闻报道的客观性(李鲤、罗欢,2019)[1]。

7. 新闻"建设性"的历史脉络

对新闻"建设性"角色探讨的过程中,有学者认为,事实上,新闻界很早就已经意识到了过度强调冲突性对于新闻业的危害,并提出需要通过建设性的报道理念调和这种不平衡的状态(史安斌、王沛楠,2019)[2]。有学者提出,"建设性新闻"并不是全新的理念,而是一种重新引介的传统,其核心理念是深深根植于新闻历史中的,不过是在2008年"重返(re-entered)"新闻界而已(Bro,2018)[3]。同时,有学者提出传媒"建设性"角色并非是建设性新闻提出后才产生的,早在19世纪末20世纪初,经济独立让西方报业加速进入黄金期,媒体可以代表民意并监督政府,报纸的"大众化"特征凸显,新闻媒体理念开始在商业性与公益性之间平衡,公共服务理念在新闻中落地生根,这便孕育了媒体的"建设性"社会角色(殷乐、高慧敏,2020)[4]。所以,如若将建设性新闻在整个新闻业的各种运动概念的发展系统中加以定位,可以发现,从19世纪末产生的"行动新闻""公共新闻"等诸多概念,再到今天的"建设性新闻",各自代表着不同时代背景下不同的路径反思,彼此之间构成一种或传承,或涵盖,或集成的进阶关系。蔡雯、郭浩田也认为,"建设性新闻"其实是"公共新闻"的延续和发展,或者说,是"公共新闻"在新的历史条

---

[1] 李鲤、罗欢:《建设性新闻:话语、实践与认知争议》,载《当代传播》2019年第6期。

[2] 史安斌、王沛楠:《建设性新闻:历史溯源、理念演进与全球实践》,载《新闻记者》2019年第9期。

[3] PeterBro., "Constructivejournalism: Proponents, precedents, and principles", *Journalism*, 2018, pp. 504–519.

[4] 殷乐、高慧敏:《建设性新闻:溯源、阐释与展望》,载《新闻与写作》2020年第2期。

绪　论

件和传播生态下的复兴（蔡雯、郭浩田，2019）。因此，传媒"建设性"并非"建设性新闻"提出，而是早已存在于建设性新闻的漫长的发展脉络之中，也正因如此，研究者不得不通过对这些相互交叉的概念进行比较来厘清建设性新闻生成逻辑与内涵。

（1）行动新闻。早在20世纪初，行动新闻（action journalism）就已作为有别于主流事实报道的新闻类型出现，在全球战乱频仍、社会危机频发的历史背景下，这种新闻理念的核心在于唤起公民参与社会的主动性，进而推动社会问题的实际解决——这实际上就是建设性新闻最初的雏形（常江、田浩，2020）[1]。

（2）和平新闻。于20世纪70年代出现的和平新闻（peace journalism）理念则呼吁新闻报道活动应努力维系和平的社会关系，并推动在和平的框架内寻求解决社会冲突。[2]这就要求新闻从业者在工作过程中摈弃"消极"行为，尤其要遏制有可能违背和平准则的破坏性行为，而应更多提出社会冲突的解决方案。[3]

（3）公共新闻。20世纪80年代起，新闻界意识到媒体过分依赖官方信源，便会沦为政客和专家的传声筒；记者恪守局外人角色，也加深了其与公众的疏离。公共新闻（public journalism）概念应运而生，其核心理念为：新闻记者不仅应报道新闻，而且应参与其中，将公众视作公共事务的"参与者"而非"受害者"或"旁观者"（殷乐、高慧敏，2020）[4]。从新闻生产的业务层

---

[1] Bro, P., "Historien om den nyttige nyhedsformidling", *En Konstruktiv Nyhed. Ajour*, 2012. 转引自常江、田浩：《建设性新闻生产实践体系：以介入性取代客观性》，载《中国出版》2020年第8期。

[2] Kempf, W., "Peace journalism: A tightrope walk between advocacy journalism and constructive conflict coverage", *Conflict& communication online*, 2007.

[3] Ahva, L., & Hautakangas, M., "Why Do We Suddenly Talk So Much About Constructiveness?", *Journalism Practice*, 2008, pp. 657–661.

[4] 殷乐、高慧敏：《建设性新闻：溯源、阐释与展望》，载《新闻与写作》2020年第2期。

面看,"公共新闻"与"建设性新闻"都与西方新闻界一贯坚持的"客观报道"的原则和方法相违背,但这种反潮流的改革实践在终极目标上却与西方传统新闻业所追求的保护公共利益、推进民主政治的价值观是一致的(蔡雯、郭浩田,2019)[1]。

以上这些新闻概念的实践都是不同时代的新闻业在面对公共责任这一共性问题时所发起的突破性实验,对建设性新闻产生了极为深刻的影响。一者,建设性新闻以公共新闻运动为鉴,业界、学者、机构在其中扮演着相似的角色,有望成为一种影响相当的接力性新闻改革运动;二者,建设性新闻发挥了聚核优势,在推广理念上吸纳了行动新闻、方案新闻、和平新闻、公共新闻的部分经验,努力完善其对"建设性"的理解。三者,建设性新闻以公共新闻运动为诫,退而求其次,由培养公民转而改变媒体,发起一次"新闻内部变革运动"(金苗,2019)[2]。

四、研究对象与研究思路

(一)研究对象

本研究的研究对象具有复杂性、交叉性和前瞻性,是司法领域、新闻传播领域亟待解决的焦点问题,主要包括:司法公信力建设中的传媒角色、不同传媒角色的传播活动对司法公信力建设的影响、旨在提升司法公信力的全媒体传播策略。

第一,传媒角色是本研究的核心研究对象。全媒体时代,媒体既可以是专业传播机构,也可以是非专业传播机构(如政府、企业等)和个人。考虑到对司法公信力影响程度的强弱以及中宣

---

[1] 蔡雯、郭浩田:《以反传统的实践追求新闻业的传统价值——试析西方新闻界从"公共新闻"到"建设性新闻"的改革运动》,载《湖南师范大学社会科学学报》2019年第5期。

[2] 金苗:《建设性新闻:一个"伞式"理论的建设行动、哲学和价值》,载《南京社会科学》2019年第10期。

部及国家传媒行政管理机构对传媒/平台的管理趋势，本研究认为国有主流媒体在今后很长一段时间内是影响司法公信力的主要力量，因此本研究主要考察主流的传统媒体及其新媒体在司法公信力建设中的传媒角色。尽管以主流传统媒体及其新媒体为主要研究对象，但并不意味着对其他传播主体置之不理，在对主流传统媒体及其新媒体传媒角色进行深入研究的同时会考量其他传播主体与主流传统媒体及其新媒体在司法公信力建设中的博弈。

第二，本研究将研究不同传媒角色的传播活动对司法公信力建设的正向影响和负向影响。依据角色理论的主要内容，本研究将在深入研究司法公信力建设中传媒角色采择、角色扮演、角色冲突中剖析每一种角色在上述角色互动各阶段中对司法公信力建设的正向影响和负向影响。

第三，本研究将深入研究旨在提升司法公信力的全媒体传播策略。结合各类传媒角色对司法公信力建设的正向影响和负向影响，以及当下中国公众对司法公信力的态度，本研究将对提升司法公信力全媒体传播策略进行深入研究。

（二）研究思路

本研究按照"提出问题—分析问题—解决问题"的逻辑进行分析讨论。提出问题：在文献研究的基础上，结合近十年法治传播实践和我国司法公信力建设历程，分析我国司法公信力建设的内涵、构成、发展历程和现实困境，提出传媒和民意对司法公信力建设中的贡献和干扰。分析问题：通过文献分析、个案研究、深度访谈、问卷调查等方法，依据角色理论分析传媒在司法公信力建设中的多重角色的采择、扮演和冲突，重在分析不同角色对司法公信力的积极影响和消极影响。解决问题：基于上述研究，提出旨在提升司法公信力对已有传媒角色的规范策略和构建建设者角色的策略。

文章具体包括六部分内容，依次是：

第一章，我国司法公信力的形成与现实困境。本章主要包括司法公信力的内涵与价值、我国司法公信力的构建基础、我国司法公信力的形成发展历程、我国司法公信力建构的现实困境四个部分的内容。

第二章，我国法治传播的传媒生态环境分析。本章主要包括我国法治环境、文化环境、媒介环境等法治传播的外部环境分析和我国产品形态、内容生产、法律规制和行业规范、用户等法治传播的行业环境分析两个部分。

第三章，我国司法公信力建设中的传媒角色采择。本章主要包括传媒记录者角色、宣传者角色、监督者角色三种角色采择的必要性、可行性和意义。其中认为记录者的角色采择包括满足公众知情权；记录历史，反映法治变迁的需要。宣传者的角色采择包括普及法律知识，传扬法治观念；彰显司法公开、公正、公平，缓和冲突对立；整合民意，提升公众对社会主义法治的信任；监督者的角色采择包括司法需要媒体监督；媒体监督推动司法进步、维护司法权威。

第四章，我国司法公信力建设中的传媒角色扮演。本章主要包括传媒记录者角色的扮演、宣传者角色的扮演、监督者角色的扮演三个部分。其中记录者包括记录司法资讯、记录司法案件、记录法治现象；宣传者包括宣传法律知识和改革成果、宣传司法形象和司法威信、构筑法治观念和法律环境；监督者包括对涉法事件的监督；对司法工作人员的监督；对司法条例和司法政策规定、修改的监督。

第五章，我国司法公信力建设中的传媒角色冲突。本章主要包括传媒角色的内部冲突和传媒角色之间的冲突两个部分。传媒角色的内部冲突体现为记录者用语失范、报道侵权；宣传者过度宣传构建出失序的拟态环境；监督者政治思维与司法思维的碰撞、追求轰动效应替代客观报道。传媒角色之间的冲突包括记录者与宣传者之间的冲突、记录者与监督者之间的冲突。

第六章，我国司法公信力建设中的传媒角色建构。本章主要结合第一章和第二章的部分观点，在定量分析影响司法公信力的传媒要素的基础上提出传媒角色的规范策略和传媒建设者角色构建策略。

五、研究方法

（一）文献研究

整理并研究与本课题相关的国内外著作、论文、研究报告、音视频资料、新闻报道等资料，在课题研究设计和对本课题部分研究内容、实证研究数据分析时使用。

（二）问卷调查

研究采用问卷调查的方式考察受众媒体接触行为、传媒角色认同、司法公信力、对经典司法案例的认知和态度认同等四方面，共设计问题31道。问卷通过问卷网平台发放，最终回收问卷600份，有效问卷600份[1]。问卷的被调查者男女比例各占50%，来自全国各地，各省份人数也较为平均，都在3.3%左右。19岁以下的占比16.7%；20~29岁的占比26.3%；30~39岁的占比26.7%；40~49岁占比11.3%；50~59岁的占比2.3%；60岁以上的占比16.7%。政治面貌以群众为主，占比

---

[1] 根据第44次《中国互联网统计发展状况调查报告》（2019年8月发布，本调查问卷于2019年12月发放），中国互联网网民男女比例52.4∶47.6，接近1∶1；19岁以下占比20.8%，20~29岁的占比24.6%；30~39岁的占比23.7%；40~49岁占比17.3%；50~59岁的占比6.7%；60岁以上的占比6.9%。调查问卷回收到600份时发现被访者性别、年龄与《中国互联网统计发展状况调查报告》中的网民性别和年龄比例接近，信效度具有代表性，且被访者数量增长处于停滞状态，故终止问卷发放。

67.8%，共青团员和中共党员占比分别为25%和6.5%，民主党派0.7%。被调查者以汉族为主，占比在九成以上，共设计问题31道。问卷通过问卷网平台发放，最实证终回收问卷600份，有效问卷600份。课题组对数据做了描述性分析、方差分析、相关分析和线性回归分析。

被调查者以汉族为主，占比在九成以上，其他民族占比都很少。被调查者文化程度整体较高，大专、本科及以上学历的被调查者占比64.5%，高中/中专/技校占比为24.3%，初中及以下占比11.2%。被调查者的职业主要集中于在校学生、企业/公司一般职员和退休人员，这三类职业人群占比超过60%。被调查者的收入水平普遍不高，月工资在5000元以下的占比59.6%；收入在5001~10000元的占比32.7%；月收入在10000元以上的仅占7.7%。超过九成的被调查者本人或其直系亲属没有直接接触过司法机关或司法工作人员。

（三）深度访谈

本课题组本结构化访谈了11人，包括主流媒体新闻采编人员或知名栏目制片人、知名深度调查记者、社交平台总监、社交短视频平台相关负责人、中国记协和国家网信办相关领导等。深度访谈内容包括：对司法公信力建设中传媒角色的看法、传媒角色和司法公信力的关系、不同传媒角色对司法公信力的影响、自己所在媒体法治报道的选题标准和生产流程等。深访到第10人已无新观点，故深访11人后结束深访。

（四）个案研究

选取于欢案、聂树斌案、张扣扣案等代表性案件和中国新闻奖获奖作品为研究个案，分析多种媒体角色对案件的传播内容、方式和观点，进而分析不同传媒角色在热点案件传播中的表现和对司法公信力建设的影响。

六、创新之处

第一，从研究主题上看，已有相当多的研究以传媒和司法的关系为研究主题，尤其是媒体监督、新闻自由与司法公正等方面，这为本研究的开展提供了较为丰厚的研究基础，本研究将在此基础上结合我国司法公信力发展的困境和传媒生态环境的变化，将传统传媒领域扩展至全媒体领域，探讨社会信息系统大传播背景下各类传媒角色对司法公信力的影响以及如何规范这些传媒角色和构建新的传媒角色以形成合力提升司法公信力，研究成果更加重视实际应用价值。此研究主题是传媒业变迁下的研究创新，也是我国当下法治建设的必需。

第二，从学术观点上看，在已有研究基础上，结合时下法治中国建设需要和自媒体繁荣现状，本研究认为不仅需要平衡传媒与司法的关系，而且传媒与司法需要合力提升司法公信力。传媒任何理性、建设性的司法监督都是提升和维护司法公信力的方式。文章创新性地提出对法治传播中已有记录者、宣传者和监督者三类传媒角色的规范策略，并提出构建传媒建设者角色的策略。全媒体时代，通过公共协商、凝聚社会共识，传媒协同其他社会成员共同推动我国司法发展历程。

第三，从研究方法上看，本研究重视定量研究和定性研究相结合，采取问卷调查、深度访谈、个案研究等方法研究传媒对司法公信力的影响，提出系统而科学的传播策略等，相较于前人侧重定性研究，结论缺乏一定数据支撑的情况，本研究具有更高的客观性、科学性和系统性。

第四，从研究理论支撑上看，本研究重视交叉学科研究，以法学、新闻传播学、社会学相关理论及文献作为理论支撑和研究基础，较以往基于单一学科的研究，本研究的理论支撑更加科学而扎实，在基础上的研究结论更具理论研究价值和实践应用价值。

第一章　我国司法公信力的形成与现实困境

本章在探讨司法公信力的内涵与价值的基础上，分析我国司法公信力的构建基础、形成发展历程和现实困境，以期明确传媒角色规范与建构的目标与现实困境。

第一节　司法公信力的内涵与价值

本节对于司法公信力内涵的阐释，从司法和公信力二者各自的含义入手，落脚于二者结合后的具体意涵。对于司法公信力价值的探讨，主要着眼于社会价值、法治价值、时代价值三个方面。

一、司法公信力的内涵

司法公信力是由"司法"和"公信力"结合而形成的全新概念[1]。对于司法公信力的称谓，国际上尚未形成统一观点。美国称其为"法庭信用"或"法院公信力"，即"Credibility of the court"或者"The court credibility"；欧盟称其为"公众对法庭的信任"，即"Public trust in the courts"，而我国则习惯称其为"Judicial credibility"，即"司法公信力"[2]。以上称谓说法不一，区

---

[1] 毕玉谦主编：《司法公信力研究》，中国法制出版社 2009 年版，第 1 页。
[2] 吕中行、谢俊英：《新时代我国司法公信力的重塑》，载《河北法学》2020 年第 4 期。

第一章　我国司法公信力的形成与现实困境

别主要在于对"司法"和"公信力"的理解,因而构筑司法公信力的内涵边界,要先解读"司法"与"公信力"的丰富意蕴。

从表述差异看,我国对司法的理解似乎更为宽泛。司法不仅包括狭义上的法院审判活动,还包括检察院、公安机关、仲裁机关、行政机关和调解机关适用或执行法律的活动[1]。这是因为一方面,在人民代表大会制度的政治体制下,我国司法除了具备解决纠纷的法定功能,还要体现司法为民的本质要求,承担更多司法安民、利民的职责[2]。另一方面,受传统政法思维影响,司法承载着重要的政治功能,统治阶级政治意志的体现有赖于司法权的实现[3]。表现为:司法既要依法处理纠纷与争议,也要囊括一些其他与此相关的内容,如通过审判聚焦社会矛盾,以出台政策或修正法律来实现社会稳定;又如通过判断政治行为的合宪与否来维护宪法制度[4]。

从文理解释看,公信力本身蕴涵着信用和信任两个维度,同时还具有公共权力的属性[5]。"公"明确了公信力所关涉的两大主体:公共权力所有者与公众。"信"包含两层意思:一是信用层面,公共权力所有者依照其与公众事先达成的约定,为或不为一定行为;二是信任层面,公众基于公共权力所有者的先前行为,产生认同和服从的心理感受。"力"是亲和力与威慑力形成的合力[6],亲和力是指公众对公共权力的认同、信任和支持程

---

[1] 关玫:《司法公信力研究》,吉林大学 2005 年硕士学位论文。
[2] 陈琦华:《当代中国司法政治功能内涵及其价值》,载《政治与法律》2013 年第 1 期。
[3] 江必新:《正确认识司法与政治的关系》,载《求是》2009 年第 24 期。
[4] 江必新:《正确认识司法与政治的关系》,载《求是》2009 年第 24 期。
[5] 关玫:《司法公信力初论——概念、类型与特征》,载《法制与社会发展》2005 年第 4 期。
[6] 张芸:《论司法公信力的逻辑渊源》,载《兰州交通大学学报》2008 年第 5 期。

度，表现为公众是否愿意运用公共权力解决问题；威慑力是指公共权力的权威程度，包括公共权力以国家政治资源为支撑所获得的强制力，也包括公共权力在实际运行中对公众的信用状态。综上，公信力是指公共权力在公民中信用和信任状况，展现出公共权力与公众的双向互动，既指公共权力在与公众交往活动中获得信任的能力，也指公众对于公共权力的心理认同[1]。

司法公信力是公信力在司法范畴的具体呈现。司法权作为一种公共权力，其公信力的内涵解读也沿着信任和信用两大视角展开：信任维度上，表现为公众对司法的集合性判断与评价[2]，包括公众对司法的认识、情感、态度、情绪、兴趣、期望和信念[3]。信用维度上，表现为司法主体通过司法活动在社会生活中建立起公共信用，是司法主体据以赢得社会公众信任和信赖的资格和能力[4]。可见，司法公信力是一个客观事实和主观价值判断紧密结合的产物，它既取决于司法客观上是否值得信任，是否具有威慑性和强制力，也取决于公众主观上是否愿意给予信任，是否认同、信赖和服从司法。

二、司法公信力的价值

司法公信力建设具有重要社会价值、法治价值和时代价值，体现在培育法律信仰、提升司法权威和推进法治建设等方面。

---

[1] 关玫：《司法公信力研究》，吉林大学2005年博士学位论文。
[2] 胡铭：《司法公信力的理性解释与建构》，载《中国社会科学》2015年第4期。
[3] 关玫：《司法公信力初论——概念、类型与特征》，载《法制与社会发展》2005年第4期。
[4] 孙应征、刘国媛：《略论司法公信力之构建》，载《江汉大学学报（社会科学版）》2010年第1期。

第一章　我国司法公信力的形成与现实困境

（一）社会价值：培育法律信仰，营造法治氛围

党的十九大报告指出："深化司法体制综合配套改革，确保司法公正高效权威，努力让人民群众在每一个司法案件中感受到公平正义。"[1]打造公正、高效、平等的法治环境是建设社会主义法治国家的重要内容，司法公信力建设是营造法治氛围、培育法治信仰的关键路径。

第一，司法公信力建设有助于形成和巩固坚定的法律信仰。法律信仰是把外在的规则内化为主体的内在法律自觉性，是法治理念在一个民族生活中落地生根的具体体现[2]。在社会中树立坚定的法律信仰，人们对司法的敬畏不仅源于国家强制力，而且源于内心的认同和信服；法律不仅是条文规定和价值规范，而且是人们的实践基础和行为准则；法律观念不仅是个别人的模糊认知，而且是整个民族的神圣信仰。法律信仰的形成贯穿于司法公信力建设的各个阶段，首先，法律信仰需要建立在"制定良法"之上，立法正确是司法公正的前提，也是人们认同和敬仰法律的根本。其次，司法和执法是保持法律生命力的关键，如司法程序是否正当、司法人员是否公正、司法过程是否公开、诉讼主体权利是否得到充分保障，执法人员执法是否合规合理等，这些指标都将影响司法公信力建设，进而关系到法律能否被信仰。

第二，司法公信力建设有助于营造和维护社会法治氛围。受中国传统法律文化的影响，部分社会主体仍然存在"法即是刑""情大于法""权重于法"和"重调节轻诉讼"等观念，这些观念不同程度地影响人们的行为方式选择[3]，造成"有问题找媒

---

[1] 陈建华：《加强党的领导，深化司法体制综合配套改革》，载《红旗文稿》2018年第2期。

[2] 叶传星：《法律信仰的内在悖论》，载《国家检察官学院学报》2004年第3期。

[3] 毕玉谦主编：《司法公信力研究》，中国法制出版社2009年版，第315页。

体""信访不信法"等社会失序现象,致使暴力抗法事件频发,司法公信力岌岌可危[1]。司法公信力的提升能够有效培育和发展正确的法律观念,营造和维护社会法治氛围。具体来说,加强司法公信力建设,能够使公众在审判案例中了解司法运行过程,感受司法工作公正,认同司法审判结果,进而使公众认为法律是一种正规的、客观的评判问题的标准和解决问题的途径,自发地遵守法律、维护法律,并积极运用法律解决纠纷、救济权利。

(二)法治价值:提升司法权威,节省司法资源

加强司法公信力建设,可以实现和扩展法律权威,有效节省司法资源。

第一,良好的司法公信力表现为司法具有确定性和可预测性。这二者的实现往往受制于法律自身的内在理性、司法技术的科学运用和司法理想三个方面[2]。任何法律都无法详尽列举所有涉罪情形,也无法完全落实到具体实施之中,法律规范与司法实践之间的距离,需要司法人员科学运用司法技术来解释和弥合,但司法人员的自由裁量权不是漫无边界,而是必须在公正、公开、公平等司法理想的框架下合理运行。可见,司法裁判的过程存在广泛的法官裁量和价值判断,如果没有统一权威标准加以框定,可能导致司法结果缺失"整体一致性"[3],从而公众在处理纠纷时,无法对比和参照以往裁判结果来确定各自权利义务状态,这既降低公众通过司法公正处理纠纷的信心,也将贬损司法的合理性和权威性。

第二,良好的司法公信力表现为司法具有终局性。司法裁判

---

[1] 公丕祥、董开军主编:《司法改革研究(2012年卷)——司法公信力建设》,法律出版社2013年版,第526页。
[2] 王国龙:《判决的可预测性与司法公信力》,载《求是学刊》2014年第1期。
[3] 王国龙:《判决的可预测性与司法公信力》,载《求是学刊》2014年第1期。

必须具有既判力，不能被轻易推翻，否则当事人的利益与命运将长期处于不稳定状态，陷入无休止的诉讼中[1]。当下我国许多司法案件都存在着"判决的易变性"和"司法的非终局性"等问题。司法案件在判决已经出来的情况下，仍然会被道德话语、权利话语和政策考量等因素影响，如2009年发生的"李昌奎案"[2]。这种情况下司法公信力受到挑战，法律权威亦遭到威胁。司法公信力建设必须做到司法裁判始终如一，如果司法判决对舆论妥协，因势而变，那么公众面对于自己不利的法律后果时，就会采取非法手段，以达到试图干扰司法裁决、不愿承担相应法律义务的目的，这不仅会扰乱司法秩序，也将浪费司法资源。

（三）时代价值：维护社会秩序，推进法治建设

司法公信力是建设法治社会的前提，也是提升我国新时期司法改革的重要目标[3]。构筑司法公信力，使学法、知法、重法、守法成为各个阶层群众中的潮流，是当下司法工作和司法改革的重点内容。

人们在个人行为与人际交往行为中均存在一定的遵循以往习惯或规则的固化倾向，这让人们更有掌控感和安全感。这说明人们的日常行为存在一定的秩序。有秩序必然有失序。如果某些人

---

[1] 陈光中、肖沛权：《关于司法权威问题之探讨》，载《政法论坛》2011年第1期。

[2] 《云南李昌奎强奸杀人案》，载 https://www.pkulaw.com/pfnl/a6bdb3332ec0adc45d2083554f5a3eca8aafc589d29b7c77bdfb.html？keyword=%E6%9D%8E%E6%98%8C%E5%A5%8E，最后访问日期：2020年12月1日。2009年发生的云南"李昌奎案"，一审判决结果为死刑立即执行，二审改判改为死刑缓期两年执行。李昌奎的作案手段极其残忍，相比于故意杀人被判处死刑的药家鑫而言，社会危害程度要严重得多，李却没有被判处死刑，民众表示不满和不信服。后来，云南省人民检察院以量刑畸轻为由提起抗诉，2011年云南省高院最终启动再审程序并将该案改判为死刑立即执行。

[3] 孟军、甄贞：《司法改革中司法公信力问题研究》，载《湖北社会科学》2015年第9期。

放弃遵守规则,以个人利益为上,甚至侵犯其他主体的权利,即出现了"违法"情况,损害了社会秩序和正义。司法扮演纠错和矫正的角色。司法公信力程度高,才能准确地纠正"失序"和"违法"情况,有理有据地、辩证地处置案件,使当事人和社会公众均信服,从而减少"失序"的发生,达到维护和建构社会秩序的目的。

司法公信力发展和推进法治建设。要全面推行、落实依法治国战略,完善我国法治路径,需要建设公正高效的司法制度,若不确立司法机关的公信地位,则无法谈起司法权威,也不可能有效实施依法治国战略[1]。推行依法治国,离不开人们对司法的认同和信赖,只有人们相信司法是公正的,才愿意将司法作为解决矛盾的优选途径,而不去依靠媒体曝光或上访闹诉来处理争议。这样既避免启用不必要的社会资源,也有助于化解社会矛盾,还能推进中国法治化进程。

第二节 我国司法公信力的形成发展历程

司法公信力强弱建立在司法权的基础上,而司法权是国家权力的组成部分,所以在国家产生之前不存在司法裁决,也遑论司法公信力。我国司法公信力的形成发展历程要追溯到国家产生之初。在我国不同的历史发展阶段,国家的统治方式不尽相同,相应地,法律在其中扮演的角色、发挥的作用也十分不同,司法获得信任的因素和途径也不一样,随之形成了不同程度的司法公信力。

---

[1] 丁国峰:《司法公信力的内涵解读、现状问题及构建路径》,载《昆明理工大学学报(社会科学版)》2013年第6期。

第一章 我国司法公信力的形成与现实困境

一、我国古代时期的司法公信力

中国古代法治主义起源于春秋初叶,盛于战国时期,秦代短暂拥有过"法治",但此"法治"具有一定局限性。东周以后,王权式微,诸侯争霸,天下大乱。在数百年的战争纷乱中,许多治国良方涌现出来,秦国决心图强改革,下令招贤,选用商鞅而逐渐强大。商鞅变法成功,主要归功于"法治",从立木为信开始,商鞅逐渐树立起了秦国及其一套新的律法的威信。秦国逐渐强大,吞并六国,建立秦朝。秦始皇更是事皆决于法,不仅有较为完备的实体法,而且还有缜密的程序法。[1]但是作为中央集权的封建专制国家,皇权依然凌驾于一切法律之上,司法权只是维护封建统治的工具,主要表现为严刑峻法,不是民主法治。秦时期的法治是自上而下的严苛律法,这种法治被后来的朝代所摒弃。自汉独尊儒术以来,以儒家思想为主导的礼治更加完备,法治主义愈发衰微,朝堂威武看似司法权威,但也不过是维护封建集权统治的手段,司法公信仅仅体现于"知县青天"一人的廉正,毫无制度保证。[2]

二、我国近代时期的司法公信力

1840年鸦片战争之后,中国进入了半殖民地半封建社会,国人打开视野,开始了解西方的法律,丰富改善已有法律体系。

清末民初,中国司法呈现出"外部列强干涉、内部朝堂革新"的局面,在清廷腐败无能、西方攫取在华司法特权的艰难处境中,"稍知大体者,咸以养成法治国为要图"[3]。始于20世纪

---

[1] 毕玉谦主编:《司法公信力研究》,中国法制出版社2009年版,第102页。

[2] 高铭暄、陈璐:《略论司法公信力的历史沿革与实现途径——谨以此文纪念〈法学杂志〉创刊三十周年》,载《法学杂志》2010年第7期。

[3] 梁启超:《饮冰室合集(文集第29册)》,中华书局1989年版,第121页。

初的清末预备立宪活动以及由此而生的大规模修律活动，标志着中国法治近代化历程的开始。1902~1911年间，进行了大量立法活动，试图挽救岌岌可危的统治，例如，1908年《钦定宪法大纲》、1910年《大清新刑律》、1911年《宪法重大信条十九条》《刑事诉讼律草案》《民事诉讼律草案》等。[1]沈家本等法律大臣力主采用四级三审制以及独立的检察审判制度，对各级审判厅的管辖、回避、预审、公判执行、诉讼程序以及检察厅的设置作了具体规定。[2]皇权开始受到限制，民权逐渐苏醒。然而法制改革在清廷保守派与西方列强的双重压力下，没有统治者强有力的支持和拥护，只能流于形式，司法公信只是停留在文字层面的宣示。但是，不能否认的是，这个时期的法制改革在客观上促进了中国由封建司法向近代司法的转变，具有积极的历史意义。

辛亥革命以后，孙中山在南京成立中华民国临时政府，颁布了《临时中央裁判所官职令草案》《法官考试委员会官职令》《法官考试令》《律师法草案》等司法性文件，实行审判独立、检审分离以及辩护等现代司法制度，体现了资产阶级民主共和国自由、平等的思想理念，从而真正开启了近代司法民主与公信的序幕，普通民众对司法公正的意识开始觉醒。[3]但是在频繁的军阀征战中，中国的司法状况混乱不堪，军法审判在司法审判中占据重要地位，普通刑民审判只是军法审判的补充，政府如走马灯似的更迭更使司法公信没有任何的社会基础保障。

大革命时期，农民运动蓬勃发展，中国的近代司法制度开始在农村生根发芽，中国的封建司法自此完全瓦解。自1927年起，中国共产党在全国建立了多个农村革命根据地，建立起了各自的

---

[1] 毕玉谦主编：《司法公信力研究》，中国法制出版社2009年版，第108页。

[2] 高铭暄、陈璐：《略论司法公信力的历史沿革与实现途径——谨以此文纪念〈法学杂志〉创刊三十周年》，载《法学杂志》2010年第7期。

[3] 曾宪义主编：《中国法制史》，中国人民大学出版社2013年版，第234页。

司法体制，革命党司法机关也随之创立起来。红色政权下的司法体制实行司法与行政合一制，司法人员多是来自基层的工农群众，不具有职业化特征，审判往往与肃反、惩治反革命等政治性词汇等同，散发着浓厚的革命气息。这样的司法体制与当时的政权相适应，主要目的是为了建立革命秩序、树立新政权权威。

抗日战争时期，中国共产党领导的抗日根据地由工农民主政权转变为抗日民主政权，继续在边区推进司法制度的摸索建设。抗日民族统一战线要求边区司法机关从组织到职能运作都能体现民意，切实保障抗日群众的合法权益，促进民族团结，维护边区社会秩序。具体表现为独立审判意识初步确立，在司法审判上坚持群众路线，实行就地审判、巡回审判、调解与审判相结合等便捷高效的审判模式。这种审判方式受到民众的欢迎，在群众中建立起极大的司法公信力。

三、我国现代时期的司法公信力

新中国成立之初的司法制度继承了抗日战争期间党在领导司法工作中所积累的经验，进一步实行人民司法。在人民司法原则的指导下，这一时期法制建设成果令人欣喜，司法机构建制已初具规模，成立了最高人民法院、最高人民检察署和中央人民政府法制委员会，并相继颁布了《中华人民共和国宪法》（1954年）（以下简称《宪法》）、《中华人民共和国人民法院暂行组织条例》（1951年）、《中华人民共和国人民法院组织法》（1954年）等司法性文件，司法的公信程度伴随着新中国的成长在人民心目中迅速扎根。必须肯定的是，建国初期的人民司法是从旧司法体制到新司法体制的转折点，是现代民主司法的雏形，具有重要的历史意义。

但是我国的司法制度建设在"文革"中经历了曲折与倒退，司法权威与公信力遭遇了重大挫折。直至1978年最高人民法院召开第八次全国人民司法工作会议，提出社会主义司法原则和新时期司法工作的任务，对司法工作进行拨乱反正，我国的司法工作才逐渐步入正轨。

经过20年的探索实践，法治观念逐步成为国人共同的信念，1997年党的十五大报告对依法治国方略作了明确阐述，并将其作为国家建设的长期目标确定下来；1999年第九届全国人大二次会议通过的《中华人民共和国宪法修正案》（以下简称《宪法修正案》）正式将依法治国基本方略写进《宪法》；2007年党的十七大又把建设公正、高效、权威的社会主义司法制度作为全面落实依法治国基本方略的重要途径之一；2014年发布的《国务院关于印发社会信用体系建设规划纲要（2014—2020年）的通知》，司法公信力建设成了社会信用建设的重点。[1]自此，司法具有公信力成为依法治国、建设社会主义法治国家的应有之义，被赋予无比崇高的地位并作为司法体制改革的重大目标之一。

第三节　我国司法公信力的构建基础[2]

一、司法公正

司法公正是司法公信力实现的关键要素。在现代社会，公正与司法有着内在联系，司法启动的前提是当事人之间存在法律关系争议，这一争议表明法律的公正原则发生了扭曲，需要司法人员通过司法手段解决纠纷，将争议的法律关系矫正到争议前的状

---

〔1〕 李振勇：《司法公信力概念的沿革、辨析与实践》，载《首都师范大学学报（社会科学版）》2018年第3期。

〔2〕 本节四要素的提出依据关玫：《司法公信力的结构性要素》，载《长春大学学报》2004年第5期；孟军、甄贞：《司法改革中司法公信力问题研究》，载《湖北社会科学》2015年第9期两篇论文中的部分观点。

态,即恢复公正[1]。可见,司法是通过处理矛盾、权利救济等手段来矫正社会不公,以实现维护社会公正的目的。司法的矫正性功能要求司法本身是公正的,只有这样,依据司法作出的裁判才会公正,人们对司法结果才会认同和信服,司法才会赢得公众的信赖与信任。

关于司法公正的解读,目前有四种观点:一是司法公正包括实体公正和程序公正[2];二是司法公正是程序公平、实体公正和制度正义三者的结合[3];三是司法公正由司法权威性、司法活动被社会伦理认同、司法制度正义和司法程序合理等要素组成[4];四是司法公正由司法制度合理、司法程序合理、裁判结论确定、法官形象端正和司法环境良好等要素组成[5]。从上述概念可见,司法公正的核心组成要素包括实体公正和程序公正,提升司法公信力也要从这两个部分着手。

(一)实体公正:司法公正的结果

实体公正是指正确的裁决结果[6],是当事人参与诉讼所追求的最终目标,既包括认定事实正确,也包括适用法律正确。

第一,实体公正需要以事实为根据,司法审判需要以法律规范为大前提,围绕案件事实展开价值判断。受制于认识能力和认识手段,客观事实有时不等同于法律事实,前者是现实的存在,后者则是"通过法庭调查、法庭辩论等环节而被法院认定的事

---

[1] 公丕祥、刘敏:《论司法公正的价值蕴含及制度保障》,载《法商研究(中南政法学院学报)》1999年第5期。

[2] 章武生:《程序保障:司法公正实现的关键》,载《中国法学》2003年第1期。

[3] 徐显明:《何谓司法公正》,载《文史哲》1999年第6期。

[4] 姚莉:《司法公正要素分析》,载《法学研究》2003年第5期。

[5] 王晨:《司法公正的内涵及其实现路径选择》,载《中国法学》2013年第3期。

[6] 刘青、张宝玲:《司法公信力问题研究》,载《法制与社会》2007年第2期。

实,是客观事实的模拟"[1],司法实践中,实体公正是指以法律事实为依据作出裁决,然而当下影响司法公信力的一大因素就是舆论混淆了客观事实和法律事实,一些报道将未经质证采信的案件事实当作法律事实,致使民众产生司法审判不公的错误观念。

第二,实体公正要以法律为准绳,既指司法审判必须以法律为依据,也指司法人员要正确适用法律,在法律基本原则范围内,适度行使自由裁量权。但法律层面的实体公正有时也会招致民众不满,损害司法公信力。如"大连13岁男孩故意杀人案"中,法院依照2017年修正的《中华人民共和国刑法》(以下简称《刑法》)第17条第2款之规定,作出依法不予追究蔡某刑事责任的判决,但由于加害人作案手段残忍,且案发之后毫无悔意,加之近年来很多作案手段残忍的未成年人故意杀人案没有得到相应的惩罚,因此,人们认为法律在这类案件中并没有起到惩恶的作用,对于被残杀的受害者而言是一种不公正,对社会治安来说也是一种不负责任。

(二)程序公正:司法公正的保障

程序公正是指一系列能够保障法律准确适用的措施和手段[2],主要包括裁判的规范性、独立性、中立性、公开性和终局性。我国司法素有"重实体、轻程序"的传统,如陈光中曾提到:"在中国,司法不重视实体公正,将成为社会不和之源,民众怨府之所在。"[3]然而受价值观念、习惯、信仰、立场和诉讼结果等因素影响,实体公正具有主观性和相对性的特点,简单地强调实体公正来提高司法公信力具有局限性。

---

[1] 公丕祥、刘敏:《论司法公正的价值蕴含及制度保障》,载《法商研究(中南政法学院学报)》1999年第5期。

[2] 刘青、张宝玲:《司法公信力问题研究》,载《法制与社会》2007年第2期。

[3] 张璁、陈光中:《司法不重视实体公正,将成为社会不和之源》,载http://www.bianhuren.net.cn/index.php/article/read/aid/5274,最后访问日期:2020年12月1日。

一方面，程序公正作为"看得见的公正"，是建立与维护司法公信力的一种技术性媒介[1]。司法审判中，如果程序规范、裁判独立、法官中立、过程公开、结果终局，则可能避免出现刑讯逼供、司法腐败、冤假错案、暗箱操纵等不法后果，当事人权利能够得到充分保障。另一方面，程序公正可以包容实体结果的处理瑕疵[2]。例如，当法律事实与客观事实不完全相符时，由于司法过程完全遵照法定程序，当事人充分行使了自身权利，所以即便最终裁判结果于己不利，当事人及其他社会公众也不会将此结果归结于司法不公。

二、形式要素：司法权威

司法权威是司法公信力实现的形式要素。从语义上看，权威既是一种权力，也是一种威望，是权力与威望的统一。司法权威作为一种特殊的权威类型，是指司法在社会生活中所处的令人信从的地位和力量[3]。

司法权威性与公众对司法的敬畏感紧密相关。司法权作为一种公共权力，以国家强制力为后盾设置社会法律秩序，任何公民、社会组织和国家机关都必须严格遵从司法裁决。司法之所以具有强制性，是因为在这一特定领域，诉讼人对法官正如未成年的孩子对父母，前者是相对的"弱者"，需要服从后者权威以帮助他们作出理性决定[4]。如果司法不具备权威性，其作出的司

---

[1] 公丕潜：《法治中国时代司法公信力的提升路径——以程序正义理论为视角》，载《学术交流》2017年第3期。

[2] 陈光中：《略谈司法公信力问题》，载《法制与社会发展》2015年第5期。

[3] 陈光中、肖沛权：《关于司法权威问题之探讨》，载《政法论坛》2011年第1期。

[4] 宣璐：《仪式、传统和权威：司法公信生成的文化因素》，载《厦门特区党校学报》2016年第3期。

法裁决就很容易被推翻,难以得到执行和服从。

司法权威性与公众对司法的信任感紧密相关。国家强制力只能形成公众对司法的被动服从,司法若要获得长效、稳定地发展,还须赢得公众的主动服从。因为强制性服从是一种带有消极或积极抵抗的外在行为服从,其只能提供基本的服从关系,不仅无法说明司法过程的内在价值和性质,而且其制度成本要远远高于自愿服从[1]。为实现公众的普遍信任和自愿服从,司法机关及其工作人员需要在反复实践中,以"追求共同善的、社会统一性的永恒不变的善的原则"为目标[2],做到程序透明、说理准确和审判独立公正。

三、心理要素:司法信心

司法信心是司法公信力实现的心理要素。司法公信力的提高不能仅依靠外在的约束和强制,更需要依赖公众内心对法律的忠诚。公众对司法的信心主要包含三个层面:认知信心、情感信心和参与信心。

(一)认知信心:以司法公开为基石

构建司法公信力,需要加深公众对司法的理解。党的十九大把"努力让人民群众在每一个司法案件中感受到公平正义"作为检验任何司法改革成效最根本的标准,旨在加强司法个别信任建设,消除公众对个案裁判的误解,提高公众的法律意识,增强公众对司法工作的信心。

以往涉法舆情案件中,由于公众的法律认知有限,公众往往

---

[1] 张德友:《司法公信的逻辑结构与生成机制——以司法权威和司法公正为基础的法律服从》,载《社会科学战线》2014年第5期。

[2] 宣璐:《仪式、传统和权威:司法公信生成的文化因素》,载《厦门特区党校学报》2016年第3期。

只关注审判结果,一旦审判结果与自身的已有认知不符,便可能质疑司法的公正性。为了消除因认知信息差异造成的公众与司法之间的误解,近年来司法机关针对裁判文书内容、质量及体例进行了系列改革,如 2013 年颁布且 2016 年修订的《最高人民法院关于人民法院在互联网公布裁判文书的规定》、2017 年的《最高人民检察院关于印发〈最高人民检察院关于实行检察官以案释法制度的规定〉的通知》[1]等,这些法规政策要求负责案件的司法机关及其工作人员依法及时公开司法运行轨迹,以通俗易懂的语言释法说理,通过公开裁判文书,使公众了解具体案件的事实认定、法律适用及推理和解释过程,增强司法过程的透明度和司法结果的说服性,进而促使公众愿意亲近司法、理解司法和信赖司法。

(二)情感信心:以司法公正为基石

司法公正虽然依赖制度和规范技术,但司法公正的认知和评判却难免存在一种情感因素的依赖,这是因为法律制度本身的合法性需要建立在人类心理的"公正感"基础之上[2]。公众对司法的情感信心以自己长期感知到的司法公正感为基础,构筑在每一个具体案件的司法处理之上。如果公众未能在个案中形成对司法的信任,从情感上否认司法是公正的,那么一旦遇到司法问题,公众通常会质疑司法权威性和公信力。

(三)参与信心:以法治观念为基石

法治观念是民众意识之中的法律,其显示的是民众对法律的

---

〔1〕《最高人民检察院关于实行检察官以案释法制度的规定》,载 https://www.spp.gov.cn/zdgz/201706/t20170628_194188.shtml,最后访问日期:2020 年 12 月 1 日。

〔2〕 陈增宝、王冬云:《认知视野中的司法公正及其有效实现——基于制度技术和情感艺术的合力支撑》,载《法律适用》2013 年第 11 期。

粗浅理解[1]。作为公众个人的一种主观意识，法律观念存在多种形态——认同法律、敬畏法律、对抗法律等，这取决于公众不同的知识结构、生活经历和法律经验。人们对于司法的参与信心，源于人们相信司法可以维护自身权益。这种法治观念落实于行动，表现为三个方面：一是公众愿意求助司法解决纠纷和救济权利，而非选择求助媒体或涉访上诉；二是当事人愿意积极配合司法活动，充分利用法律途径保障权益，即使败诉也能够接受审判结果；三是旁观者愿意理性参与司法监督，在法律允许范围内，依法监督司法工作，审视司法运行的各个环节和司法人员的素质能力。

第四节　我国司法公信力建构的现实困境

司法文明协同创新中心发布的《中国司法文明指数报告2019》显示，从 2015 年到 2019 年，中国司法文明指数[2]从 64.5 分上升到 70 分，虽然指数中间存在着有升有降的起伏变化，但总体呈现上升趋势[3]。这一指数在一定程度上反映出公

---

[1] 刘薇：《论法律意识现代化——司法公信力提升的必然要求》，载《法制与经济》2018 年第 11 期。

[2] "中国司法文明指数"（China Justice Index）是国家"2011 计划"和"双一流"建设计划司法文明协同创新中心开发的一种法治量化评估工具。该指数的研发，是根据党的十八届四中全会《中共中央关于全面推进依法治国若干重大问题的决定》关于"保证公正司法，提高司法公信力"的要求，通过实地调查普通民众和法律职业群体的亲身经历和感受，用本项目课题组独立收集的最新调查数据，以分解表和雷达图等直观形式显示了各省、自治区、直辖市司法文明指数排名及其在各级指标上的得分（强项和弱项），反映了人民群众对本地司法文明状况的满意度，为全国各地加强司法文明建设提供一面可供自我对照的"镜子"。

[3] 《〈中国司法文明指数报告2019〉发布 司法文明发展向上》，载 https://baijiahao.baidu.com/s? id =1680981410776119082&wfr = spider&for = pc，最后访问日期：2020 年 12 月 1 日。

众对司法的普遍信任,即在中国司法改革的大背景下,司法工作不断进步,司法公信力日渐提升。但聚焦到具体个案时,公众对司法的个别信任程度又明显偏低,表现为:公众怀疑司法公正、终局性判决之后执行难等[1]。

可见,我国司法公信力构建的现实困境不是中国司法公信力缺失或下降,而是司法公信力不足。因为缺失或下降的假定前提,是司法公信力存在着一个从无到有、由高到低的变化趋势,但改革开放以来,我国现代意义上的法治建设才刚刚起步[2],与之对应的司法公信力也才刚刚构筑。公众愿意相信司法会不断改进与完善,只是现阶段司法的发展程度还稍显不足。课题组结合专家深度访谈内容、公众问卷调查结果和近年来引发公众广泛关注的于欢案、雷洋案等热点案件的舆情和已有司法公信力研究的文献,认为当前我国司法公信力的不足之处表现在以下方面:个别行政管理干涉司法权实施,腐败作风侵蚀司法权威、传媒与民意动摇司法公正、涉诉信访影响司法终局。

一、个别行政管理干涉司法权实施

司法实践中,地方政府、相关部门、社会团体和有关人员干涉司法的情况时有发生[3],对外表现为司法体制地方化,对内则表现为司法机制行政化。

第一,当前我国各级法院按行政区划设置,其人、财、物受到地方政府制约,尤其是司法的运行场所和运行资金皆由地方政

---

[1] 海淀法院课题组等:《关于构建司法公信力评估指标体系的调研报告》,载《法律适用(司法案例)》2018年第14期。

[2] 孙笑侠:《用什么来评估司法——司法评估"法理要素"简论暨问卷调查数据展示》,载《中国法律评论》2019年第4期。

[3] 龙宗智:《影响司法公正及司法公信力的现实因素及其对策》,载《当代法学》2015年第3期。

府财政负担[1]。虽然中共中央十八届三中全会发布《中共中央关于全面深化改革若干重大问题的决定》，明确提出应当"改革司法管理体制，推动省以下地方法院、检察院人财物统一管理，探索建立与行政区划适当分离的司法管辖制度，保证国家法律统一正确实施"[2]，但地方与司法机关之间的连接并未切断，一些地方干部可能以监督、领导为由，不当插手、过问司法案件。如中央政法委通报的"云南省昭通市彝良县委政法委书记彭某某干预司法活动、插手具体案件处理案"中，彭某某利用职权要求县公、检机关对已生效判决的终审案件重新调查，导致该案生效判决被推翻，代理律师被追究刑事责任，4名证人被羁押[3]。

第二，司法机关本身的机构设置便带有浓厚行政管理色彩[4]。一是司法管理中强调司法工作的绩效考核，使得一些法院为完成结案率指标和调解率指标，年终突击结案和不收新案或要求当事人强行调解[5]，还有一些法院无视司法运行规律，强行要求法官提高诉讼运作效率。二是司法运行中存在纵向指导、领导关系，如法院系统中，上下级法院之间属于业务监督指导关系；检察院系统中，上下级检察院之间属于领导与被领导关系。在一些重案、疑案中，上级法院可能直接对下级法院做出指示，

---

[1] 毕玉谦主编：《司法公信力研究》，中国法制出版社2009年版，第416页。

[2] 《中共中央关于全面深化改革若干重大问题的决定》，载http://www.scio.gov.cn/gxzt/qtzt/xxgcddsbjszqhjs_25722/zxbd_25726/202209/t20220920_380886_8.html，最后访问日期：2020年12月1日。

[3] 《中央政法委首次通报五起干预司法典型案例》，载http://politics.people.com.cn/n/2015/1107/c1001-27787992.html，最后访问日期：2020年12月1日。

[4] 吕中行、谢俊英：《新时代我国司法公信力的重塑》，载《河北法学》2020年第4期。

[5] 叶竹盛：《法院："数字化生存"的逻辑与异化》，载《南风窗》2013年第1期。

干扰正常审级流程,将两审合为一审[1],妨碍当事人的权利救济。三是一些司法机关的内部人员也可能利用职权便利,违规过问案件进程。如"北京市高级人民法院民二庭原庭长陈某某过问案件案"中,陈某某就请托人的请托事项,向不属于自己职权范围的相关办案人员施压[2],严重干预案件审理进程,影响司法公正。

二、腐败作风侵蚀司法权威

近年来,司法队伍中有部分司法人员违反职业道德,工作中存在严重的腐败问题[3],严重损害司法的威严形象,动摇公众的法律信仰,影响国家的法治进程。

第一,司法腐败损害了司法的威严形象。司法的最终目标是"追求共同善的、社会统一性的永恒不变的善的原则"[4],这一目标指引着司法维护社会公正,不偏不倚地处理社会纠纷,正因如此,司法代表着权威和公正。而司法腐败侵蚀了司法权的公共性和中立性,使司法沦为"权力或个人私利的依附"[5],成为公器私用的方便之门,这不仅影响审判的实体公正,而且损害司法的自身威严。如2020年9月13日,北京市纪委监察委公布的"郭文思减刑案"中,调查显示郭文思在因口罩纠纷殴打七旬老

---

[1] 龙宗智:《影响司法公正及司法公信力的现实因素及其对策》,载《当代法学》2015年第3期。

[2] 《中央政法委首次通报五起干预司法典型案例》,载http://politics.people.com.cn/n/2015/1107/c1001-27787992.html,最后访问日期:2020年12月1日。

[3] 郑飞:《论提升司法公信力的路径——源自实证调研和数据挖掘的启示》,载《证据科学》2015年第1期。

[4] 宜璐:《仪式、传统和权威:司法公信生成的文化因素》,载《厦门特区党校学报》2016年第3期。

[5] 张建:《以矫正正义的视角探析司法腐败对法治的影响》,载《法制博览》2015年第17期。

人致死之前，曾因犯故意杀人罪被判处无期徒刑，服刑期间其父亲通过给予财物等方式，直接或通过他人请托监狱的主要领导及检察官、法院的相关人员，帮助郭文思 9 次违规减刑[1]。司法腐败下的违规"减假暂"，是司法公权力对私欲的妥协。在利益诱惑下，司法偏颇地将权益倾向一方当事人，这不仅是对受害人的二次伤害，而且是对司法威严的挑战，更是对社会公平的藐视。

第二，司法腐败动摇了公众的法治信仰。中共十八大以来，国家加大反腐力度，一方面党中央、国务院等部门先后出台了一系列重要规定，如《十八届中央政治局关于改进工作作风、密切联系群众的八项规定》[2]等，另一方面纪检监察等国家机关重拳出击，以组合拳方式铁腕反腐，查处数十名高官。在国家的大力反腐下，司法腐败一定程度上得到了遏制，但公众对司法的信任却仍需时间恢复。根据《中国司法文明指数报告 2019》，司法文明指数共包括 10 个一级指标，其中"司法腐败遏制"得分最低，仅达到 66.5 分，受访者对"警察远离腐败""法官远离腐败"和"检察官远离腐败"的评分依次为：65 分、66.5 分和 68 分，三项得分均未超过 70 分[3]。可见，即便司法腐败已经得到有效遏制，但公众对其腐败、不公的刻板印象已经形成，尤其当司法裁判不符合当事人既有期待或公众朴素正义观时，公众往往就会怀疑司法过程是否公正、司法人员是否腐败。

第三，司法腐败影响了国家的法治进程。"一次不公正的审

---

[1]《观察 | 郭文思减刑案暴露的司法腐败》，载 http://www.ccdi.gov.cn/toutiao/202009/t20200915_225530.html，最后访问日期：2020 年 12 月 1 日。

[2]《十八届中央政治局关于改进工作作风、密切联系群众的八项规定》，载 https://www.spp.gov.cn/dj/c100027/201711/t20171109_320790.shtml，最后访问日期：2020 年 12 月 1 日。

[3]《31 省份司法文明指数排名出炉！浙江第一，湖南司法腐败遏制满意度低》，载 https://finance.ifeng.com/c/80g9Rv5BJ3a，最后访问日期：2020 年 12 月 1 日。

判,其恶果甚至超过了十次犯罪。因为犯罪仅是无视了法律,好比污染水流,而不公正的审判则是毁坏了法律,好比污染了水源。"[1]司法腐败使司法变成"寻租利器",法律不再是衡量公平正义的唯一标准,权力和利益成为影响审判结果的新准则。司法审判一旦失去权威依据,社会主体便会陷入无所适从的状态,不知自己的社会实践将招致何种法律后果,最终丧失对国家法治的信心[2]。民众若失去法治信仰,将不会再寻求司法帮助,而是以更为激烈的方式自己解决纠纷,这不仅不利于社会稳定,而且会导致司法失去实用价值,影响社会法治进程。

三、传媒与民意动摇司法公正

进入网络时代,传统视角下对司法公信力建设与维护的路径,诸如通过提高审判工作质量、强化司法公开等方式,已经不能适应新媒体的要求[3]。在网络舆论的围观下,司法受到更为严格的审视,也面临更加复杂的挑战。

第一,群体极化促成舆论审判,威胁司法权威地位。群体极化是指,团体成员一开始便有某些偏向,在商议后,人们朝偏向的方向继续移动,最后形成极端的观点[4]。网络空间中,由于网民分属一个个分子式的个体,他们在进入意见市场后,为避免自身观点遭到攻击,往往易受权威意见左右,进而向强势话语靠拢,在群体极化的刺激下,舆论可能朝着极端化的方向演进,释

---

[1] 陈运华:《司法公正与法律信仰》,载《探索》1999年第4期。
[2] 陈运华:《司法公正与法律信仰》,载《探索》1999年第4期。
[3] 公丕祥、董开军主编:《司法改革研究(2012年卷)——司法公信力建设》,法律出版社2013年版,第310页。
[4] [美]凯斯·桑斯坦:《网络共和国:网络社会中的民主问题》,黄维明译,上海人民出版社2003年版,转引自郭光华:《论网络舆论主体的"群体极化"倾向》,载《湖南师范大学社会科学学报》2004年第6期。

放出巨大威力。公众在讨论司法案件时,因为缺乏专业法律素养,所以判断司法正义时往往会依靠专业人士观点和朴素道德正义观,由此形成的观点再经由群体极化发酵为强劲力量,最终演化为"广场正义",进一步干涉"法律正义"。如"药某鑫故意杀人案"中,案件审理初期,受原告人代理律师的诱导,公众认为药某鑫是手段残忍、罪无可恕的"富二代""军二代",一时间"不杀不足以平民愤"的舆论充斥网络。即便法院判决书中明确提到,药某鑫具有自首情节,且赔付原告人45 498.05元(含已支付的15 000元)[1],同时药某鑫方辩护人指出:药某鑫系初犯、偶犯,认罪态度好,真诚悔罪,其家属也表示积极赔偿。但迫于当时舆论压力,一审和二审法院仍以故意杀人罪判处药某鑫死刑立即执行。

第二,认知隔阂影响司法效力,削弱司法既判力量。司法与民意之间的认知差异表现在对事实的认知差异。民众对事实的认知往往来自个人或媒体二次加工,而法官对事实的认知通常来自严格的质证环节。自媒体时代,每个个体都是信息接收和传播的节点,但由于缺乏传统"把关人",信息源的真实性无法得到保障,每个节点在传播消息时,其本身对信息的了解仅局限于自身作为受众时接受的信息的范围[2],因此民众了解到的可能是经过传播放大的、失实的事实。如"北京法官殴打女律师案"中,崔律师称自己在通州法院办案时先后两次被法官和法警殴打,导致眼部和周身多处挫伤,并晒出相关照片,但经过调查组调查监控录像、当事人陈述、目击者证言及当事者相关行为,结果显示

---

[1]《药家鑫故意杀人案》,载https://www.pkulaw.com/pfnl/a25051f3312b07f36fbdfd1e73e4c10a28afd5d997c38d21bdfb.html?keyword=%e8%8d%af%e5%ae%b6%e9%91%ab,最后访问日期:2020年12月1日。

[2] 公丕祥、董开军主编:《司法改革研究(2012年卷)——司法公信力建设》,法律出版社2013年版,第316页。

第一章 我国司法公信力的形成与现实困境

法官并无殴打行为[1]。由于民众相信"有图有真相",所以起初舆论一边倒地偏向崔律师,致使司法人员的公信度再次受到质疑,直到司法机关查清事实,舆论才得以反转。

第三,对司法正义的认知差异影响司法公正。面对同样的案件,社会公众的预期结果与法官根据法律所作的判断之间的距离,即法意与民意之间存在的冲突[2]。审判中,司法强调的是法律理性、审判技术与程序规律,而公众注重的是道德正义、天理人情与二元式对错格局。如在"许霆案"中,公众不熟悉盗窃罪的构罪要件,凭借日常经验认定许霆不构成犯罪;还有部分法律人士从"疑罪从无""期待可能性"及英国相关判例出发[3],论证许霆不构成犯罪的主客观要素。在舆论压力下,二审法院最终将许霆从无期徒刑改判为5年有期徒刑。然而早在"许霆案"发生之前,曾出现与之相似的"何鹏案",由于缺乏媒体和舆论关注,何鹏以盗窃罪被判处无期徒刑。"许霆案"发生后,何鹏也重新申请再审,云南高院同意其刑期从无期徒刑减为八年半有期徒刑[4]。可见,司法审判如果受到舆论干涉,就会出现同案异判的不公正现象。一方面,同案异判严重影响司法确定性和既判力,是对法官过分发挥自由裁量权的质疑和诘问,在许霆案和何鹏案背后,媒体和舆论聚光灯未照到的地方是否还存在类似案件公众不得而知。另一方面,舆论对司法的干涉还会动摇司法权威,针对超出民众正义认知的具体个案,司法应当遵循自身司法

---

[1] 《"女律师遭法官殴打"调查结果出炉 三项证据证明并无其事》,载http://m.cnr.cn/news/20150430/t20150430_518430583.html,最后访问日期:2020年12月1日。

[2] 陈树森:《博弈与和谐:穿行于法意与民意之间的司法》,载《法律适用》2009年第9期。

[3] 公丕祥、董开军主编:《司法改革研究(2012年卷)——司法公信力建设》,法律出版社2013年版,第311页。

[4] 《云南版许霆案当事人何鹏明日将获释 入狱8年多》,载http://news.sohu.com/20100115/n269590670.shtml,最后访问日期:2020年12月1日。

规律,坚持自身的专业性和权威性。

四、涉诉信访影响司法终局

涉诉信访是信访人对人民法院的立案、审判、执行等行为和结果不满,在法律程序以外采用信访的形式,向有关部门反映并提出诉求的行为[1]。由于涉诉信访是司法程序以外、影响司法终局结果的行为,因而其在一定程度上可能影响司法确定性,冲击司法公信建设,破坏国家法治进程。

第一,涉诉信访干扰了正常审判程序。正常的审判程序为:经过一审程序和二审程序,当事人、法院及检察院还可以申请审判监督程序,以纠正裁判错误,救济正当权益。审判监督程序作出的判决即为最终判决,不论是否符合争诉各方的利益期待,各方当事人都必须服从,不得随意推翻和改动。涉诉信访的存在使审判监督程序不再成为最终救济环节,一旦裁判结果不符合一方当事人既有期待,当事人便能够继续上访,司法程序就会重新启动。这种毫无确定性的上访行为,不仅极大浪费司法资源,也会使司法审判陷入无限循环而无终结的困局。

第二,涉诉信访冲击了司法信用能力。国家最初设置信访部门,是为了"在法律制度之外开设一条沟通国家机关与人民群众的制度性渠道,帮助国家实现政权合法化、监控官僚机制、化解社会矛盾、贯彻政策以及实现社会动员"[2]。而随着社会转型期矛盾增加,信访数量逐年增多,其渐渐演变为与司法平行甚至优先于司法的纠纷解决途径。这是因为,一些机关领导往往以"监督"为由重启已经终结的司法程序,这些领导"多数情况下没有

---

[1] 杜睿哲:《涉诉信访法治化:现实困境与路径选择》,载《西北师大学报(社会科学版)》2017年第4期。

[2] 公丕祥、董开军主编:《司法改革研究(2012年卷)——司法公信力建设》,法律出版社2013年版,第528页。

直接审理案件，对案件事实不是道听途说，就是偏听一方，甚至并无专门法律知识"[1]，经由他们"指示"的案件结果，虽然符合了上访者的利益期待，但却严重冲击了司法信用，动摇司法权威。

第三，涉诉信访固化了公众不良观念。根据调查，山东省枣庄市检察机关2011年至2015年，接待来访从898件次增加到1307件次；重复上访比例虽从13.89%下降到11.78%，但比重仍高于10%；市检察院接访占比明显高于各区（市）检察院[2]。这一定程度上说明，社会中仍存在"信访不信法""信上不信下"以及"多投早解决"的不正心态。公众之所以存在这种观念，是因为中国古代虽专设司法机构，但司法机构从属于行政，不能独立行使司法权，因而民众遇到权利救济时，往往选择权力而非法律[3]。这些观念沿袭至今，逐渐演变为司法之外的权力机关更有话语权，越高级别的机构越是"法官上的法官"[4]。如果越来越多的不合理诉求在信访部门得到满足，那么人们将更加坚定"信访不信法"和"小闹小解决、大闹大解决"的不良观念，信访在权利救济方面也将愈发具有威信，而司法则在一而再再而三的重启下，丧失稳定和确定的判决效力。

综上，司法公信力建构在司法权威、司法公正和司法终局等方面面临着现实困局。进入全媒体时代，由于互联网具有传播速度迅捷、波及范围广泛、影响后果深远等特性，这些现实困局将进一步被聚焦和放大，表现为以下三个方面：司法公信危机加速

---

[1] 郑成良、袁登明、吴光荣：《司法监督与司法公正》，载《中国司法》2004年第6期。

[2] 刘继祥等：《涉法涉诉信访工作实证调研——以山东省枣庄市检察机关接访为样本》，载《人民检察》2017年第2期。

[3] 黄正光：《司法公信养成之三维题解》，载《法律适用》2012年第9期。

[4] 郑成良、袁登明、吴光荣：《司法监督与司法公正》，载《中国司法》2004年第6期。

呈现、愈发凸显和影响深远。

第一，司法公信危机加速呈现。传统媒体时期，司法案件只有经过媒体报道，才会引发民众广泛关注。从案件出现在公众视野，到案件爆发负面舆情，司法机关往往有充足时间做出反应。而在全媒体时代，信息技术发展大大降低了舆情的扩散成本，关涉司法的负面舆情一经点燃，便会高速传播、迅速蔓延。如"孙小果案"，从《昆明日报》报道中央扫黑组打掉孙小果等黑恶势力团伙，到网友"大石头"起底其"20年前被判死刑却没死"的传奇经历，再到引发公众和媒体对司法腐败的第一轮讨论，皆发生在2019年4月24日当天。

第二，司法公信危机愈发凸显。互联网具有放大效应，一方面，网络空间赋予公众更多话语权，每个网民都是传播节点，海量信息的迅速生产放大了讨论声量。另一方面，在缺乏法律专业知识的情况下，公众具有"本能同情受害者、斥责司法不公"的思维定式[1]，经过网络群体极化的催化，关于司法的负面评论可能演化为主流观点，司法公信危机更加严峻。

第三，司法公信危机影响深远。一些关涉司法的负面舆情随着网络热度降低，表面上已经逐渐消解，但实际上却潜伏了下来[2]，当发生相似司法案件时，公众积攒的负面情绪将再次被唤醒，在新的司法舆情刺激下，便会叠加成更大的司法公信危机。如随着司法机关对"孙小果减刑案"依法处理，舆论逐渐落下帷幕，但当"郭文思减刑案"舆情发酵时，"孙小果减刑案"将会再次被公众提起，司法腐败问题也重新成为舆论焦点。

---

〔1〕 唐玉沙：《"反差"背后的思索——负面司法舆论下的法院形象重塑》，载《山东审判》2012年第1期。

〔2〕 唐玉沙：《"反差"背后的思索——负面司法舆论下的法院形象重塑》，载《山东审判》2012年第1期。

第二章 我国法治传播的传媒生态环境分析

法治传播是"政府、法律人、媒体、公众等传播主体通过各种媒介形式,将有关法的信息、法的理念与价值观、法制系统及其运行的信息进行传递,使受众接收并逐渐形成规范法律意识并上升为信仰的活动"[1]。作为一种传播实践,法治传播受到外部环境和行业环境两方面传媒生态环境的影响。

第一节 我国法治传播的外部环境分析

我国法治传播的外部环境包括政治环境、经济环境、法治环境、文化环境等多种环境。尽管政治环境、经济环境等外部环境也会影响法治传播,但鉴于本研究篇幅有限、影响程度相对较低等因素,本研究选取对法治传播影响较大的法治环境、文化环境和媒介环境三方面进行深入研究。

一、法治环境分析

(一)国家法治进程持续推进

党的十八大以来,国家法治建设取得显著成绩。在以习近平同志为核心的党中央坚强领导下,中国特色社会主义法律体系日

---

[1] 董光鹏:《法治传播:一个亟待开拓的研究领域——当代中国法治传播研究综述》,载《广西政法管理干部学院学报》2017年第1期。

益健全、法治体系不断完善，全社会法治观念明显增强，法治中国建设迈出历史性步伐，取得了历史性成就[1]。

第一，法律体系日趋完善。2020年1月，十三届全国人大常委会专题讲座中提到："截至目前，我国现行有效的法律277件、行政法规600多件、地方性法规12 000多件，国家和社会各方面生活实现了有法可依。"[2]完备的法律体系是依法治国的基石与前提。法律体系的不断进步，意味着社会各个领域、运行各个环节都能有法可依，也意味着立法工作正在回应党和人民的意志需要，还意味着法治建设积极与时代发展和社会进步相协调。

第二，法治政府建设不断推进。中国在法治政府建设方面取得了以下成效：一是深化审批制度改革、优化政务服务；二是确保行政决策科学民主，推进依法决策；三是增强行政立法质效，完善制度体系；四是促进行政规范执法，推行执法公示、记录和审核机制；五是监督行政权力运行，建设诚信廉洁政府[3]。法治政府建设是依法治国的关键环节，政府提升依法服务、依法决策、依法行政和依法执法能力，才能保障切实政府履行职能、维护社会和谐稳定和实施有序高效治理。

第三，司法改革再次启动。2019年，我国法院、检察院启动新一轮司法改革[4]，发布一系列文件（表2-1），在员额配置、司法公开、诉讼制度等方面继续改进完善。新一轮的司法改

---

[1] 李林：《新时代坚定不移走中国特色社会主义法治道路》，载《中国法学》2019年第3期。

[2] 王晨：《深入贯彻党的十九届四中全会精神 坚持和完善人民当家作主制度体系》，载 http://www.npc.gov.cn/npc/c1773/c2518/xxgcsjjszqhjs/xxgcsjjszqhjs002/201911/t20191115_302114.html，最后访问日期：2020年12月1日。

[3] 陈甦、田禾主编：《法治蓝皮书：中国法治发展报告 No.18（2020）》，社会科学文献出版社2020年版，第8~13页。

[4] 陈甦、田禾主编：《法治蓝皮书：中国法治发展报告 No.18（2020）》，社会科学文献出版社2020年版，第78页。

革,一方面积极探索创新司法制度设计,解决了市场经济发展、科学技术进步给司法领域带来的新的改革难题;另一方面推进前期司法改革成果深入发展,协调了各项制度、各个机关之间的配套合作关系。

表2-1 2019-2020年我国法院、检察院公布司法改革系列文件

	公布时间	文件名称
检察院	2019年1月	《最高人民检察院职能配置和内设机构设置》
法院	2019年2月	《最高人民法院关于深化人民法院司法体制综合配套改革的意见——人民法院第五个五年改革纲要(2019—2023)》
法院	2019年8月	《最高人民法院关于健全完善人民法院审判委员会工作机制的意见》
法院	2020年1月	《最高人民法院关于印发〈民事诉讼程序繁简分流改革试点实施办法〉的通知》

(二)公民法治素养日益提升,但整体水平仍待提高

当前,随着我国依法治国的全面推进,公民法治素养有明显提升,体现在以下三个方面:

第一,法律认知的提升。已有研究显示,随着普法工作的持续开展,公民对法律已有基本了解和广泛认识。如张增波调查了山东省的公民法律认知情况,数据显示:"58.1%的民众了解一些法律知识,76.5%的民众认为自己懂一些法律。"[1]张谦元调查了甘肃省的公民法律认知状况,数据显示:"77.9%的调查对象学过《宪法》,53.8%的调查对象学过《国家安全法》,60.6%的调查对象学过《行政诉讼法》,61.6%的调查对象学过

---

[1] 张增波:《论我国公民法律意识的生成路径——基于山东省公民法律意识现状的实证分析》,山东大学2014年硕士学位论文。

《刑法》，58.4%的调查对象学过《民法通则》。"[1]此外，张宇对江西赣州市公民法律认知调查研究[2]、张晓琴对宁夏公民宪法意识调查研究[3]均显示，"公民对学习相关法律知识有较强主动性，公民的法律知识水平不断提高"[4]。可见，从1985年"一五普法"启动到2020年"七五普法"收官，我国普法工作已经取得显著成效，公民从早期被动接受法律科普转为主动学习法律知识，并在了解法律的过程中，形成对法律的广泛认知，掌握法律的基础常识。

第二，法治思维的增强。公民的法律认知不断提升，其法治思维也随之加强。一方面，公民具有权利思维，发生权益纠纷时，公民逐渐摆脱传统"无讼""息讼"和"耻讼"观念，而主动利用法律来保护自身权益不受侵害，如调查显示，"作为个人，当人身、财产受到侵害或发生购房、拆迁纠纷时去'打官司'的人最多，超过了八成。[5]"另一方面，公民具有监督思维，社会出现司法案件时，公民会行使自身知情权与监督权，关注司法案件进程，监督司法程序公正，以制约司法腐败和实体不公，防止公权力的滥用和其对私权的侵犯，积极维护社会公平正义与有序稳定。

第三，法治信心的提高。依据《中国司法文明指数报告

---

[1] 张谦元、梁海燕：《甘南藏族地区公民法律意识问卷调查报告》，载《西部法学评论》2012年第4期。

[2] 张宇：《公民法律意识状况调查与对策研究——以赣州市章贡区为例》，江西理工大学2012年硕士学位论文。

[3] 张晓琴：《宁夏公民宪法意识调查研究》，载《宁夏社会科学》2009年第2期。

[4] 张宇：《公民法律意识状况调查与对策研究——以赣州市章贡区为例》，江西理工大学2012年硕士学位论文。

[5] 《中国百姓蓝皮书：公民法律意识越来越强》，载http://news.sina.com.cn/c/2002-09-23/0408737624.html，最后访问日期：2020年12月1日。

2019》,"在五年间,中国司法文明指数值从 2015 年的 64.5 分上升到 2019 年的 70 分。[1]"司法文明指数的逐渐提高,一定程度上说明我国依法治国建设和司法体制改革卓有成效,同时也说明公众对司法工作的满意度和信任度稳步提升。公众对司法工作的信心,是树立法治信仰、营造法治氛围、实现法治国家的重要因素。公众对司法工作有信心,才会敬仰法律,坚持法律至上,主动运用法律处理纠纷;才会参与法治,监督司法公权力运行,维护社会公平正义;才会维护法律,防止其他公权、组织或个人干扰司法进程。

然而,现阶段我国公民的法治素养的整体水平仍待提高,表现在:其一,公民法律认知虽有所提升,但依然有相当一部分人存在认知偏差,他们将法律视为权力阶级的统治工具,而非实现公平正义的社会公器。如黄一轩、刘旺洪在延边地区、江苏苏中地区进行公民法律意识调查时发现,延边地区有 20.79% 的人认为"法律是阶级的",江苏地区有 66.84% 的人认为"法律是阶级意志的体现"[2]。其二,公民的法治思维虽有所增强,但仍广泛存在"权比法大""找关系""讲人情"的轻诉心理,如李萃英等进行山东省公民法律意识调查时发现,近半数公民在被问及"你认为当今社会权与法哪个更有效"时,更倾向于权力更有效[3]。其三,公民法治信心虽有所提高,但主要停留在立法建设和体制改革等宏观层面,人们对于司法环境和司法机关的印象依然不乐观。人民论坛问卷调查中心基于 30 个省份、11 499 份

---

[1]《〈中国司法文明指数报告 2019〉发布》,载 https://www.chinacourt.org/article/detail/2020/10/id/5535359.shtm,最后访问日期:2020 年 12 月 1 日。

[2] 黄一轩:《我国公民法律意识的现状及其培育路径》,延边大学 2013 年硕士学位论文。

[3] 李萃英等:《山东省公民法律意识调查与分析》,载《山东科技大学学报(社会科学版)》2000 年第 3 期。

公众样本所做的调查发现,"有46.9%的受访者认为我国当前整体司法环境比较恶劣,有71.5%的受访者认为由于司法公正可能受到行政机关的干扰和利益裹挟,60.3%的受访者对司法机关的总体印象一般,认为司法机关在变好或很好的比例仅为26.1%。"[1]

(三) 新型法治需求不断涌现

中国的法治化与社会转型共时相伴,一方面是社会转型带动法治化,另一方面是法治化推动社会转型,其间的互动与冲突并存[2]。随着社会转型推进、市场经济发展和网络信息技术进步,我国出现了一些新的社会矛盾,急需调整法律规范以填补治理空白。

在商业运营方面,进入互联网时代,网络平台用工兴起,引发新的法律矛盾。所谓网络平台用工,是指劳务提供者基于互联网平台给付特定内容的服务或劳务,如"滴滴"网约车、"美团"外卖配送等[3]。这一新兴用工模式凸显出以下法律矛盾:一是网络平台用工的雇主与雇员之间是否存在雇佣关系;二是网络平台用工是否能够全部适用现有劳动法;三是雇员造成第三人损害时,平台服务提供者是否需要承担责任。针对这些问题,虽然国务院办公厅发布了《国务院办公厅关于促进平台经济规范健康发展的指导意见》,但尚未形成统一明确的法律法规,司法实务中法院对平台用工劳动关系的认定仍不统一[4]。

在用户权益方面,随着5G技术快速发展,AI、人工智能、

---

[1] 郭尧:《找准司法体制改革的切入点 公众对依法治国的信心、期待与忧虑——基于30省市、11499份公众样本的调查分析》,载《国家治理》2014年第17期。

[2] 孙笑侠:《法治转型及其中国式任务》,载《苏州大学学报(法学版)》2014年第1期。

[3] 陈甦、田禾主编:《法治蓝皮书:中国法治发展报告 No.18 (2020)》,社会科学文献出版社2020年版,第119页。

[4] 谢增毅:《互联网平台用工劳动关系认定》,载《中外法学》2018年第6期。

大数据等应用不断涌现，这些技术给人们生活带来便利的同时，也蕴藏着法律风险和法律漏洞。一是个人隐私和信息安全受到威胁，网络服务提供者提供服务时，往往以获取、收集、储存和处理用户个人信息为前提，这在一定程度上可能增加用户信息和个人隐私的泄露风险，如"谢某冲等出售、非法提供公民个人信息、非法获取公民个人信息案"[1]，就是网络平台以用户信息换取非法不正当利益。二是AI等虚拟现实技术能够实现"AI换脸"，这项新兴科技给社会生活带来一些风险，如"向政治领域延伸，制作虚假新闻，引起公众愤怒，掀起民族仇恨；假冒公众人物演讲，利用其威望组织传销或传播邪教思想；伪造受害人不雅视频进行敲诈勒索；伪造身份取得受害人信任进行网络诈骗等。"[2]

这些新兴法律问题往往散见于具体个案中，其司法判决无法自行凝结为司法文件，法治媒体在法律个案上升至法律规范的过程中，扮演着输入、整合、转换和输出的中介作用。首先，法治媒体主动关注社会各个领域的问题与矛盾，把民众诉求整合为法治议题，纳入议程设置范围；其次，法治媒体加以报道和宣传，并邀请法律专家和社会民众参与讨论，营造社会法治氛围；最后，法治媒体将法治诉求转换至法理语境下，督促司法机关及时立法或给予司法解释，最终实现完善法治体系、宣传法治观念和推动依法治国的总目标。

---

[1]《谢某等出售、非法提供公民个人信息、非法获取公民个人信息案——侵犯公民个人信息犯罪中情节严重的认定》，载 https://www.pkulaw.com/pfnl/a25051f3312b07f3bdd650dc10efda7b98e0534babe92c9fbdfb.html?keyword=%E5%80%92%E5%8D%96%E4%B8%AA%E4%BA%BA%E9%9A%90%E7%A7%81，最后访问日期：2020年12月1日。

[2]《AI换脸技术暗藏法律风》，载 https://www.southcn.com/node_c35b28189f/67916ab920.shtml，最后访问日期：2020年12月1日。

二、文化环境分析

当下，我国建设现代化法治国家面临的一个难题，是表面上法律制度相当完善，但与人们实际的行为方式和价值判断之间有着巨大差距，这种现象最根本的原因在于每一项法律制度背后都有着深厚的文化传统，不是任何一种政治或社会力量在短时间内可以改变或清除的[1]。我国传统法治文化对现代法治进程的影响表现在三个方面：一是重礼轻法观念影响司法权威；二是法律工具主义动摇司法公信；三是息讼厌讼传统降低司法效用。而这些传统法治文化也给法治传播带来诸多挑战。

（一）重礼轻法观念影响司法权威

中国古代讲求"引礼入法，礼法合流"，法律为儒家思想所支配，成为统治阶级维护礼教的工具，用以维护儒家所提倡的社会秩序[2]。这源于儒家"亲亲""尊尊"的礼治思想，主张以宗族血缘为基础，以伦理道德指导法律制度，以天理人情衡量司法公正。

受到重礼轻法的传统法律意识影响，即使现代法律制度已经相当完备，民众仍会以朴素的道德观念评价司法，尤其在一些涉及伦理情感的案件中，更会因法律未能顾及人情而生发质疑情绪。比如近几年较为常见的"复仇"问题，中国古代素有"血亲复仇"传统，如"父死，子不复仇，非子也"[3]、"父之仇，

---

〔1〕 李萍：《论法治文化与法律信仰之构建——以中西法治文化渊源对比为视角》，载《福建法学》2015年第4期。

〔2〕 瞿同祖：《瞿同祖论中国法律》，商务印书馆2014年版。转引自杨国庆：《中国传统法律文化的多值逻辑及其现代意涵》，载《学术交流》2016年第1期。

〔3〕 武树臣：《中国传统法律文化的价值基础》，载《法律科学（西北政法学院学报）》1994年第2期。

弗与共戴天"[1]，如果因父母至亲被人侮辱杀害，子女为其报仇而犯下罪行，则可以从轻或不予处罚。这种传统观念延续至今，仍作为许多民众的评判标准，但其与现代法律注重生命健康权利、强调社会安定秩序相矛盾。如在"张扣扣案"和"于欢案"中，一些民众不满法院的最终判决，以人伦道德为由为犯罪嫌疑人作无罪辩护，甚至将犯罪嫌疑人比作为母复仇的"英雄"，并质疑司法公正性和权威性。

（二）法律工具主义动摇司法公信

中国传统法律是统治阶级的统治工具，法律的价值就在于稳定社会秩序、维护封建统治阶级的特权[2]。古代虽设置司法机构，但司法权从属于行政权，因而民众习惯于将法律视为权力的工具，形成权力至上、权比法重的异化观念。

"法为权服务"的传统观念影响民众对司法的信任。一方面，在君主至上、皇权至上的背景下，皇帝的诏敕往往直接成为法律，皇帝可以修改、废止任何法律[3]，因此，当时司法弥漫着浓厚的"人治"色彩。时至今日，仍有一些民众认为司法是掌权者的治理工具，解决纠纷要靠掌权者的高尚德行，这种观念不仅阻碍司法信仰养成，延缓国家依法治国的进程，也对媒体传播的法治资讯有较多误解或者抵触。另一方面，对司法不满反映在"闹诉上访"、社交媒体上广泛发布伸冤信息等行为中，其行径既浪费司法、行政资源和媒体资源，也混淆司法和行政边界，更浪费了诸多媒体资源和公众注意力，非常不利于司法公信建设。

---

[1] 邵慧峰、张昊：《中国传统法律文化与现代法治精神的冲突与融合》，载《现代交际》2019年第10期。

[2] 陆栋良：《传统中华法律文化与现代法治精神》，载《人民法治》2016年第8期。

[3] 羊淑青：《法律文化的中国传统与现代法治建设》，经济日报出版社2010年版，第73页。

（三）息讼厌讼传统降低司法效用

与西方社会泛讼主义传统相反，"无讼"思想在中国传统文化中根深蒂固，并且由于历史惯性力的作用，这种思想直至今天仍对我们的观念和行为模式产生了不可忽视的影响[1]。

"无讼"思想源于三个方面：一是从社会角度看，"无讼"现象是农业文化的产物，传统农业社会是静态的、稳定的、和谐的，天然地需要农业社会中的人来维护这样的状态[2]。二是从政治角度看，统治者希望"太平治世"，过多的诉讼争议可能影响社会稳定，因而以武力、拖讼等方式镇压诉讼者，限制民众诉讼权利。三是从思想角度看，儒家倡导"大同世界""乐至则无怨，礼至则不争"[3]，主张"争讼为羞"和"以和为贵"，人们要以仁爱之心宽恕亲友，以善良忍让之心宽恕仇家。

"无讼"传统给现代法治带来深远影响，表现为：其一，权利意识淡薄，人们不愿通过法律途径维护自身合法权益，反而更多选择"私了"、调解等方式以尽快息事宁人。其二，法律公信力难以建立，由于人们将调解视为处理纠纷的有效途径，而调解多是基于"人情"进行的，因而法律意识和法治信仰难以树立。其三，"清官情节"再现，当人们不得不进入法律程序时，便会希望出现一位"伸张正义""体恤民情"的清官，希望他能够为自己主持公道[4]。然而，"清官情节"会凸显出人们对司法人

---

[1] 任志安：《无讼：中国传统法律文化的价值取向》，载《政治与法律》2001年第1期。

[2] 张文香、萨其荣桂：《传统诉讼观念之怪圈——"无讼"、"息讼"、"厌讼"之内在逻辑》，载《河北法学》2004年第3期。

[3] 任志安：《无讼：中国传统法律文化的价值取向》，载《政治与法律》2001年第1期。

[4] 张文香、萨其荣桂：《传统诉讼观念之怪圈——"无讼"、"息讼"、"厌讼"之内在逻辑》，载《河北法学》2004年第3期。

员的个人依赖,而不利于树立良好的法治观念。

"无讼"思想也一定程度地改变了法治传播生态环境。一方面,找媒体曝光替代司法诉讼成为一部分当事人的"套路",部分媒体也乐于此道,越是离奇或与公序良俗差距大的案件越会为媒体带来关注以及由高关注率带来的商业收益;另一方面,诉讼前找媒体曝光向司法机关"施压"以寻求资深法官主审案件也成为一部分当事人的"套路",同样,部分媒体也乐于投入较多媒体资源报道以引发社会关注。

三、媒介环境

(一)媒体融合不断深化发展

党的十八大以来,以习近平同志为核心的党中央做出推动传统媒体和新兴媒体融合发展的战略部署[1]。2014年8月,中央全面深化改革领导小组第四次会议审议通过了《关于推动传统媒体和新兴媒体融合发展的指导意见》,为媒体融合战略发展奠定基调。2020年9月发布了《中共中央办公厅 国务院办公厅印发〈关于加快推进媒体深度融合发展的意见〉》(以下简称《关于加快推进媒体深度融合发展的意见》),从意义、目标和原则三个方面再次明确媒体融合深度发展的总体要求[2]。

媒体融合经历了以下三个阶段:其一,内容融合阶段。2005年开始,传统媒体普遍开启了与新媒体的"融合之路"。早期媒体融合仅停留在内容融合阶段,表现为传统媒体与新媒体各自为

---

[1]《守正创新 有"融"乃强——党的十八大以来媒体融合发展成就综述》,载 http://cppcc.china.com.cn/2019 - 01/27/content_74414167.htm,最后访问日期:2020年12月1日。

[2]《中办、国办印发〈关于加快推进媒体深度融合发展的意见〉》,载 http://www.gov.cn/zhengce/2020 - 09/26/content_5547310.htm,最后访问日期:2020年12月1日。

营，传统媒体将新闻生产内容搬至其新媒体平台，如人民日报、新华社等开通微博和网页客户端。其二，平台融合阶段。2014年中央全面深化改革领导小组通过《关于推动传统媒体和新兴媒体融合发展的指导意见》；2015年李克强总理在《政府工作报告》中首次提出"互联网＋"行动计划。这两份文件为媒体融合进一步发展作出了顶层指导。这一阶段，融合不仅体现为简单的内容搬运，更体现于深度的技术整合，全国各地区各级媒体均开始建设媒介融合平台，以《人民日报》为首的主流媒体的融合平台发挥了示范效果，县级融媒体平台基本建立完成。同时，传统媒体打破"＋互联网"，转为与新媒体共建整合、开放和多元的信息服务平台，不断探索基于融合平台的新闻生产模式和产业化运营模式。其三，深化融合阶段。2020年9月，《关于加快推进媒体深度融合发展的意见》指出，"推动传统媒体和新兴媒体在体制机制、政策措施、流程管理、人才技术等方面加快融合步伐，尽快建成一批具有强大影响力和竞争力的新型主流媒体，逐步构建网上网下一体、内宣外宣联动的主流舆论格局，建立以内容建设为根本、先进技术为支撑、创新管理为保障的全媒体传播体系。"[1]深化融合意味着体系融合，各级各类媒体要整合资源、深入融合，形成"全程、全息、全员、全效"的智能化、服务化、场景化的传播体系。

全媒体传播体系的融合战略对法治传播提出了一系列要求：一是建立全程法治传播平台，即突破时空维度，全方位、多角度、深层次地实时跟踪记录涉法新闻的全部过程；二是建立全息法治传播平台，突破文字、语音、视频相分离的传统单一传播形

---

[1]《中办、国办印发〈关于加快推进媒体深度融合发展的意见〉》，载http://china.cnr.cn/news/20200927/t20200927_525277730.shtml，最后访问日期：2020年12月1日。

式，利用 VR、H5 等虚拟现实技术手段，打造多种形态并存的、用户交互体验式的立体传播渠道；三是建立全员法治传播平台，构建司法机关自媒体、专业法治媒体和 UGC（用户原创内容）并重的全员媒体网络；四是建立全效法治传播平台，法治传播主体要从以往单一法治信息提供者转变为集法治信息、业务与社交于一体的多功能服务提供者。

（二）智能传播成为媒体传播的重要发展方向之一

互联网的发展已经由最初的网络化演进到今天的智能化发展阶段[1]。在新闻传播领域，人工智能技术有着广泛应用，其发展进程包涵生产、渠道和终端三个阶段[2]。一是机器人新闻生产阶段。所谓"机器人新闻"，是指"一套软件或算法语言（algorithm），它自动采集数据，然后撰写成人类可读的内容。"[3] 由于机器人新闻是基于大数据和算法技术进行信息处理，因此，相比于人工的新闻生产活动，具有出稿效率高、写作成本低和内容简单化的特质。近年来，机器人新闻获得发展，已经应用于新闻生产活动当中，如今日头条的"张小明"，"以 2 秒的生成时间发布着赛事报道，平均每天发布 30 多篇稿件，6 天发布超过 200 多篇稿件，且具备自动配图，自动调节语气等功能。"[4] 如新华社的"快笔小新"，"供职于新华社体育部、经济信息部和中国证券报，可以写体育赛事中英文稿件和财经信息稿件。"[5] 二是

---

〔1〕 喻国明、兰美娜、李玮：《智能化：未来传播模式创新的核心逻辑——兼论"人工智能＋媒体"的基本运作范式》，载《新闻与写作》2017 年第 3 期。

〔2〕 夏雨禾：《"智媒化"语境中的新闻传播——对智能技术与新闻传播关系的思考》，载《编辑之友》2019 年第 5 期。

〔3〕 邓建国：《机器人新闻：原理、风险和影响》，载《新闻记者》2016 年第 9 期。

〔4〕 《今日头条开始用机器人写新闻 6 天写 200 多篇稿件!》，载 https://www.chinaz.com/news/2016/0812/565957.shtml，最后访问日期：2020 年 12 月 1 日。

〔5〕 《"快笔小新"上岗了! 84 岁新华社启用"机器人记者"》，载 http://www.xinhuanet.com/politics/2015–11/06/c_128401096.htm，最后访问日期：2020 年 12 月 1 日。

精准传播式传播阶段。利用海量用户数据和算法技术，智能传播能够实现个性定制和精准分发。智能技术帮助媒体抓取用户画像，使媒体能够基于用户的性别、年龄、地域、职业、兴趣等特征实现精准推送。智能技术帮助媒体分析用户使用习惯，使媒体能够最大化利用用户碎片时间，推送符合特定场景的阅读内容。智能技术帮助媒体感知热点舆情事件，使媒体能够即时跟进舆情走向，以正确价值导向占领主流舆论广场。三是万物媒介化阶段[1]。智能传播时代，万物皆可互联，人也成为链接终端。通过传感器应用和人机交互，深化视觉、触觉和听觉等感官体验，进一步打破时空界限，使信息生产更为便捷，用户体验更为真实。如"谷歌眼镜"，可以以声控方式实现拍照和写作工作。如VR新闻构建的虚拟场景，能够将现实与虚拟相融合，使读者沉浸式地感知新闻内容。

智能传播目前以及未来将广泛应用在媒体传播的各个领域，显现出与以往不同的特征，表现为两个方面：

第一，精准分发式传播。在未抓取到用户画像以前，"所推送的内容是基于大数据筛选出的热度很高的新闻"[2]。而在收集到足够多的用户阅读行为后，则通过算法等智能技术，根据用户个人兴趣、信息需求和浏览习惯，为其匹配到具有高度个人属性的新闻内容。同时，结合用户使用场景，充分填充用户碎片化时间，如在交通途中、工作期间和餐饮时间分别推送不同内容，精准分发式传播一定程度上节省了用户在海量信息中寻求阅读目标的时间精力，但也使用户面临着陷入"信息茧房"的风险。为防止个性化传播带来"信息茧房"，一些平台也会加入"人工智

---

[1] 夏雨禾：《"智媒化"语境中的新闻传播——对智能技术与新闻传播关系的思考》，载《编辑之友》2019年第5期。

[2] 熊敏：《内容智能分发平台对新闻传播的价值创新分析——以"今日头条"为例》，载《编辑学刊》2017年第2期。

能编辑的力量,对与公众利益密切相关领域的新闻实施对用户全覆盖的推送"[1],以促进意见市场的公共碰撞,为民众提供精准的信息服务。例如,受访者A07在访谈中提到,"杭州交警经常发送路况信息,如哪个地方的路况不好或者路况管制,我们就会把这些信息弹出在路况周围5到10公里的范围内,让这个范围内的人知道这个消息。还包括一些司法业务,如跟法院、公安合作的'头条追逃'功能,能够协助交警肇事逃逸,他把相关信息发到头条号上,我们把它弹出在周围,还有比如像追逃老赖,法院都结案了八百多起了。"[2]

第二,交互体验式传播。随着虚拟现实技术发展,智能传播利用VR、AR等智能技术,为用户构筑场景化的"沉浸式新闻",使用户能够打破时空界限,仿佛置身于新闻现场之中,实现与传播内容的交流互动。2019年央视网推出《全景沉浸看报告》,"就是在主题主线报道中运用'VR+AR'技术,提炼重点数据进行解读,在VR实景视频的基础上,在真实场景中糅合三维动画,辅以李克强总理同期声,对政府工作报告进行生动、具象的可视化展现。"[3]

第二节　我国法治传播的行业环境分析

一、马克思主义新闻观是行业发展的灯塔

马克思主义新闻观,是指马克思主义对于新闻现象和新闻传

---

[1] 熊敏:《内容智能分发平台对新闻传播的价值创新分析——以"今日头条"为例》,载《编辑学刊》2017年第2期。

[2] 受访者A07。

[3] 《央视网VR新技术助力两会报道》,载http://media.people.com.cn/n1/2019/0320/c40606-30985991.html,最后访问日期:2020年12月1日。

播活动的总的看法,它涉及诸如新闻本源、新闻本质及新闻传播规律等许多根本性问题[1]。马克思主义新闻观经由历史与实践的检验,形成了先进性、指导性、与时俱进性的理论体系,能够为新闻传播活动提供丰富经验。法治传播作为实现依法治国的关键环节,肩负传达法治信息、培养法治信仰、树立司法权威和推进法治进程的时代重任,其新闻传播实践也需要接受马克思主义新闻观的正确理念指导。

(一) 党性原则:马克思主义新闻观对法治传播的理论指导

"党性原则观念"是马克思主义新闻观的第一观念,是总体性、统领性的观念[2],法治传播的实践活动首先要受到党性原则领导。从理论渊源看,马克思和恩格斯最早提出报刊与政党的关系,马克思说:"使报刊变成人民的文化和精神教育的强大杠杆的,正是报刊可使物质斗争变成思想斗争,使血肉斗争变成精神斗争"[3];恩格斯指出,报刊与政治变动有着天然的职业上的联系,报刊不会放弃政治,"问题只在于怎样干预政治和干预到什么程度"[4]。列宁继承马克思和恩格斯的新闻观,并首次将"党性"与党报党刊工作联系起来,提出:"唯物主义本身包含有所谓党性,要求在对事变作任何评价时都必须直率而公开地站到一定社会集团的立场上。[5]"以毛泽东为代表的中国共产党人立足于中国实践,与时俱进地继承和丰富了党性原则观念,毛泽

---

[1] 郑保卫:《马克思主义新闻观的形成与特点》,载《中国记者》2001年第5期。

[2] 杨保军:《当前我国马克思主义新闻观的核心观念及其基本关系》,载《新闻大学》2017年第4期。

[3] 刘建明:《马克思主义新闻观的经典性与实践性》,载《国际新闻界》2006年第1期。

[4] 陈力丹:《马克思主义新闻观教程》,中国人民大学出版社2015年版,第33页。

[5] 陈力丹主编:《马克思主义新闻观百科全书》,中国人民大学出版社2018年版,第36页。

第二章 我国法治传播的传媒生态环境分析

东说:"比如报纸,这是属于意识形态范围内的"[1],邓小平指出:"要使我们党的报纸成为全国安定团结的思想上的中心"[2],习近平结合新时期发展现状,指出媒体坚持党性,"核心就是坚持正确的政治方向,站稳政治立场,坚定宣传党的理论和路线方针政策,坚定宣传中央重大工作部署,坚定宣传中央关于形势的重大分析判断,坚决同党中央保持一致,坚决维护中央权威。所有宣传思想部门和单位,所有宣传思想战线上的党员、干部都要旗帜鲜明坚持党性原则。"[3]

从现实意义看,新时期我国媒介生态复杂,多元价值观念并存,法治传播面临诸多困局,急切需要党性原则的正确统领。首先,传媒市场化运行,媒体之间竞争激烈,一些法治媒体为抢占流量,恶意泄露当事人隐私、渲染负面情绪,以低俗、夸张标题和偏激负面评论抓取受众眼球。其次,进入新媒体时代,受众角色发生转变,受众不仅是信息接收者,而且是信息发布者,自媒体、公众号由于缺少传统把关人,其发布内容参差不齐,部分自媒体以偏激言论恶意煽动负面情绪,动摇社会主流价值观,影响社会稳定和谐。最后,网络媒介具有即时性强、传播速度快、影响范围广等特点,一些关于司法案件的不实报道一经发布,就会迅速在网络空间蔓延,误导舆论导向,严重损害司法公信力。因此,新时期法治传播必须坚持党性原则,在党的政治导向、法律政策规范和社会主义核心价值观的引领下,更好地发挥传播法治

---

[1] 刘建明:《马克思主义新闻观的经典性与实践性》,载《国际新闻界》2006年第1期。

[2] 陈力丹:《马克思主义新闻观教程》,中国人民大学出版社2015年版,第132页。

[3]《习近平:胸怀大局把握大势着眼大事 把宣传思想工作做更好》,载http://cpc.people.com.cn/n/2013/0820/c64094-22634049.html,最后访问日期:2020年12月1日。

信息、宣传法治观念和营造法治氛围的作用。

党性原则对法治传播的统领表现在以下方面：一是党性原则要求法治传播主体必须在思想上、政治上、行动上与党保持高度一致[1]。即法治传播必须以马克思主义新闻观为指导，与党的战略方针相一致，坚决维护社会主义意识形态。二是党性原则要求各级各类媒体都要坚持党的领导。有学者将政府媒体和国有市场化媒体统称为体制内媒体，将除此之外的非公有资本媒体统称为体制外媒体，后者主要是各类商业网站，这些网站不具有新闻采编权，但具有新闻发布功能[2]。体制内媒体经营形式不同，都具有意识形态属性，均需要接受党的领导。体制外媒体虽然是一种新的媒体形式，但国家在2004年颁行《关于进一步加强互联网管理工作的意见》[3]，并于2010年成立国家互联网信息管理办公室，这些都标志着网络媒体已被纳入党和国家的管理之列。因此，不仅政府媒体和国有市场化媒体要坚持党性原则，而且所有从事新闻传播工作、提供信息咨询服务和具备舆论引导能力的平台都要纳入党的领导范围，例如，"微博新时代栏目下，经常是一些政府要求推送的内容，置顶的话题一般也是政府要求的，整体上要跟中央国家保持一致。"[4]

（二）人民中心：马克思主义新闻观对法治传播的内在要求

人民中心观念是马克思主义新闻观的核心观念。在马克思的早期著作中，提出报刊要做人民的"耳鼻喉舌"，"报刊按其使命来说，是社会的捍卫者，是针对当权者的孜孜不倦的揭露者，

---

[1] 杨保军：《当前我国马克思主义新闻观的核心观念及其基本关系》，载《新闻大学》2017年第4期。

[2] 向美霞、邱曙东：《党管体制外媒体的思路创新》，载《新闻战线》2016年第20期。

[3] 2004年《关于进一步加强互联网管理工作的意见》。

[4] 受访者A03。

是无处不在的耳目,是热情维护自己自由的人民精神的千呼万应的喉舌。"[1]列宁在领导《真理报》工作时也指出,"现在最大的(也是唯一的)危险是失去广大读者。"[2]毛泽东在论述宣传策略时提到:"要使广大群众认识我们是代表他们的利益的,是和他们呼吸相通的。"[3]新时期习近平在解答党性与人民性关系时说到:"党性和人民性从来都是一致的、统一的……要树立以人民为中心的工作导向,把服务群众同教育引导群众结合起来,把满足需求同提高素养结合起来。"[4]

马克思主义新闻观始终把人民中心视为新闻传播工作的决定性准则。人民中心观念在以下三方面对法治传播提出要求:①法治传播的宗旨是为人民服务。一方面,法治传播应立足于人民视野,肩负起传达法治消息、宣传法治观念和维护司法公正的基本职能,以喜闻乐见的方式、生动通俗的语言满足人们对法治信息的需求。另一方面,法治传播要主动汇集民意,了解并反映人民诉求,充当民众与司法之间的"排气阀"和"传声筒",及时化解社会负面情绪,促进司法建设进程。②法治传播的目标是以人为本。"坚持人民性,就是要把实现好、维护好、发展好最广大人民根本利益作为出发点和落脚点,坚持以民为本、以人为本。"[5]法治宣传应该"接地气",摒除居高临下的普法宣传态

---

[1] 刘建明:《马克思主义新闻观的经典性与实践性》,载《国际新闻界》2006年第1期。

[2] 陈力丹主编:《马克思主义新闻观百科全书》,中国人民大学出版社2018年版,第36页。

[3] 陈力丹:《马克思主义新闻观教程》,中国人民大学出版社2015年版,第110页。

[4] 陈力丹:《马克思主义新闻观教程》,中国人民大学出版社2015年版,第161页。

[5]《坚持人民性 建设社会治理共同体》,载http://theory.people.com.cn/n1/2020/0117/c40531-31552603.html,最后访问日期:2020年12月1日。

度,以平和朴实的报道风格打动受众,以高质量的报道内容丰富受众,进而引领法治风向,营造法治氛围。③法治传播的开展需要与人民互动。新媒体语境下,受众不仅是新闻接收者,而且还是新闻生产者,法治传播应该与人民群众形成良性互动,鼓励人民参与到法治传播当中,通过人民的自发传播扩大法治传播影响力。

(三)舆论引导:马克思主义新闻观对法治传播的实践要求

"新闻规律观念是新闻观念系统的基础观念,同时也是马克思主义新闻观念体系的基础观念。"[1]马克思主义新闻观要求党要顺应时代潮流,在充分尊重各类媒体的传播规律基础上,通过把控总体舆论走向,带动媒体积极发挥舆论引导作用。

第一,要尊重法治传播各个时期的媒体角色转向。媒体作为记录者、监督者、宣传者,贯穿于案件发生、审理和审结的各个阶段。通常来说,案件发生和审理阶段,媒体主要为公众真实客观地报道案件信息和进程,监督司法机关公正公开审理案件;案件审结阶段,媒体主要起到监督审判实体正义、反思法治进程、借案件内容和裁判结果为公众普及法律常识、树立司法公信、培养法律信仰的作用。但现实中,一些案件报道"窗口期时能报,过了窗口期就要禁声了"。

第二,要重视法治传播中媒体的议程设置功能。媒体可以主动设置议题,打造人民喜闻乐见的传播议题,宣传正确的政治意识形态,如"12.2"是全国交警活动安全日,"短视频平台会与交警合作开展活动,告知人们关于交通安全的信息。"[2]如每年举办的"宪法宣传周"宣传活动,通过讲述法治故事、开展普

---

[1] 杨保军:《新闻规律观念:"马新观"的基础观念》,载《国际新闻界》2020年第2期。

[2] 受访者A07。

法活动、征集影视和文学作品等方式，激励民众参与法治学习，树立司法公正形象，推进国家法治进程。

第三，要尊重法治传播中媒体的传播运行规律。媒体报道必须遵循真实、客观、中立和平衡原则，尽可能不偏不倚地还原事实真相。"党管媒体"要以尊重传播规律和报道原则为前提，不能为树立形象而隐瞒真相，也不能为宣传口号而捏造事实。当下，存在行政指挥干扰法治传播规律的问题，"一些决策部门认为微博2.0时代还可以阻断信息，强行打断舆情事件传播路径，谣言一般是在这之后才产生的，导致司法公信力难以建立。"[1]因为舆情事件的传播路径一旦被封锁，民众会因信息不对称而产生恐慌，这既给谣言提供了滋生机会，也增加了舆情事件的处理成本。

二、法律规制与行业规范保障行业健康有序发展

法治传播是一种常见的信息传播活动，其传播实践需要受到法律规制和行业规范规制。关于法治传播的行为边界，法律、法规和行业守则作出了一系列规定。

（一）法律规制

我国没有制定单行的新闻法或传播法，法律对于信息传播活动的调整与治理，通常散见于所有现行的公法和私法领域，包括宪法、诽谤法、隐私法、侵权责任法、知识产权法、诉讼法、保密法、信息法、电信法、广告法等以及关于各类特定媒体的专门法[2]。

---

[1] 受访者A01。
[2] 《徐迅探寻大众传播"第三种规范"》，载 https://www.workercn.cn/358/201710/23/171023093355387_2.shtml，最后访问日期：2020年12月1日。

1. 名誉权保护与法治传播

依据我国《宪法》第38条[1]、《中华人民共和国民法典》（以下简称《民法典》）第1025条[2]规定，法治传播主体在报道法治新闻时，如果为公共利益影响他人名誉，不需承担法律责任，但以下情形除外：一是捏造、歪曲事实；二是对他人提供的严重失实内容未尽到合理核实义务；三是使用侮辱性言辞等贬损他人名誉[3]。

其中，因"未尽到合理核实义务"而侵犯名誉权的情形较为常见，如"沙家友诉《民主与法制时报》社名誉权纠纷案"[4]中，媒体因未尽到审核信源准确性的义务，而造成当事人名誉受损。《民法典》第1026条明确列出新闻传播活动的合理审查义务，包括：①内容来源的可信度；②对明显可能引发争议的内容是否进行了必要的调查；③内容的时限性；④内容与公序良俗的关联性；⑤受害人名誉受贬损的可能性；⑥核实能力和核实成本[5]。《民法典》第1028条[6]规定了媒体侵害名誉权后，需要及时改正或删除侵权内容。

---

[1]《宪法》第38条规定："中华人民共和国公民的人格尊严不受侵犯。禁止用任何方法对公民进行侮辱、诽谤和诬告陷害。"

[2]《民法典》第1025条规定："行为人为公共利益实施新闻报道、舆论监督等行为，影响他人名誉的，不承担民事责任，但是有下列情形之一的除外：（一）捏造、歪曲事实；（二）对他人提供的严重失实内容未尽到合理核实义务；（三）使用侮辱性言辞等贬损他人名誉"。

[3]《民法典》第1025条。

[4]《沙家友诉〈民主与法制时报〉社名誉权纠纷案》，载https://www.pkulaw.com/pfnl/a25051f3312b07f32a8af15691bb265ee9e891c461dfead0bdfb.html?keyword=%E6%B2%99%E5%AE%B6%E5%8F%8B，最后访问日期：2020年12月1日。

[5]《民法典》第1026条。

[6]《民法典》第1028条规定："民事主体有证据证明报刊、网络等媒体报道的内容失实，侵害其名誉权的，有权请求该媒体及时采取更正或者删除等必要措施"。

2. 隐私权保护与法治传播

我国《宪法》第39条[1]、第40条[2]规定了公民隐私权受法律保护，《民法典》第1032条[3]、1033条[4]、第1034条[5]详细列举出隐私权的权利内涵与侵权内容。

法治传播要注重保护公民隐私权，不得干扰他人的生活安宁，不得侵入他人不愿为人知晓的私密空间和个人信息，不得实施以下几类行为：①以电话、短信、即时通讯工具、电子邮件、传单等方式侵扰他人的私人生活安宁；②进入、拍摄、窥视他人的住宅、宾馆房间等私密空间；③拍摄、窥视、窃听、公开他人的私密活动；④拍摄、窥视他人身体的私密部位；⑤处理他人的私密信息；⑥以其他方式侵害他人的隐私权[6]。

3. 未成年人保护与法治传播

未成年人尚未具备成熟心智，也未形成稳定价值观念，容易受到法治报道影响。依据我国2012年修正的《中华人民共和国

---

[1]《宪法》第39条规定："中华人民共和国公民的住宅不受侵犯。禁止非法搜查或者非法侵入公民的住宅。"

[2]《宪法》第40条规定："中华人民共和国公民的通信自由和通信秘密受法律的保护。除因国家安全或者追查刑事犯罪的需要，由公安机关或者检察机关依照法律规定的程序对通信进行检查外，任何组织或者个人不得以任何理由侵犯公民的通信自由和通信秘密"。

[3]《民法典》第1032条规定："自然人享有隐私权。任何组织或者个人不得以刺探、侵扰、泄露、公开等方式侵害他人的隐私权。隐私是自然人的私人生活安宁和不愿为他人知晓的私密空间、私密活动、私密信息"。

[4]《民法典》第1033条规定："除法律另有规定或者权利人明确同意外，任何组织或者个人不得实施下列行为：（一）以电话、短信、即时通讯工具、电子邮件、传单等方式侵扰他人的私人生活安宁；（二）进入、拍摄、窥视他人的住宅、宾馆房间等私密空间；（三）拍摄、窥视、窃听、公开他人的私密活动；（四）拍摄、窥视他人身体的私密部位；（五）处理他人的私密信息；（六）以其他方式侵害他人的隐私权"。

[5]《民法典》第1034条规定，个人信息中的私密信息，适用有关隐私权的规定。

[6]《民法典》第1033条。

未成年人保护法》（以下简称《未成年人保护法》）第32条[1]和《中华人民共和国刑事诉讼法》（以下简称《刑事诉讼法》）第286条[2]，法治传播要保护未成年人合法权益，避免误导未成年人的认知，不得披露未成年人隐私。

一方面，法治传播需要注意信息尺度，报道性、暴力、自杀和死亡等内容时，不得展示具体细节，不得引导、教唆犯罪，即使为达公益目的而在报道中使用上述情节内容，也应当尽可能地缩减并含蓄表达，尤其应避免出现令未成年人受众感到难以承受的惊恐或不安的内容[3]。另一方面，未成年人为犯罪人时，法治传播应严格遵循《刑事诉讼法》第286条"未成年人犯罪记录封存制度"，对于"犯罪的时候不满18周岁"和"被判处5年有期徒刑以下刑罚"[4]的案件，应着重保护未成年犯罪人的个人隐私。

4. 国家安全保护与法治传播

法治媒体报道司法案件时，以公开为原则，以法律规定的保护国家秘密、商业秘密和个人隐私为例外。关于国家秘密，我国《中华人民共和国保守国家秘密法》（以下简称《保守国家秘密法》）第9条第1款规定："下列涉及国家安全和利益的事项，

---

[1]《未成年人保护法》（2012修正）第32条规定："国家鼓励新闻、出版、信息产业、广播、电影、电视、文艺等单位和作家、艺术家、科学家以及其他公民，创作或者提供有利于未成年人健康成长的作品。出版、制作和传播专门以未成年人为对象的内容健康的图书、报刊、音像制品、电子出版物以及网络信息等，国家给予扶持。国家鼓励科研机构和科技团体对未成年人开展科学知识普及活动"。

[2]《刑事诉讼法》第286条规定："犯罪的时候不满十八周岁，被判处五年有期徒刑以下刑罚的，应当对相关犯罪记录予以封存。犯罪记录被封存的，不得向任何单位和个人提供，但司法机关为办案需要或者有关单位根据国家规定进行查询的除外。依法进行查询的单位，应当对被封存的犯罪记录的情况予以保密"。

[3]《媒体人新闻业务守则》编写组编著：《〈媒体人新闻业务守则〉释义》，中国政法大学出版社2015年版，第117页。

[4]《刑事诉讼法》第286条。

泄露后可能损害国家在政治、经济、国防、外交等领域的安全和利益的,应当确定为国家秘密:……(六)维护国家安全活动和追查刑事犯罪中的秘密事项;(七)经国家保密行政管理部门确定的其他秘密事项。"[1] 即当涉法案件有关上述国家秘密事项时,法治传播必须以保护国家秘密为首要原则,不得以满足公众知情权为由危害国家安全。

对此,《保守国家秘密法》第 27 条作出了明确规定:"报刊、图书、音像制品、电子出版物的编辑、出版、印制、发行,广播节目、电视节目、电影的制作和播放,互联网、移动通信网等公共信息网络及其他传媒的信息编辑、发布,应当遵守有关保密规定。"[2] 此外,随着信息技术发展,网络媒体兴起,这种新式传播形态具有即时性强、传播力大、辐射面广等特点,《保守国家秘密法》第 28 条将互联网及其他公共信息网络也纳入治理范围,规定"互联网及其他公共信息网络运营商、服务商应当配合公安机关、国家安全机关、检察机关对泄密案件进行调查;发现利用互联网及其他公共信息网络发布的信息涉及泄露国家秘密的,应当立即停止传输,保存有关记录,向公安机关、国家安全机关或者保密行政管理部门报告;应当根据公安机关、国家安全机关或者保密行政管理部门的要求,删除涉及泄露国家秘密的信息。"[3]

(二) 行业规范

进入新媒体时期,法治传播的主体更为多元,除传统法治媒体发布涉法信息,与案件相关的司法工作者、律师也通过个人社交账号展示案件进展。为此,新闻业、律师业和司法领域均发布

---

[1]《保守国家秘密法》第 9 条第 1 款。
[2]《保守国家秘密法》第 27 条。
[3]《保守国家秘密法》第 28 条。

相应行业规范，限制法治传播的行为边界。

1. 司法监督与媒介审判

新闻媒体和新闻从业者为维护行业自律，共同制定了一系列成文或不成文的规范，以发挥新闻从业者的职业良心和道德责任[1]，包括中华全国新闻工作者协会通过和修订的《中国新闻工作者职业道德准则》、中国广播电视协会法制节目工作委员会通过的《中国法制节目编辑记者自律公约》等。

2019年修订的《中国新闻工作者职业道德准则》第6条第4款规定："维护司法尊严，依法做好案件报道，不干预依法进行的司法审判活动，在法庭判决前不做定性、定罪的报道和评论，不渲染凶杀、暴力、色情等。"[2]《中国法制节目编辑记者自律公约》第9条也规定："在案件终审判决之前，不应作定性、定罪的结论性报道，法制节目编辑记者不是执法人员，在采访和报道中，须保持冷静、谨慎和客观，不得采用媒体审判的方式影响或干扰司法机关正常的审判工作。"[3]可见，法治媒体履行报道事实和司法监督的社会职能时，必须遵循"罪刑法定"。法治媒体要依照司法审判进程，在法律允许的范围内实时跟进案件发展，不得在法院未作出司法审判前，以偏激性的言论误导民众情绪，进而以错误舆论干扰司法审判，影响司法公正。

2. 案件公开与庭审秩序

最高人民法院1979年发布的《中华人民共和国人民法院法庭规则（试行）》（已失效，以下简称《法院法庭规则（试行）》）[4]

---

[1] 董雅如：《新闻职业伦理共识的困境》，载《青年记者》2020年第8期。

[2] 《中国新闻工作者职业道德准则》第6条第4款。

[3] 《中国法制节目编辑记者自律公约》第9条。

[4] 《人民法院法庭规则（试行）》第8条规定："公开审判的案件，允许新闻记者采访。记者凭人民法院发出的采访证进入法庭，可以记录、录音、录相、摄影和转播"。

和《最高人民法院关于严格执行公开审判制度的若干规定》(以下简称《关于严格执行公开审判制度的若干规定》)[1]对法治媒体的新闻报道提出一些规范性要求。一是新闻记者不得报道依法不公开审理的案件,包括涉及国家秘密、个人隐私、未成年人犯罪、经当事人申请不公开的商业秘密和离婚案件等[2]。二是新闻记者必须经过法院许可,才能进行记录、录音、录像、摄影、转播庭审实况,报道期间必须严格遵守法庭纪律,不得干扰法庭秩序和司法程序。

3. 其他传播主体庭外言论规范

2010年修订的《最高人民法院关于印发〈法官行为规范〉的通知》(以下简称《法官行为规范》)第84条也指出,法官在接受新闻媒体与法院工作有关的采访时,必须遵循两条准则:一是接受采访前,必须经由组织安排或组织批准;二是接受采访时,不发表有损司法公正的言论,不对正在审理中的案件和有关当事人进行评论,不披露在工作中获得的国家秘密、商业秘密、个人隐私及其他非公开信息[3]。

三、全媒体时代行业竞争日趋激烈

随之传播技术的不断发展,法治传播的产品形态更新迭代速度加快,促使法治传播的行业竞争日趋激烈。表现为三个方面:法治传播行业竞争主体多元化;"竞合"成为法治传播行业的竞争优势;全息媒体传播是行业竞争的焦点。

(一)法治传播行业竞争主体多元化

全媒体时代传播格局发生剧烈变化,法治传播主体更为多元

---

[1]《关于严格执行公开审判制度的若干规定》第11条第1款规定:"依法公开审理案件,经人民法院许可,新闻记者可以记录、录音、录相、摄影、转播庭审实况"。

[2]《关于严格执行公开审判制度的若干规定》第2款。

[3]《法官行为规范》第84条。

化。多元化主体生产运营的法治传播产品形态多样,争夺公众的注意力和国内外社会影响力,使得法治传播行业竞争日益激烈。多元化的行业竞争主体包括:

1. 新闻媒体

传统媒体时代,新闻媒体是法治传播的主要生产者。在推进依法治国的进程中,新闻媒体承担着重要的普法宣传职能,一批如《法制日报》《今日说法》《法制与新闻》等法治媒体为民众带来大量优秀法治产品。这些新闻媒体通常依靠国有资源,拥有专业的采、编、制作、发行和审核流程,因而其报道内容较为准确权威。随着互联网发展和信息技术进步,新闻媒体积极向新媒体平台靠拢,以新型传播形态发布法治信息、实现司法监督,虽然转变了传播方式,但仍坚持真实、客观、平衡等专业生产准则,因而其权威地位仍然是其他法治生产者不可取代的。

2. 司法机关官方自媒体

大众媒体时代司法机关是新闻媒体的消息源,其没有自己的发声平台,通常借由大众传媒向公众传递信息。社交媒体被广泛应用后,公安、检察院、法院等司法部门基于多种原因开设了官方自媒体账号,凭借自身是权威信源能够制作传播关于本单位的独家且权威的自媒体产品。如"'北三环正能量'微信公号,上面有大量丰富的案例;中央政法委的长安剑,上面每个月都会有榜单;'广西兴宁法院'经常在抖音上做普法内容。这些内容都是我们媒体没有能力做的,主要因为我们没有这些独家的内容。"[1]司法机关通过自媒体平台自行生产法治内容,一方面,这些信息直接接触受众,减少中介环节的噪音干扰,进一步提高消息准确性;另一方面,处理司法舆情事件时,司法机关能够有效缩短反

---

[1] 受访者 A07。

应时间,迅速做出处理回应,大大加强舆论引导效力。

3. 法治影视制作公司

法治影视制作公司是法治传播产品的重要生产者。近年来,《人民的名义》《因法之名》《破冰行动》等法治影视作品深受民众喜爱,法治影视用形象化的方法,生动地诠释法律内涵,传播法治价值[1]。一些短视频公司也成为"法治影视剧"的制作者和发布者,如抖音、快手等短视频平台上的"法制栏目剧"[2]话题,就聚集了用户剪辑或自制的系列普法连续剧。

4. 律师、法官等舆论领袖

律师、法官等法律从业人员是法治传播的关键内容提供者。这些法律人拥有法律知识,能够以专业视角参与涉法案件讨论,同时他们拥有大量粉丝,在讨论过程中常常发挥着舆论领袖作用。他们发布的内容包括以下几类:一是参与案件探讨,针对具体个案的司法程序、法律依据和审判结果发表评论,如"昆山反杀案"和"福州赵宇案"等,他们面向网友通过社交媒体自主传播相关法律知识和法治理念,影响新闻媒体的法治报道和法治机构的信息公开[3],一定程度上起到了监督司法公正、维护法律正义的作用;二是解析最新法律文件,围绕国家最新颁行的法律、法规和司法解释展开分析和解读,帮助公众理解法律观念,普及和宣传法律术语,例如,有律师在微博上发布有关纠纷伤人的文章,依照受害人最终受伤情形,向民众普及纠纷伤人的处理结果;三是帮助民众解决纠纷,回答民众法律疑问,使公众更深

---

[1] 范玉吉:《用法治传播塑造公民法治信仰》,载《青年记者》2020年第22期。

[2] 《"法制栏目剧"话题》,载 https://v.douyin.com/JmYt91p/,最后访问日期:2020年12月1日。

[3] 张晶晶:《社会治理视野下的全媒体法治传播》,载《中国广播》2020年第8期。

入地了解法律适用过程,从而增强民众懂法、守法、用法的法律意识;四是提出建设性的法治意见,由于律师处在法律工作的第一线,深知法律的优劣与完善与否[1],因此,一些合理的建议言论往往能推进法治建设。

5. 普通民众

普通民众是庞大的法治信息的生产者群体。随着信息技术发展,用户可以通过网络平台进行信息生产、发布和传输。一方面,针对法治舆情案件中主流媒体的缺位现象,一些民众自发填补事实空白,进行信息搜索、采写和发布,这些个体声音虽然一定程度上满足公众知情权,但由于缺乏把关人审核,常常有散布谣言的风险。另一方面,用户利用技术优势,以通俗生动的形式宣传法治观念,如"抖音"平台上,有用户"截取能够警醒群众的相关电视剧情节片段,或拍摄法学教授的授课视频,或上传直接来源于拍摄者发生在身边的执法视频"[2],这些来自普通个体的短视频往往会获得上万甚至上百万点赞量,具有显著的法治传播效果。

(二)"竞合"成为法治传播行业的竞争优势

法治传播的多元化主体的竞争主要集中在内容领域。各方均有内容制作与传播的优势,但也不可避免地存在劣势。从司法公信力建设的角度看,竞争与合作将成为法治传播行业不断进步的推动力,也是每一类法治传播主体争取的竞争优势。

1. 新闻媒体与其他法治传播主体存在多重竞争

"读者在哪里,受众在哪里,宣传报道的触角就要伸向哪里,

---

[1] 余尘、赵承:《律师、律师制度与法治建设》,载《湖北省社会主义学院学报》2003年第3期。

[2] 王心悦等:《浅谈利用抖音短视频宣传法律》,载《法制与社会》2020年第21期。

宣传思想工作的着力点和落脚点就要放在哪里。"[1]随着社交媒体平台兴起,传统媒体和政务机关从早期"两微一端"向头条号、抖音号分散,"截至2020年6月,我国在线政务服务用户规模达7.73亿,较2020年3月增长11.4%,占网民整体的82.2%;各级政府共开通政务头条号82 216个;各级政府共开通政务抖音号25 313个。"[2]头条号、抖音号和"两微一端"等新媒体平台与传统大众媒体共同成为新闻传播的主力军。司法机构的自媒体作为话语发布者,具有强大传播势能:一是政务机关自媒体拥有自身发声通道,可以随时发布各类权威信息,尤其在发生舆情事件时,能够主动占领话语权阵地,有效避免谣言滋生,并及时回应公众质疑,化解社会负面情绪。二是政务机关自媒体不依靠传统媒体资源,省去信息采编和审核环节,减少信息流通中的噪音干扰,提高信息发布的及时性、准确性和权威性。三是政务机关自媒体拥有庞大用户流量,在与用户互动交流的过程中,政务机关得以感知社会需求和用户喜好。这既有助于收集民情民意,以精准回应民众诉求,最大化实现为人民服务;也有助于以用户喜闻乐见的方式讲好政务故事,传播主流声音。四是政务机关自媒体从传播平台转向服务平台,一些政府机关开设的公众号,不仅是发布政务信息、推送优质内容的传播平台,而且是便民、利民、服务于民的综合办事平台。如北京市司法局的官方公众号"京司观澜",下设"微资讯""微服务"和"微媒体"三个栏目,"微资讯"包括工作动态、先锋足迹和公告牌等信息资讯;"微服务"提供法律咨询、法律援助等法律服务;"微媒体"则链接其官方头条号和新媒体矩阵。三个栏目有效涵

---

[1]《"平语"近人——习近平如何指导宣传思想工作》,载http://www.xinhuanet.com//politics/2016-02/20/c_128730682.htm,最后访问日期:2020年12月1日。

[2]《2020年第46次中国互联网络发展状况统计报告》,载http://www.199it.com/archives/1128499.html,最后访问日期:2020年12月1日。

盖信息发布、舆情引导、法律服务、政务宣传等功能。

与司法机构自媒体相类似的是，舆论领袖和普通大众对法治事件有自己独特的认知和解读视角，他们制作的内容更具个性，容易吸引某类群体的受众通过这些个性化的内容去认知和评析法治现象。尽管社会影响的广度不如主流媒体，但对某些群体的影响深度容易超越主流媒体。相对于大众传播时代，当前热点法治事件出现后，新闻媒体不仅会立刻跟进采访，还会在后期编辑制作时思考相对于其他主体新闻媒体的差异化内容定位，选取在广度和深度上社会影响力最佳的主题和视角进行报道。

2. 强强联合提升司法公信

在内容生产层面，新兴法治传播主体均有新闻媒体不具备的独特优势。例如，司法机关官方自媒体具有权威的独家内容资源，受访者A02表示：在信息来源上，纸媒现在没有信息来源的优势，检察院因为精力有限，取消了新闻办，也没有新闻发布会，他们现在的重心也是在自媒体上，像"雷洋案"等案例，检察院或法院至多告诉媒体关于案件将会发布相关判决在两微一端，然后媒体需自己去其官方微信公号、官方微博上寻找相关报道内容。[1]在传播形式层面，新闻媒体以深度报道见著，文字和音频产品大多严肃，而自媒体平台主要提供"简小精短"的"豆腐块文章"和"15秒短视频"，这些自媒体产品更符合受众碎片化、浅层化和娱乐化的浏览习惯。因此，相比于传统媒体固化、刻板的典型说教，司法自媒体的宣传内容更生动、活泼、"接地气"，更容易被受众所接受。在传播时效上，新闻媒体具有严密的选题、采编、审核和发行流程，有时因题材和内容审核，错失即时报道的时机；而自媒体平台虽缺乏"生产把关人"

---

[1] 受访者A02。

机制，但用户以直播和短视频方式实时跟进事件进展，却大大增强新闻时效性。

这些竞争既带来挑战，也带来机遇。各大主体可以强强联合，充分发挥各自优势，打造主流宣传矩阵，占领舆论主阵地。以司法机关自媒体与新闻媒体为例，司法机关自媒体代表各级政府机关立场，在一些关涉公权的负面舆情事件中，司法机关自媒体会及时回应、主动发声，但很多时候公众依然会表达出质疑和不满情绪。而新闻媒体作为记录时代、监督社会的"瞭望者"，在长期新闻实践中，形成了客观、中立、真实的报道原则，具有一定社会威望，一定程度上媒体代表人民行使知情权和监督权。面对公众的持续质疑，司法机关同传统媒体在宣传主管部门、各地各级政法委的引导下不断联合，以便迅速有效地疏导舆情，引领正确舆论走向。一方面，司法机关自媒体发挥主动回应、阻断谣言的作用，通过及时发声，大大提高舆情反应速度，有效降低舆情发酵热度；另一方面，司法机关借助传统媒体专业的发声渠道，以传统媒体中立、权威的监督者身份为依托，通过新闻媒体对官方声明的进一步解读，引导公众树立正确价值导向，防止意见市场被恶意带偏。

（三）全息媒体传播是行业竞争的焦点

法治传播的产品形式经历了如下变迁：从早期以报刊、广播和电视节目为主，到新媒体、自媒体平台大量涌现，再到文字、图片、音频、视频等相结合的全息媒体传播方式发展。全息化的法治传播产品呈现出与以往不同的特点：除文字、图片、声音和画面，"还增加了动漫、图表、弹幕以及VR、AR、H5、人工智能和区块链等应用"[1]。一方面，全息媒体强化了传播的"场

---

[1] 沈正赋：《"四全媒体"框架下新闻生产与传播机制的重构》，载《现代传播（中国传媒大学学报）》2019年第3期。

景感"[1],使法治报道更具冲击力。媒介产品打破虚实和时空界限,用户能够同时调动听觉、视觉和触觉感官,沉浸于媒体营造的拟态环境,更加生动、真切地接近新闻内容。另一方面,全息媒体借助大数据和人工智能技术,用户可以通过交互体验方式,选择性阅读新闻报道内容,增强法治报道的参与感、互动感和真实感[2]。近年来,各地纷纷建设智慧互动式多媒体法治教育基地,"把法律条例通过游戏、动漫、互动技术、全息虚拟VR等还原,接入影像画面和游戏,使受众记忆点在现实场景触动后就会及时地联系到法治教育内容,从而做到培而不忘。"[3]

全息媒体法治传播呈现出诸多新的传播特性,表现为即时性、通俗性、交互性和智能化的特点:

第一,法治传播具有即时性的特点。随着"抖音"等短视频平台兴起,涉法新闻更加便捷且实时地呈现在公众面前。以往传统媒体和新媒体平台通常需要经过采写、编辑后才能发布信息,而"抖音"等短视频平台以十几秒为限,能够以实时拍摄的方式完整地记录案件经过。面对愈发快节奏的社会生活,公众的耐心越来越有限,而短视频正是抓住这一特性,通过十几秒高度浓缩的短视频来展示生活中的法律事件[4],通过碎片化传播方式极大地提高了法治传播时效性。

第二,法治传播具有通俗性的特点。由于受众群体不具备专业法律知识,因此传统媒体的法治传播效果往往不尽如人意。

---

[1] 徐嫣、滕鲁阳:《全息媒体:新闻生产的场景化思维》,载《军事记者》2019年第6期。

[2] 徐嫣、滕鲁阳:《全息媒体:新闻生产的场景化思维》,载《军事记者》2019年第6期。

[3]《多媒体法治教育基地增强青少年法治教育效果》,载https://www.sohu.com/a/402664235_100175384,最后访问日期:2020年12月1日。

[4] 王心悦等:《浅谈利用抖音短视频宣传法律》,载《法制与社会》2020年第21期。

"抖音"等短视频平台的出现,很大程度上解决了传播性差的问题。用户通过拍摄或上传短小精悍的法治故事,以通俗易懂的"讲故事"方式代替生硬的文字术语,更生动地向民众普及法律常识,提升民众法律信仰。

第三,法治传播具有交互性的特点。传统媒体的法治传播往往是"你说我听"的单向形式,内容大多为重大涉法案件、最新颁行法律、国家法治政策等,法治传播效果的评估和沉淀不在普法工作制度设计框架内[1]。而新媒体平台的法治传播展现为双向讨论模式,通过关注公众的参与和争论,进一步了解受众的法治需求,获悉受众的涉法盲点,从而更精准地提升公众法治观念与法治素养。

第四,法治传播具有智能化的特点。基于算法的法治新闻传播,能够智能化、精准化、个性化地为用户推送信息。"算法用于新闻分发传播的技术本质,是实现资讯和受众精准匹配,即通过广泛抓取各种内容源生产的内容聚合资讯,再借助大数据的用户画像分析以及标签化等手段,向用户推送符合其兴趣或需求偏好的特定信息,且通过不断的机器学习或算法改进,深化对用户的洞察,持续提升分发的精准性。"[2]

在大数据和算法技术的影响下,法治传播的主要受众群体是有法治信息需求的民众。由于他们主动关注并获取法治内容,所以平台基于浏览习惯和兴趣诉求,为其精准分发法治信息,一定程度上持续地增强法治传播的受众粘性。法治传播的潜在受众群体是关注热点法治舆情事件的民众。当一则消息不断被浏览、评论和转发时,该消息的舆情热度将快速上涨,平台将基于新闻价

---

[1] 李昭熠:《论新媒体普法传播》,载《编辑学刊》2018年第1期。
[2] 崔士鑫:《用主流价值导向驾驭"算法"全面提高舆论引导能力》,载《传媒》2019年第18期。

值向全体受众推送,而受众在关注法治事件的过程中,逐渐获得"法治"标签,之后可能接收到更多法治信息,最终演化为法治传播的主要受众。法治传播的其他受众为一般需求的普通民众,为吸引此类受众,法治传播应积极变更传统严肃的传播形式,以轻松、娱乐的传播形态进入用户视域,进而以正确的法治观念引领受众。

(四)法治新闻当下存在的困境

随着全面依法治国的不断推进,我国司法领域的新闻传播工作发生变革,法治传播由静态的"法制新闻"逐步转变为动态的"法治新闻"。从"制"到"治",法治新闻的内涵更加丰富,功能更为完善。法治新闻的内涵解读,需要沿着"法"和"治"两条路径:法治媒体一方面要注重"法",提供"新近发生的、重要的、有价值的、有关立法、司法、执法、守法和各行各业、社会生活各方面与'法'有关的新闻报道"[1];另一方面要强调"治",新闻报道要着力提升公民权利意识和法律观念,新闻工作者要"时刻把握我国司法进步的时代脉搏,加强涉法新闻业务和理论方面的研究,担负起新时代赋予媒体人的光荣使命。"[2]但现实中,法治新闻仍存在失范现象,集中体现在以下几个方面:

1. 宏观层面:法治媒体缺乏使命意识

全面推进依法治国的进程中,部分法治媒体缺乏推动法治建设的使命意识,表现为:一方面,法治媒体未找准自身角色定位,报道立场仍是"冷漠旁观"与"恶意监督",报道理念停留

---

[1] 陈新:《浅析法制新闻对社会文明的影响作用》,载《新闻知识》2014年第9期。

[2] 党德强:《涉法新闻报道要用准"法制"与"法治"》,载《青年记者》2019年第29期。

在案件报道、会议报道的表层。具体来说，法治新闻追寻"负面新闻就是好新闻"的错误思想，并在报道中假借中立原则，致力于揭发司法丑闻，而不重视对问题解决的报道，忽略对受众的正确引导，导致法治新闻只有负面传播效果，助长公众对司法机关的误解和敌意。这种法治新闻不仅没有促进法治发展，反而阻碍司法进程。另一方面，法治媒体缺乏法治意识，报道中只注重"下达"法律政策，而不注重培养自身问题思维。一是法治媒体未能及时发掘法治案件背后的社会症结，错失聚焦社会矛盾的最佳时机，没有助推司法机关解决问题。二是法治媒体未能有效设置法治议题，没有带领受众关注司法动态、学习法律常识，也没有以正确价值观念引导受众共建法治。

2. 中观层面：法治媒体缺失专业主义

第一，舆论引导与媒介审判。一些法治新闻存在错误舆论引导和媒介审判问题。法治媒体由于缺乏法治意识，以非理性化情绪报道代替专业法律评析，使公众在法治报道影响下，将复杂法律问题简化为"二元对立"冲突。例如，有关"于欢案""汤兰兰案"的法治新闻报道，公众受到媒体的错误引导，形成了"一边倒"的舆论态势。媒体的舆论误导具有严重危害：一是激化社会情绪，损害司法公信。社会转型时期，各种矛盾涌现，媒体偏颇的报道会引发公众负面情绪，加深公众对司法机关的误解，影响司法信誉建设。二是影响案件走向，干扰司法审判。媒体不当的舆论引导可能引发错误思潮，使民意超越司法程序，抢先对案件作出定论，给司法机关造成巨大压力，扰乱司法审判的公正独立。

第二，舆论失焦与媚俗炒作。一些法治新闻为抢夺流量、占领市场，将关注焦点置于情绪先行、媚俗炒作上，远远偏离了案件本身的核心问题，致使报道缺失法律价值。首先，法治新闻聚焦法治以外的议题上，如受害者生平、事件背景、家属情绪等，并给当事人贴上某种"标签",使之处在固有报道框架中。这些报道会使公众将注意力集中于事件冲突,且先入为主地产生某种认知或评价,人为印证被报道人的标签属性与其行为之间的因果关系,而缺少对案件的法律解读。其次,法治新闻致力于情绪宣泄,为满足公众朴素的情感需求,发表极端化的不当言论。这些报道仅仅是在聚焦和放大公众情绪,没有真正推动事件解决,这不仅会在网络环境中引发群体极化,而且会消解社会法治认同。最后,法治新闻突出媚俗炒作,涉法案件难免包含色情、暴力、血腥等元素,法治媒体为追求"看点",使用煽情手法,过分重现案件中的"星腥性"情节。这些内容既会让人逐步变得麻木和冷漠,也会给受害人家属造成二次伤害,还会引发模仿犯罪效应。

3. 微观层面:法治报道引发新闻侵权

第一,隐形采访造成隐私侵权。隐形采访是近年来被记者普遍使用却又引发诸多争议的新闻采访手段,表现为记者以偷拍、偷录的方式"潜入"场所收集信息。记者能否进入公共场所进行隐形采访尚未得出定论。部分学者认为,可以采用隐形采访的手段进入公共场所搜集信息,"一个人将自己置身于公共场所中,就承认了自己行为的公开性,也就放弃了该行为的隐匿权。"[1]但也有观点认为,身处公共场所的行为人依然需要隐私权的保护,记者搜集、利用和公开他人信息构成对他人安宁空间的侵入。[2]

第二,措辞不当造成名誉侵权。一些缺乏新闻事实和审判依据的用语,可能导致侵犯当事人名誉权,如一些法治新闻随意使用"泼妇""劫匪""罪犯""贪官""凶手"和"小偷"等恶性

---

[1] 李岩:《新闻报道的合法性要求》,载《青年记者》2014年第36期。
[2] 李倩:《合理隐私期待视阈下的公共场所隐私权保护》,载《四川文理学院学报》2015年第6期。

称谓，给当事人带来社会评价降低等恶劣影响。

第三，披露隐私造成隐私侵权。一是法治新闻直接曝光当事人住址、工作等与案件无关的身份信息；二是法治新闻间接曝光足以识别当事人身份的部分信息；三是未经当事人同意，擅自使用当事人社交媒体上自我披露的信息。披露隐私不仅无益于案件报道，而且可能干扰当事人生活安宁，损害当事人私密权益。

第四，内容失实造成名誉侵权。法治新闻报道中，通常都会出现有意或无意的内容失实情况，包括：一是法律语言错误，如混淆"免职"和"撤职"，给当事人造成名誉损失。二是报道细节失实，如人名、地名、时间、数字、引语等与客观实际不符的普通失误。三是内容部分真实，法治媒体人为地删减、增补、筛选新闻事实，以使新闻事实满足自身报道目的。捏造歪曲事实的失范报道，不仅折损新闻真实性，而且会给当事人造成困扰。

四、受众主动通过多元网络平台关注法治信息

课题组通过问卷调查（相关方法使用介绍见上述研究方法部分）的方式重点考察受众对法治传播内容的媒体接触情况，有如下发现：

（一）关注正面报道的受众居多

调研发现愿意关注正面报道的被调查者居多，占比73%；67%的被调查者愿意关注中性报道；46.83%的被调查者愿意关注负面报道（图2-1）。

（二）接触渠道平台化

在法治类信息的传播渠道接触方面（图2-2），问卷调查发现被调查者了解法治类信息的途径主要包括新闻资讯网站/新闻客户端、电视、微信和微博。新闻资讯网站/新闻客户端是人们了解倡议的首要途径，占比49.83%。电视、微信、微博紧随其

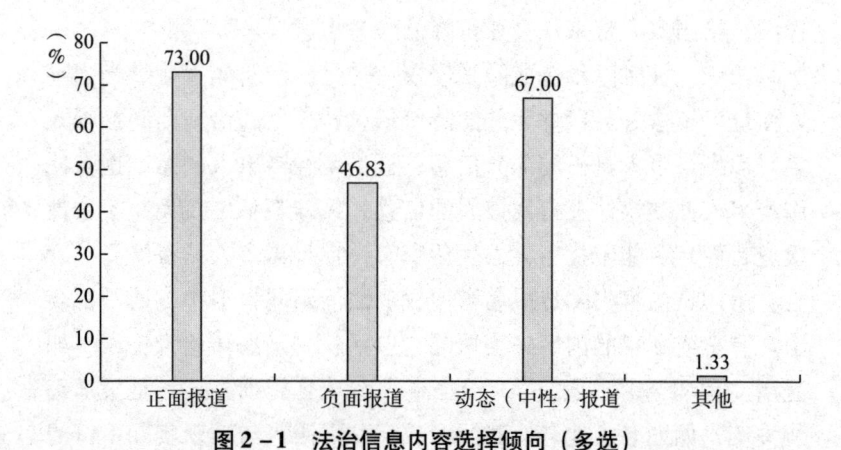

图 2-1 法治信息内容选择倾向（多选）

后，占比分别为 47%、31.17%、26%。排序较低的媒介接触途径包括：集体活动、名人微博或公众号、电脑/手机弹窗，占比分别为 7.50%、7.17%、4.33%。

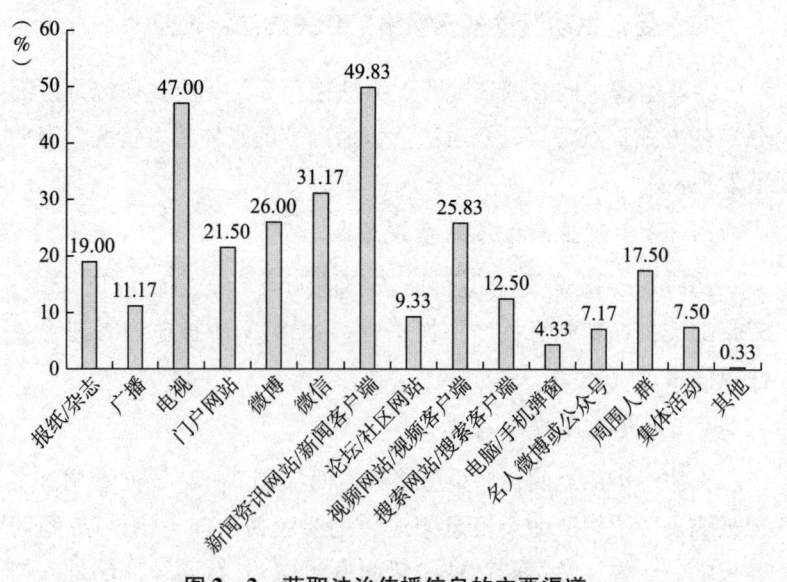

图 2-2 获取法治传播信息的主要渠道

第二章 我国法治传播的传媒生态环境分析

（三）新闻是受众主要接触的法治传播产品

在获取法治信息传播产品类型方面（图2-3），排名前5位的分别是新闻消息（51.83%）、典型报道（48.83%）、法治新闻专题报道（46.33%）、法治新闻评论（27.50%）和社交媒体短视频（23.50%），可见大多数被调查者愿意通过新闻来获得法治信息。被调查最不愿意接收资讯的三种途径分别是标语/横幅/海报（3.67%）、网络课程（3%）、展览（2.17%）。

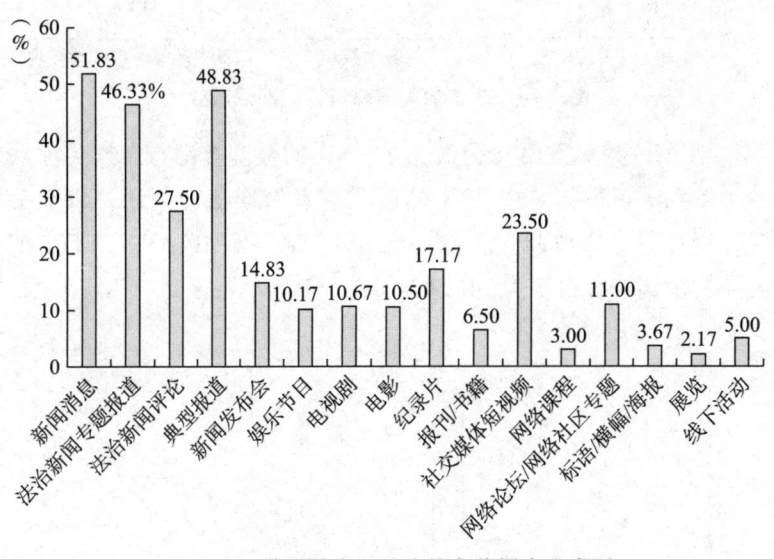

图2-3 获取的主要法治信息传播产品类型

（四）主动关注法治信息

在关注的主动性方面（图2-4），超过一半（占比52.84%）的被调查者既主动关注也被动接收法治类信息。其次是主动接收或交流法治信息的被调查者，占比为27.33%；最少的是被动接收的人，占比为19.83%。可以看出被调查者大多愿意主动去了解法治信息。

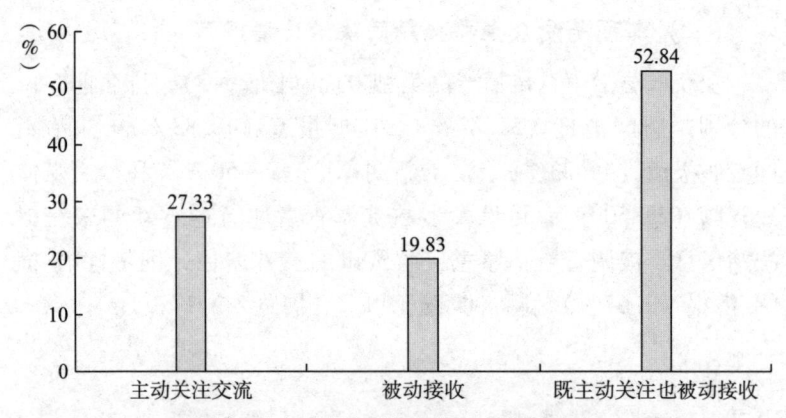

图2-4 对法治类信息资讯的接触态度

在关注频率方面（图2-5），3/4 的被调查都有定期关注法治类信息的习惯。其中48%的被调查者每周都会关注；每天关注和每月关注的被调查者占比各为17.50%和10.33%；不定期关注的被调查者占比为24.17%。

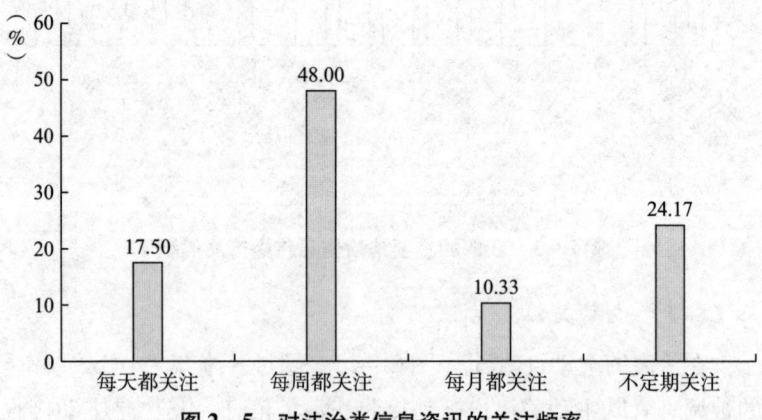

图2-5 对法治类信息资讯的关注频率

在关注的时长方面（图2-6），大多数调查者对法治信息的关注在10~30分钟，占比为57.83%。其次是关注时长在30~60分钟和10分钟以内的被调查者，占比分别为22.17%和

13.17%。能一次性阅读法治信息1小时以上的被调查者占比仅为1%。

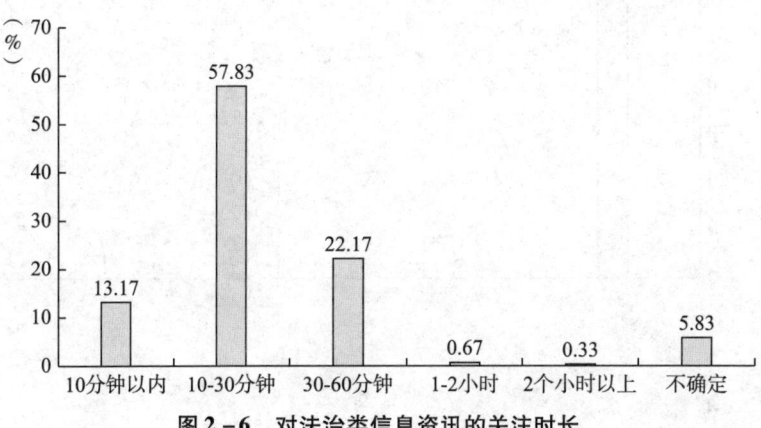

图 2-6　对法治类信息资讯的关注时长

（五）认真阅读，但互动意愿低

在阅读篇幅方面（图 2-7），多数被调查者认真阅读包括图片和文字的法治信息。57.67%的被调查者会阅读完新闻全文；28.93%的被调查者会只看新闻标题和正文图片；"基本只看新闻标题"和"一般只看首屏内容不会拖动往下看"的比例都不高，分别为8.67%和4.83%。

在评论方面（图 2-8），59.84%的被调查者乐于了解他人对相关资讯的认知、态度等信息，但是较少表露自己的认知和态度，不太愿意参与互动，会观看评论但很少参与评论。"基本不看也很少参与评论"的被调查者与"会看资讯评论并积极参与"的被调查者占比分别为11.33%和28.83%。从上述统计数据可以看出，只有不到三成的人愿意表明自己对资讯的认知和态度，其余七成通常处于静默之中。

在转发方面（图 2-9），只有少数被调查者经常转发法治信息，占比为13.50%。大多数被调查只有看见特别感兴趣的法治

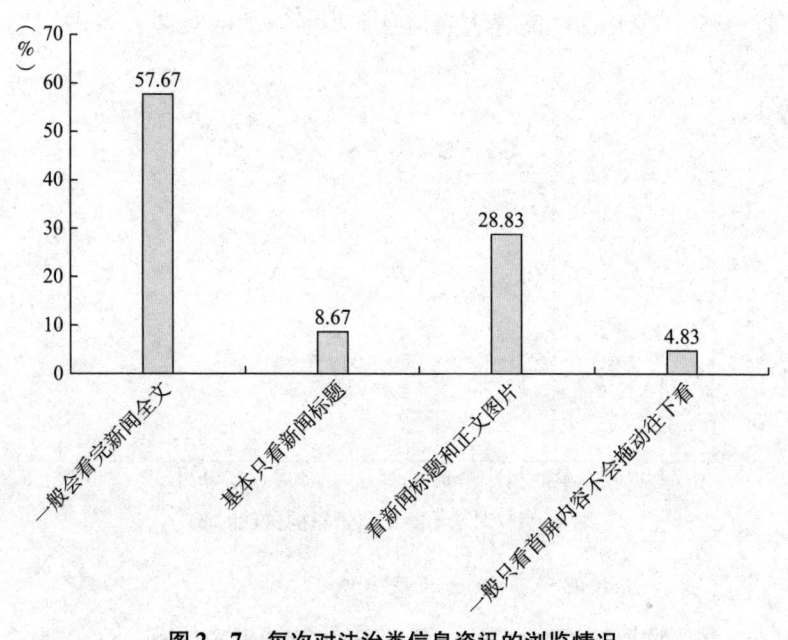

图 2-7 每次对法治类信息资讯的浏览情况

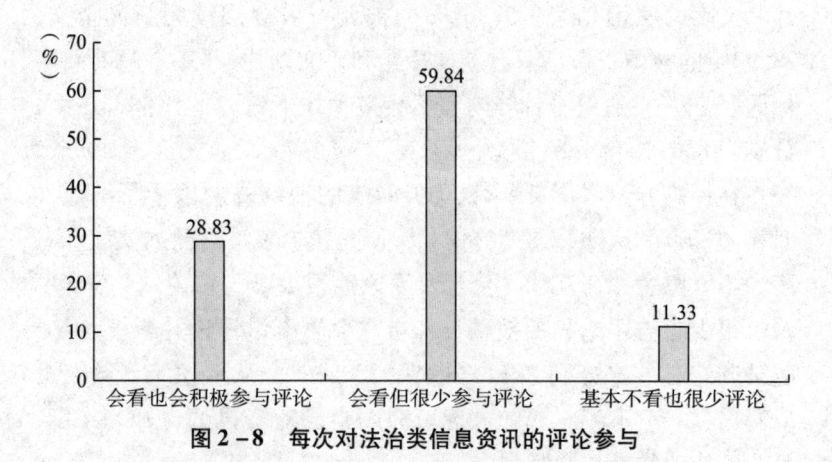

图 2-8 每次对法治类信息资讯的评论参与

类新闻才转发，占比为 59.83%。基本不转发的占比为 26.67%。

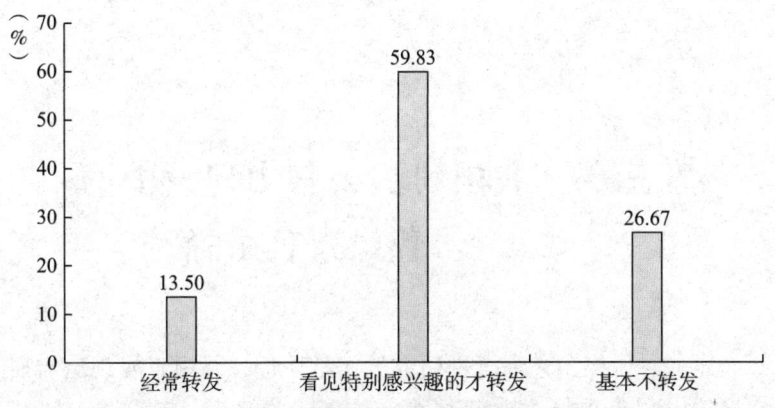

第二章 我国法治传播的传媒生态环境分析

图 2-9 每次对法治类信息资讯的转发参与

基于上述调查数据及分析，课题组认为近年来随着我国法治进程的不断加速，公众的法治素养普遍提高，对法治信息的关注度、主动性、有效获取信息的能力等多方面媒介使用能力和媒介素养都在大幅度提升。一方面，网络信息技术的发展和激烈的媒体竞争促使受众能够通过多种渠道获取法治信息，受众可以通过多种方式满足法治信息的知情权；另一方面，受众对法治信息的关注度很高：既会主动关注信息，又会关注推送的法治信息；能完整阅读全篇法治信息，每周关注且每次阅读时长在 10 分钟以上，说明法治信息阅读习惯良好，能深入阅读且思考法治信息传递的法治问题。总之，当前受众对法治信息的关注程度和媒体使用情况既为传媒提供优质法治信息服务提供了较为良好的群众基础，也对传媒的法治信息服务质量提出了更高的要求。

第三章 我国司法公信力建设中的传媒角色采择

通过对传媒角色综合性研究的文献梳理，课题组发现已有研究将传媒角色采择主要归纳为宣传者、监督者、教育者、记录者、娱乐者等。2016年2月19日，习近平总书记在党的新闻舆论工作座谈会上，对新闻舆论工作者提出做"四者"要求：党的政策主张的传播者、时代风云的记录者、社会进步的推动者、公平正义的守望者。结合我国司法公信力建设中传媒角色的变迁与实践，通过分析与整理已有文献和深度访谈结果，课题组认为习总书记提出的时代风云的记录者可以理解为司法公信力建设中的记录者、党的政策主张的传播者在法治传播领域可以理解为司法公信力建设中的宣传者、公平正义的守望者可以理解为司法公信力建设中的监督者，这三种传媒角色在现有法治传播实践中广泛存在，而习总书记提出的社会进步的推动者在法治传播实践中存在但非广泛存在，该角色在全媒体法治传播实践的发展过程中会日益凸显，本研究将在第六章探讨该角色的发展策略。

第一节 我国司法公信力建设中的传媒角色采择：记录者

记录者是司法公信力建设中最基础的传媒角色。公众对司法的知情权、记录历史以反映法治变迁两个方面影响着记录者角色的出现与存续。

一、满足公众知情权

美国记者肯特·库伯于1945年提出了"知情权"的概念，并将其阐释为：公民知悉、获取官方和非官方信息的自由和权利，政府则负有将非法律特别限制的一切情报、信息公开的义务[1]。媒体承载着人们表达思想的使命，也是人们了解政府、获知各种信息的窗口。"知情权"被美国联邦最高法院确认作为一个法律概念存在，与新闻界的努力和抗争密不可分。

我国宪法没有明确规定公民的知情权，与知情权有关的内容在相关法律中体现，例如，公民的参政权、表达自由权、监督权、国家机关政务公开原则等条文。2007年4月，我国公布了《中华人民共和国政府信息公开条例》（以下简称《政府信息公开条例》），总则第1条就与保障公民的知情权相关[2]。党的十六届六中全会[3]、党的十七大[4]、党的十八大[5]和十九大报告[6]分别对保障公民知情权提出了要求。国家对人民的知情权高度重

---

[1] 王爱伟：《试论危机传播中的知情权》，载《当代传播》2008年第3期。

[2] 《政府信息公开条例》（2007年）总则第1条规定："为了保障公民、法人和其他组织依法获取政府信息，提高政府工作的透明度，促进依法行政，充分发挥政府信息对人民群众生产、生活和经济社会活动的服务作用，制定本条例。"党的十六届六中全会提出：推进决策科学化、民主化，深化政务公开，依法保障公民的知情权、参与权、表达权、监督权。

[3] 十六届六中全会提出：推进决策科学化、民主化，深化政务公开，依法保障公民的知情权、参与权、表达权、监督权。

[4] 十七大提出：健全民主制度，丰富民主形式，拓宽民主渠道，依法实行民主选举、民主决策、民主管理、民主监督，保障人民的知情权、参与权、表达权、监督权。

[5] 十八大提出：健全权力运行制约和监督体系。坚持用制度管权管事管人，保障人民知情权、参与权、表达权、监督权，是权力正确运行的重要保证。

[6] 十九大提出：巩固基层政权，完善基层民主制度，保障人民知情权、参与权、表达权、监督权。

视,将保障人民知情权持续写入报告。

为了满足公众对司法领域的知情权,我国针对各类司法信息公开出台了很多法律条文和文件。《宪法》第130条规定人民法院审理案件,除法律规定的特别情况外,一律公开进行,《人民法院组织法》《中华人民共和国民事诉讼法》(以下简称《民事诉讼法》)、《刑事诉讼法》等相关法律也有类似的规定;2007年6月,《最高人民法院印发〈关于加强人民法院审判公开工作的若干意见〉的通知》明确提出实行"依法公开、及时公开、全面公开"的基本原则;2009年12月,《关于司法公开的六项规定》明确指出"立案公开、庭审公开、执行公开、听证公开、文书公开、审务公开"。

公众受限于获取与解读司法信息的能力,"大众传媒成为公民知情权得以实现的重要渠道和载体"[1]。全媒体环境下,各类媒体利用新兴的信息技术,通过多种传播平台及时发布司法公权力机关的动态信息、司法审判信息、法治事件进展等,有效地满足了公众对司法领域的知情权。同时,全媒体记录的信息的表现形式包括文字、图片、音频、视频等,普遍设置了互动环节,不仅保证公众在有限的时间内广泛了解各类司法信息,而且保证公众通过多种互动渠道获得关于这些司法信息的疑问的解释。同时,司法部门利用新兴的信息技术、通讯技术、网络技术等对传统的司法公开手段进行改造和升级,同时通过各种媒介主动公开司法信息。2013年11月21日,《最高人民法院印发〈关于推进司法公开三大平台建设的若干意见〉的通知》,明确了"人民法院应当积极创新庭审公开的方式,以视频、音频、图文、微博等

---

[1] 李良荣、张春华:《论知情权与表达权——兼论中国新一轮新闻改革》,载《现代传播(中国传媒大学学报)》2008年第4期。

方式适时公开庭审过程"[1]。截至 2020 年 11 月底，中国裁判文书网已上传超过 1 亿份判决书，网站总访问量超过 500 亿，为媒体和公众了解审判信息提供了便捷高效的平台。如近年来颇受公众欢迎的司法案件庭审直播，法院不仅会在微博直播，还会在抖音、快手等广受欢迎的短视频平台传播庭审关键环节的短视频，法院自媒体记录庭审现场的方式把满足公众知情权落到了实处。

二、记录法治发展历程

媒体记录的法治信息是后人研究不同历史时期国家法治情况的重要依据。文字产生之前，古人遵从的是习惯法，统治者往往是"言出法随"，法的传播方式是"口耳相传"。文字产生后，统治者把希望他人遵从的个人意志刻在动物的外壳或者骨头上，法的传播方式是物以载"法"。纸张发明之后，通过文字传播的新闻被称为手抄新闻或者书写新闻，法律文本的传抄和传播也愈加广泛。"近代已经出现了专门从事涉法事件报道的记者，如 1864 年香港出版的《华字日报》，设有专职的'法院记者'，专门从事案件报道"[2]。一些报纸揭露官吏钻营谋私、曝光军阀贿选丑闻、讨论宪法效力，宣传民主法制思想、土地改革政策及相关法令，这些都说明媒体记录已具有一定程度的法治精神。今天看来，上述这些手抄新闻、报纸等媒介已成为今人了解不同历史时期国家法治情况的重要依据，它们为后人呈现了更为多元的"国家-社会"视角下的法治景观。

本着对历史负责的态度，传媒需要对司法案件、司法机构、

---

[1] 《最高人民法院关于推进司法公开三大平台建设的若干意见》，载 https://www.chinacourt.org/article/detail/2013/11/id/1152225.shtml，最后访问日期：2020 年 12 月 1 日。

[2] 张晶晶：《法治传播：历史、范畴与意义》，载《传媒法与法治新闻研究》2017 年卷。

司法工作者等进行客观报道以记录我国法治发展各阶段的历程、记录社会变迁过程中法治理念的变化。随着信息技术的发展，传统媒体、门户网站、微博、微信等多种传媒（平台）全方位、全天候记录各类法治信息。相对于前人的记录，当今传媒的法治信息记录内容更为丰富、形式更为鲜活、保存技术更为过硬、查询更为快捷。因此，传媒有责任也有能力扮演好中国法治进程记录者的角色，为社会主义法治建设与发展的相关研究助力。

第二节 我国司法公信力建设中的传媒角色采择：宣传者

司法认同与司法信任具有强大的社会整合功能，能够有效缓解社会对立冲突、防止犯罪，是一种国家软实力。传媒长期以宣传者角色报道司法领域的新闻，能够有效提升公众的司法认同与司法信任。

一、普及法律知识，传扬法治理念

（一）增强公众的法治意识

公众法治意识的形成是一个长期过程，是人们将习得的法律知识内化为思维习惯的过程。法治意识可以起到调整作用，使得人们的思想行为与法律规范相协调。"法律要发挥作用，需要全社会信仰法律。卢梭说，一切法律中最重要的法律，既不是刻在大理石上，也不是刻在铜表上，而是铭刻在公民的内心里。"[1]我国专制制度的历史较长，表现为以权压法、以言代法，统治阶层缺乏民主法治观念，民众的法治意识也很淡薄。此外，我国有

---

[1] 中共中央文献研究室编：《习近平关于全面依法治国论述摘编》，中央文献出版社2015年版，第71页。

法律和权力领域被人情介入的积习，导致法律不被民众信仰。在改善上述这些情况、让法律刻进公众的心里的过程中，传媒宣传法律知识和法治理念发挥了重大作用。相对于其他宣传主体，传媒的司法信息宣传，具有传播范围更广、受众数量更多、传播内容更为丰富、司法解读更具贴近性的特征。

传媒宣传法律知识和改革成果有效满足人们认知法律、了解法律的需要。传媒日复一日地通过以案说法等形式传播法律知识，有助于公众不断充实自身的法律知识体系。《民法典》于2020年5月通过，人民日报新媒体中心随即推出3D动画短视频和视频集锦，新华社推出H5小游戏，《今日说法》微信公众号推出了"少年普法官"系列视频，这些信息详细地阐释了民法典中的亮点、民法典诞生过程、民法典的创新意义、民法典与人们生活的息息相关。

传媒宣传热点案件的司法审判可以释疑解惑、加强公众对司法的信任。宣传公众广泛关注的热点案例的司法审判程序、结果等既是司法公开的需要，也是构建司法形象、提升司法信任的有效途径。例如，在"孙小果案"中，媒体持续跟踪报道司法过程，不仅向公众提供了该案件的客观事实、司法机关受理过程等资讯，而且在案件审判后向公众阐释了孙小果定罪和量刑的法律依据，同时向公众传递出各项制约监督司法的制度在逐步完善、各级司法机关会依法独立行使职权等法治精神和理念，这都有利于增强人们对法治理念的深入理解。

（二）有效预防犯罪，维护社会稳定

我国的司法宣传在促使公众"信法"的基础上，进一步促使公众"守法"。传媒宣传在法治和公众守法之间架起了一座桥梁。受访者A01认为："有了影像后，人们在别人的身上看到自己。之前守法、违法也好，人们都觉得只是自己的事情，最早的时候人们可能通过公审大会才能看到别人的命运，现在影像中人们也可以看到了。看到一些事情在别人身上发生时法律和社会是如何规范的，然后人们权利义务的观念慢慢形成。通过对线上线下人们的彼此观察和经验的累积，得出对自己周边环境的认知、对自我的认知、对法治的认知。"[1]

  传媒宣传的司法信息让公众认识到自身行为的界限。当下很多案件中，当事人由于缺乏法律知识，可能出现"法律认识错误"，表现为：当事人没有认识到自己的行为已经触犯法律，或知道自己在实施违法犯罪行为，但未预知到自己将要承担的法律后果。然而在我国，法律认识错误并不影响追究行为人的法律责任。因此，传媒通过宣传司法信息来减少公众对法治认知的局限就显得非常必要。小如交通规则的普及、网络信息发布转发规则的普及、知识产权保护规则的宣传，大如欺诈罪、毒品犯罪、杀人罪等法律的宣传，都为公众守法、防止违法犯罪打下预防针。

  传媒宣传司法案件让公众认识到我国"执法必严、违法必究"的决心。媒体报道司法案件本身就有"普法"效果，诉讼主体的行为合法与否、司法机关如何判案都对公众有示范效果。以"张扣扣案"为例，此案因涉及为母复仇的成分，公众都希望法律能够对张扣扣有所宽容，在司法判决后，媒体宣传的介入让人们意识到这种朴素的正义观已经不符合现代法治的精神，法律不支持"私人救济"等个人复仇。这种"以案说法"让公众意识到"法律至上"的地位，认识到我国执法、司法的严明，从而把遵守法律作为习惯，不抱侥幸心理。

  在具体的司法宣传实践中，公众不再是被动接受宣传的受体，还可以与传媒在新媒体平台上平等地讨论司法案件、发表看法观点，在互动中逐渐增强法律素养，从而自觉守法、预防犯

---

〔1〕 受访者 A01。

罪，维护社会稳定。

二、彰显司法公开、公正、公平，缓和冲突对立

当下我国正处于转型期，贫富差异、城乡差距等诸多社会矛盾与冲突持续且激烈，对公正、公平、权利的探讨出现在各大社交媒体平台，其中不乏对热点话题的讨论。公众对司法公正的期待、对公平正义的追求前所未有，并且他们对公平和正义的价值评判标准非常多元，对法律条款、司法案例存在较多的对立观点，个别关于司法公正的极端观点也时常见诸于各种社交媒体平台，传媒作为沟通中介，通常通过宣传报道来缓解部分冲突与对立，具体包括通过对司法案件的解读、对司法工作人员的正面报道、对司法改革的成果进行宣传等方式来实现。

第一，传媒通过宣传司法审判过程和结果，提升公众对司法公开公正的认同度，减少对司法机构的误解。"于欢案"和"孙小果案"等热点案件中，司法机关密切关注着舆论场动态，通过各种传媒及时公布审判进展和审判结果，并对审判过程和结果进行微博直播，以此彰显司法机构对公众意见的重视，司法案件处理过程的透明公正，弥合意见的分裂，澄清对司法公正的质疑和诋毁。

第二，传媒对司法工作人员的正面报道可以提升公众对司法工作人员的信任度。2020年北京司法行政系统选出十名"新时代司法为民好榜样"，并通过纸媒、微博、微信账号等进行宣传。其中一名工作人员史某，他的工作包括作执法边界裁定，"工作中时常会遇到推诿扯皮的执法争议事项，如违法建设、骑墙烧烤、工地扰民、污水排放等。"[1]，关于如何在法和情之间进行裁定，他说"依照部门三定裁、依照法律规定裁、依照利于问题

---

[1]《勇立潮头 做好法治建设探路者》，载 https://mp.weixin.qq.com/s/NjFF1aCrgylMj1KArEuisg，最后访问日期：2020年12月1日。

解决裁"[1]三条原则。这样的报道让公众感知到司法工作人员的求真、务实、专业和公正，鲜活的案例增强人们对司法工作人员的认可和信任。

第三，传媒通过宣传司法改革成果提升公众对司法工作和前景的满意度，缓和不满和怨愤。当下司法改革直面公众需求，不断创新服务方式和渠道。如开通执法监督平台、公开裁判文书、融合大数据资源和司法办案等。传媒对这些举措的宣传，不仅可以让公众享受到司法改革的服务，直接影响公众对法治建设的切身感受，而且这些举措可以让公众感受到司法公平正义正在以看得见、摸得着的方式来到身边的诚意，缓解其对司法的不满情绪，加强对司法的信任。

总之，我国大部分传媒对司法的宣传报道都传递着司法公平公开公正的正向价值观。以客观事实和法律事实为报道基础，不再追求自上而下的思想灌输，而是重视受众感受，通过多种形式让公众理性而全面地认同我国司法工作，让公众了解司法活动所追求的法律效果和社会效果的统一原则，化解他们的顾虑和担忧，使司法与公众之间的隔阂得以消除，使现实的司法活动真正成为人民的司法。

三、整合民意，提升公众对社会主义法治的信任

宣传是"运用各种有意义的符号传播一定的观念以影响人们的思想和行动的社会行为。"[2]汉语的"宣传"一词是由西方传教士带来的，当时这个词语还是"传道"的意思[3]，后来才开

---

[1]《勇立潮头 做好法治建设探路者》，载 https://mp.weixin.qq.com/s/NjFF1aCrgylMj1KArEuisg，最后访问日期：2020年12月1日。

[2] 李良荣：《新闻学概论》，复旦大学出版社2001年版，第42页。

[3] 刘海龙：《汉语中"宣传"概念的起源与意义变迁》，载《国际新闻界》2011年第11期。

始带有动员的意味,这个演变的过程也是中国摆脱传统社会、走上现代化道路的过程。

政治视域下"宣传"的内涵经历了一定的变迁。在宣传发展的前期,这个词汇和现象是以负面意义为主的,被学界质疑和批评,其通常被认为是"通过操纵象征符号进行"[1]。如拉斯韦尔在《世界大战的宣传技巧》中认为宣传"通过故事、流言、报道、图片以及社会传播的其他形式,控制意见。"[2]吉登斯认为宣传的主要内容是"灌输、传达某种理论、观点、信念、主张"[3]。在这个阶段,宣传是有明确意图的,是要通过传播来"左右和影响公众思想行为以及社会舆论"[4]。"在第一次世界大战中,协约国首次采用了大规模的宣传活动。冷战中,宣传则发展成为国家功能之一,敌方国家的宣传活动使得己方必须存在宣传,功利地压倒了关于宣传合理性的讨论"[5]。

随着现代化的发展,宣传进入"整合宣传"的语境中,之前的宣传被认为是鼓动宣传,特征是短时间内激起人们的感情、改变人们的行为;而整合宣传是一种制造一致和服从的宣传[6]。为了使社会形成一致的行为模式和思维方式,宣传开始从长期的效果着手,致力于改变人们的认知模式,特点是诉诸理性,让个

---

[1] 刘海龙:《宣传:观念、话语及其正当化》,中国大百科全书出版社2013年版,第37页。

[2] 刘海龙:《宣传:观念、话语及其正当化》,中国大百科全书出版社2013年版,第37页。

[3] [英]安东尼·吉登斯:《民族-国家与暴力》,胡宗泽等译,生活·读书·新知三联书店1998年版,第67页。

[4] [美]哈罗德·D. 拉斯韦尔:《世界大战中的宣传技巧》,张洁、田青译,中国人民大学出版社2003年版,第193页。

[5] 刘海龙:《西方宣传概念的变迁:从旧宣传到新宣传》,载《国际新闻界》2007年第9期。

[6] 马静:《从宣传概念演变看我国对外传播的理念革新》,载《新闻世界》2010年第9期。

体接受既有的价值观、意识形态，与周围人保持一致，使用神化、民族意识、常识、习惯、意识形态等，通过群体的约束使个人接受某种宣传[1]。

  我国的司法宣传更符合"整合宣传"的特征，具有正向价值引导的传播意义。"宣传概念在中国的登场，一直伴随着鲜花与掌声"[2]。"马克思和恩格斯通常是在广义上使用宣传这个概念的，它既指观点、学说的传播，也指事实本身造成的影响。他们一向把宣传和组织并列为最有力的行动手段，但拒绝承认宣传万能"[3]。"大力报道基层先进典型、潜力挖掘基层创新经验、唱响司法行政'好声音'、讲好司法行政队伍故事、不断创新宣传报道方式"[4]等五方面内容是司法宣传报道的重点。在各级党委宣传部、各级政法委、各级公检法司机构的主导下，主流媒体、网络新媒体、司法机构的官方自媒体成年累月地根据国家发展需要和舆论场特征推出各种系列的宣传报道，宣传报道主题丰富、形式多样，旨在营造良好的涉法舆论氛围，让公众了解我国推进社会主义法治进程和司法改革的决心与举措；向社会树立司法部门的新形象，传播正能量；扩大司法信息覆盖面和社会影响力，在向公众提供服务信息的同时提高人们对司法的信任。任何坚定的信任乃至信仰都不可能通过短期宣传树立，司法涉及权力和权利的保障，公众需要长时间的认知才能建立起基本的司法信

---

  [1] 刘海龙：《宣传：观念、话语及其正当化》，中国大百科全书出版社 2013 年版，第 304 页。

  [2] [美] 费约翰：《唤醒中国：国民革命中的政治、文化与阶级》，李恭忠、李里峰等译，生活·读书·新知三联书店 2004 年版，第 178 页。

  [3] 陈力丹主编：《马克思主义新闻观百科全书》，中国人民大学出版社 2018 年版，第 3 页。

  [4]《司法行政宣传：充分发挥媒体作用 营造良好舆论氛围》，载 http://media.people.com.cn/n1/2017/0930/c40606-29568796.html，最后访问日期：2020 年 12 月 1 日。

任,媒体的宣传报道一方面为公众提供了认知司法的渠道,另一方面不断输送关于司法的正向价值,有助于公众建立司法信任乃至法治信仰。

第三节 我国司法公信力建设中的传媒角色采择:监督者

监督是传媒的天然使命,媒体监督是司法监督的重要组成。在社会主义法治建设中,传媒的宣传者角色与监督者角色是辩证统一的,尽管报道主题和报道角度有所不同,但都能有效地推动司法进步、维护司法权威。

一、司法需要媒体监督

(一)监督是传媒的天然使命

"依法享有监督权的主体包括机关、团体、组织和个人,按照法律规定,对国家机关及其工作人员在国家管理活动中,是否正确执行国家的方针、政策和法律所进行的监察、督促、纠正的行为。"[1] "传媒虽不是法定的监督机构,不享有对司法机关的监督权力,但它在反映和代表舆论时,享有公民享有的言论自由权、批评建议权和知情权。传媒作为公民实现上述三项权利的载体,客观上具有监督司法的效能"[2]。马克思主持《新莱茵报》时,曾在法庭上为报纸从事的斗争辩护,并阐发自己的主张:"报刊按其使命来说,是公众的捍卫者,是针对当权者的孜孜不

---

[1] 孙国华主编:《中华法学大辞典·法理学卷》,中国检察出版社1997年版,第233页。

[2] 孙旭培:《自由与法框架下的新闻改革》,华中科技大学出版社2010年版,第77页。

倦的揭露者，是无处不在的眼睛"[1]。恩格斯说报纸的首要职责是"保护公民不受官员逞凶肆虐之害"[2]。所谓媒体监督，"是指报刊、广播、电视等大众传媒对各种违法违纪行为特别是国家公职人员的违法犯罪、渎职腐败行为所进行的揭露、报道、评论或抨击。"[3]公众实现知情权的需求和传媒自身的特点，决定了传媒在司法公信力建设中扮演监督者的角色。"中国的舆论监督是媒介以'人民'的名义进行的；舆论是媒介机构发现、选择，并概括表述的代表性意见，因而更具有"监督"的权力实质"[4]。

（二）媒体监督是司法监督的重要组成

严密的法治监督体系是我国社会主义法治体系的重要组成部分，媒体监督是我国司法监督系统的重要组成部分。当前，我国社会主义法治建设还处于不断探索的过程中，作为公权力机构的公检法司部门还存在着司法不公、诉讼效率低下等现象，这些问题对司法公信力破坏极大。以当下社会各界关注的司法腐败为例，与其他形式的腐败相比，司法腐败"否决了人民的权利与自由受侵犯时的最终救济手段，冤无处伸，理无处讲，社会完全丧失对国家、政府、对党的信任感与凝聚力，人心背离，社会动荡"[5]。"一次不公的司法判决比多次不平的举动为祸犹烈。因为这些不

---

[1]〔德〕卡·马克思、弗·恩格斯《马克思恩格斯全集（第6卷）》，人民出版社1961年版，第275页。

[2]〔德〕卡·马克思、弗·恩格斯《马克思恩格斯全集（第6卷）》，人民出版社1961年版，第280页。

[3] 卞建林：《媒体监督与司法公正》，载《政法论坛》2000年第6期。

[4] 郭镇之：《舆论监督与西方新闻工作者的专业主义》，载《国际新闻界》1999年第5期。

[5] 郭道晖：《实行司法独立与遏制司法腐败》，载《法律科学.西北政法学院学报》1999年第1期。

平的举动不过弄脏了水流,而不公的判决则把水源败坏了"[1]。当司法权力在操作过程中出现腐败,对司法公信力的影响是"100 - 1 = 0"的负面作用,即不管其他的方面做得有多好,只要出现一例腐败事件,就会是永远的污点。一个国家遏制司法腐败的强度及效果,直接反映了该国司法系统有序运行的可能及限度,是司法文明的重要风向标。

公开司法才能公正司法,阳光是最好的反腐剂。"由于现代大众传播工具之发达,使公开原则更能发挥监督国家刑事司法之功能,因为经由新闻记者在法庭之现场采访,以及就审理与审判内容所作之新闻报道,更使公开原则从早期之直接公开,转化为间接公开,除法庭现场直接公开外,尚有大众传播工具所提供之间接公开,而扩大公开原则所及之范围。故与事实相符,且于适当时机发表之新闻报道,自当符合公开之本旨,而为刑诉法所允许。"[2] "推进司法改革,从制度上保证司法机关依法独立公正地行使审判权和检察权……把党内监督、法律监督和群众监督结合起来,发挥舆论监督的作用"[3]媒体监督作为舆论监督的有效组成部分,为我国的监督体系注入了新的活力,成为我国加强司法监督、促进司法公正的一支重要力量。

二、媒体监督推动司法进步、维护司法权威

(一) 监督司法案件以推动司法制度进步

司法进步离不开传媒监督。随着我国经济社会的发展和民主法治的进步,人民群众对司法的需求产生变化,但我国司法体系

---

[1] [英] 弗·培根:《培根论说文集》,水天同译,商务印书馆1983年版,第193页。

[2] 林山田:《刑事诉讼法》,三民书局1990年版,第48页。

[3] 《中国共产党第十五次全国代表大会报告》,载 http://www.cctv.com/special/777/1/51883.html,最后访问日期:2020年12月1日。

还存在着一些不适应、不协调之处。为了发现不适应社会变化的司法制度问题，除了司法机构内部的自察自纠，传媒监督应从更大的社会视野中报道其中的不合理要素，促进社会讨论和司法制度改革。"马克思和恩格斯都认为报刊监督的实质，是以它特有的形式唤起人民对现存法定秩序的不满，以便改造世界，促进社会进步。"[1]

传媒具有聚焦重大司法案件中制度问题的社会责任感和预见能力。"孙志刚案"是传媒监督推动司法制度革新的典型案例。2003年4月《南方都市报》以"被收容者孙志刚之死"为题，披露了孙志刚案的发生经过。经过各大网站转载引起了强烈反响，2003年6月国务院公布《城市生活无着的流浪乞讨人员救助管理办法》，自2003年8月1日起施行。"孙志刚的死最终促成了一部实行了21年的国家法规的废止。这是因为孙志刚的勇敢和不幸以及媒体、学者和许许多多向前的人穷追不舍的呼吁"[2]。值得关注的是，在这个案件发生之前，《南方周末》就对我国的收容制度作出了详尽的调查和质疑，认为这项制度最初设计旨在保护救济人，却在施行中演变为非法制裁人。即使在"孙志刚案"发生之后，《南方周末》刊登的学者专家对此项制度的探讨，也是从《收容：修正"办法"，还是彻底废除》这样理性的、建设性的角度出发，没有完全赞成或彻底废除此项制度，认为革新制度并不是简单地废除制度。

党中央、全国人大、司法部等核心领导机构更加认同传媒在司法制度建设中的监督作用，并要求"在重要刑事司法政策出台前，广泛听取社会各方面意见建议。充分发挥新媒体平台

---

[1] 陈力丹主编：《马克思主义新闻观百科全书》，中国人民大学出版社2018年版，第14页。

[2] 洪俊巧：《两个人的死和舆论监督》，载http：//news. sina. com. cn/o/2004 - 01 -03/02541491616s. shtml，最后访问日期：2020年12月1日。

作用，积极畅通民意沟通渠道。加强与新闻媒体沟通，健全新闻发布会制度，及时发布重大案件审判等权威司法信息，主动接受舆论监督"[1]。

(二) 监督司法过程以维护司法权威

当下我国司法过程存在司法工作人员专横和武断的现象、存在影响司法裁判人情要素、存在法律事实认定不清等问题，这其中任何一个问题引发的判决不公都会对司法公信力造成极大损害。

司法只有遵循"官方行动与法律之间的一致性"[2]，司法权威才能树立。在办案过程中，传媒的监督力量可以促使司法机构秉公执法、确保司法程序和审判结果公平公正，促使司法工作人员提高个人能力、律己廉洁。如果判决结果出现问题，传媒的监督报道可以影响或者矫正司法机构及其工作人员重新审视或修改判决结果，最终达到司法与法律一致、维护司法权威的目的。由于法律事实认定错误而造成的错案冤案极大地损害了司法权威。"根据有关调查统计，在100个错案中，不到1个是适用法律错误，大量错在法律事实认定上。"[3]"呼格吉勒图案"中，存在受害者体内的凶手所留精斑未进行比对并丢失、呼格吉勒图笔录并未供认不讳等诸多疑点。新华社记者发布多篇内参向相关部门反映该案，最后相关部门启动追责程序，对该案中负有责任的司法人员进行了追责。可见，传媒监督不仅让案件的当事人重新得到了公正的判决，感受到了司法终归是正义的；而且让司法工作人员为当时法律事实认定的过错付出代价，也让公众看到了我国司法有错必究的决心，司法的权威得以捍卫。

---

[1]《最高法院关于加强刑事审判工作情况报》，载 http://jszx.court.gov.cn/main/SupremeCourt/246195.jhtml，最后访问日期：2020年12月1日。

[2][美] 富勒：《法律的道德性》，郑戈译，商务印书馆2005年版，第25页。

[3] 赵蕾、苏永道：《司法鉴定改革期望结束乱象》，载 http://comment.anhuinews.com/system/2006/10/26/001590083.shtml，最后访问日期：2020年12月1日。

第四章 我国司法公信力建设中的传媒角色扮演

基于对我国司法公信力建设中的传媒角色采择的认知,结合司法公信力建设中具体的新闻传播实践,本章对传媒在司法公信力建设中的记录者角色、宣传者角色、监督者角色的角色扮演进行了论述。

第一节 我国司法公信力建设中的传媒角色扮演:记录者

作为记录者,传媒每天提供司法资讯、特写、专题等,记录我国司法进程的小脚印和里程碑,既及时为大众提供司法资讯,又悄然记录着我国司法改革的点点滴滴以汇成司法进程的长卷。传媒通过新闻消息、通讯、直播、专题等多种形式扮演记录者角色,其中消息形式最为常见,在全媒体时代专业传媒和司法机构的自媒体都频繁地应用直播形式向大众及时传递司法信息。

一、记录司法资讯

司法作为现代国家权力行使的表现之一,与国家的政治、经济、文化发展紧密联系,也影响着公众个体的工作与生活。绝大多数新闻媒体都会报道司法资讯,大部分新闻媒体会开设法治新闻版面或者法治新闻栏目,甚至法治频道来报道司法资讯。司法资讯报道的对象十分广泛，司法领域发生的任何新事件、新变化、新观点、新近的案件审判结果等都可以作为资讯报道对象。从法治新闻业务实践来看，司法资讯篇幅短小，报刊报道通常在百字左右，广电媒体报道以口播、短视频等形式呈现，作品需要兼具新闻价值和法治价值。此类司法资讯新闻作品以记录司法领域的新发展、司法案件审判的新进展、司法研究的新观点等为主要目标，通过简短的资讯向受众传递新闻事实，部分资讯报道兼具宣传目的，再向受众提供事实的基础上宣传司法领域的优秀成果、好人好事等。

记录者角色记录的主要标准包括：其一，新闻资讯的法治价值能否在当下显著呈现；其二，新闻资讯是否具有历史价值，即是否可供后来人了解当今的司法实践，为国家和社会的司法发展提供参考借鉴。法治价值和历史价值既是记录者角色选取和记录新闻资讯的主要标准，也是记录者角色新闻实践的主要目的，同时，二者也为记录者角色能否有效完成记录工作提出了诸多要求。无论是案件审理结果，还是司法领域的新变化，记录者都需要用简洁的文字（或话语）说明新闻的六大基本要素，公众一看（听）即明。全媒体时代，记录者还需要在第一时间通过全媒体平台发布新闻资讯，或通过多家合作媒体转发，以此扩大传播效果。

"中国最高法院宣判'乔丹'商标争议案损害姓名权的3件'乔丹'商标应予撤销"

2016年12月8日上午，中国最高人民法院对乔丹商标争议系列案件进行了公开宣判。涉及乔丹商标的三件案件因争议商标的注册，损害了美国NBA著名篮球明星迈克尔·杰弗里·乔丹对乔丹享有的在先姓名权，违反商标法规定。最高人民法院认定国内知名体育公司乔丹公司的三件乔丹商标应予以撤销，判令商标评审委员会重新作出裁定。在其余7件案件中，最高人民法院依法认定，再审申请人迈克尔·杰弗里·乔丹对汉语拼音"qiao dan"，不享有姓名权，驳回了他的再审请求。乔丹公司是国内具有较高知名度的体育用品企业，其商品或服务拥有乔丹或汉语拼音"qiao dan"等注册商标。针对乔丹公司的多项商标，篮球明星迈克尔·杰弗里·乔丹向商标评审委员会提出撤销申请，商标评审委员会此前均裁定驳回其申请，迈克尔·杰弗里·乔丹不服，提起行政诉讼。8日当天，最高人民法院公开宣判乔丹商标争议行政纠纷10件案件，明确了相关法律、适用标准，合理地均衡了再审申请人与乔丹公司的利益。最高人民法院在判决中强调了诚实信用原则对于规范商标申请注册行为的重要意义，以及对净化商标注册和使用环境、保护消费者合法权益等具有积极意义。对于本次公开宣判的10件案件，最高人民法院依法组成了由副院长陶某元大法官担任审判长的5人合议庭进行审理。在2016年4月26日即世界知识产权日，合议庭对10件案件进行了公开开庭审理，受到了国内外新闻媒体以及社会各界的广泛关注。据了解，关于商标行政纠纷中，涉及在先姓名权保护的标准和条件等问题，在国内司法实践中一直不明确，最高人民法院在本案判决中所产生的法律适用标准，对于统一此类案件的裁判标准将产生重要影响。[1]

（中国国际广播电台2016年12月8日播报）

美国篮球明星迈克尔·杰弗里·乔丹与中国乔丹体育股份有限公司之间的商标争议行政纠纷案件因涉及中国对知识产权的法

---

〔1〕 根据音频资料整理。

第四章 我国司法公信力建设中的传媒角色扮演

律保护这一敏感问题而备受国内外媒体和公众关注,中国国际广播电台在最高人民法院于 2016 年 12 月 8 日上午宣判结束后,立即通过国际台华语环球广播、新浪微博等新老媒体平台发出审判结果,并被国际台日语、蒙古语、越南语、阿拉伯语、葡萄牙语、罗马尼亚语广播翻译播出以及其他中外媒体转发。该消息报道内容简洁,对案件审判结果及最高人民法院裁定的基本原则阐述清晰,并在消息最后说明了该案审判结果对今后统一此类案件裁判标准的意义。该新闻既是对当下热点案件审判结果的记录,也是对中国知识产权法律保护历程中的"一小步"的记录,当这种时下热点、历史节点的案件审判记录达到一定数量便会成为法治进步的里程碑,面向世界各国的全媒体记录不间断地向世界如实传递着中国的司法进程和国家司法形象。

"首家互联网法院落户杭州"

全国首家互联网法院 2017 年 8 月 18 日落户杭州。来听记者袁奇翔、徐锦萍、何冰倩的报道:

【压混现场音】请周院长和车书记为互联网法院揭牌。(掌声)

上午 9 点,最高人民法院院长周某和浙江省委书记车某共同为杭州互联网法院揭牌。杭州互联网法院管辖杭州地区涉网案件。在审判方式上颠覆传统。杭州互联网法院院长杜某:

【出录音】诉讼流程从"线下"到"线上",庭审从"面对面"变为"互联网连线",最大限度提升庭审效率,方便老百姓诉讼。

杭州是"中国电子商务之都",涉网案件一直位居全国前列。早在两年前,杭州就已经开始试行网上法庭审判。2017 年 6 月,中央深改组会议审议通过了《关于设立杭州互联网法院的方案》。试运行阶段的杭州互联网法院，成功办结了涉及网络借贷的首起案件。杭州互联网法院审判员黄某：

【出录音】节省了诉讼开支，实现了从立案、送达、证据交换、庭审、调解到判决全流程在线解决。

原告重庆阿里巴巴小额贷款公司诉讼代理人：

【出录音】一共才一万多的债务，来一趟花钱又花时间，网上开庭不用奔波，省钱省力。

浙江省高级人民法院副院长朱某远：

【出录音】不仅打官司将如同"网购"一样方便，"网购"也如同在实体店消费一样有了司法保障。[1]

（浙江之声2017年8月19日播报）

互联网已成为中国政治、经济、文化等领域发展的必需和推动力，但其高速发展带来的纠纷也日益增多。为提高解决电子商务纠纷的效率，杭州互联网法院于2017年5月试运行。2017年6月中央全面深化改革领导小组会议通过《关于设立杭州互联网法院的方案》。2017年8月18日，互联网法院在杭州正式成立。杭州互联网法院是全国首家互联网法院，网上审理案件突破了时空限制，最大程度地方便了当事人诉讼，有效提升了司法效率和人民满意度，是司法体制改革和中国法制史上的里程碑事件。记者在互联网法院揭牌的第一时间记录了揭牌现场的声音，并采访互联网法院院长和审判员、浙江高院副院等人"记录"互联网法院成立的背景、特色、意义和作用等。被访者的话语经编辑后简单平实、一语中的，重庆阿里巴巴小额贷款公司诉讼代理人通过切身经历说明互联网法院在当今高度重视商业效率的中国存在的必要性，浙江省高级人民法院副院长朱某远通过将诉讼的便捷

---

[1] 根据音频资料整理。

度比喻成当今中国最普遍的商业交易"网购"这样形象的比喻，将互联网法院在时下中国应运而生的重要性说得生动形象。当若干年后的人们通过查看（听）这条法治新闻能够清晰地了解互联网法院从筹备到成立的时间线、特色、作用等，而且还能够基于那时中国法治建设和社会发展情况来比较今天互联网法院成立的初衷和当时的运营情况，进一步总结网络司法审判的经验，探索新时代中国特色社会主义的司法审判改革路径。

二、记录司法案件

司法案件报道是最常见、最被受众关注和喜爱，以及普法效果最好的法治报道类型之一。通常情况下，记者会根据案件诉讼进程对案件进行连续报道或者专题报道。案件报道的选题通常是影响国家主权或国家安全的、与大众生活密切相关的、近期犯罪率较高等方面的司法案件，例如，窃取国家机密的案件、网络诈骗案件、离婚案件、保护未成年人案件等。针对尚未宣判的案件，采编人员通常作程序报道，执行严格的报道标准，即"对尚未提起公诉的刑事案件，一般只在立案、采取强制措施、侦查终结、移送审查起诉等环节，进行程序报道。对于提起公诉的刑事案件，可根据起诉书的内容同时报道涉嫌犯罪的事实，但对具体案件情节特别是可能发生变化的涉案数额等，要保持足够的审慎。"[1]不能无视诉讼程序进行预先定性的报道和评论，也就是不得进行媒体审判。针对已经宣判的案件，"可以根据公开的裁判文书进行报道和评论，但应尊重司法权威。对不公开审理的案件进行报道，应以判决书披露的内容为限。"[2]在法院宣判之

---

[1]《媒体人新闻业务守则》编写组编著：《〈媒体人新闻业务守则〉释义》，中国政法大学出版社2015年版，第216页。

[2]《媒体人新闻业务守则》编写组编著：《〈媒体人新闻业务守则〉释义》，中国政法大学出版社2015年版，第216页。

后，媒体会在可公开的范围内对案件事实和法律事实进行报道，在报道事实的基础上对案件的定罪和量刑进行解读，"事实报道＋解析评论"的案件报道模式一方面客观、完整地传递了案件及其审判的基本情况，另一方面对定罪和量刑的解析和评价是向受众普法的绝佳途径，也起到了预防犯罪的效果。

　　基于"记录者"角色的案件报道的主要形式是资讯报道、专题报道和直播报道。资讯报道通常简要介绍案件按照司法审判程序进行到了哪一环节、有什么样的结果，记录案件走司法程序的阶段性成果。案件专题报道通常在案件审判之后，较为详尽地阐述案件的基本事实、审判依据和审判结果，记录当下社会关注案件司法审判过程的关键点，通过专题讲述案件涉及的法律，向受众普及法律知识、预防犯罪的发生。庭审现场的直播报道早在1998年已在我国开始，时任我国最高法院院长肖扬曾在全国法院教育整顿工作座谈会上指出要逐步实行电视、广播对审判活动的现场直播，而后中央电视台对北京市第一中级人民法院审理的国内十大电影制片厂起诉著作权被侵案进行庭审全过程直播，广州市中级人民法院对"两枪一斧"抢劫案进行了连续三天的直播报道。随着互联网的发展和社交媒体的兴起与普遍应用，案件报道演变为司法机构和媒体双主体全媒体报道组合。司法机关凭借审判主体的天然优势，在可公开的范围内采用互联网直播的方式传播庭审现场和判决结果。与广播电视传统媒体直播相比，互联网直播，尤其是微博直播庭审现场具有一定的延迟性，并非镜头内外实时同步。尽管如此，移动互联网快速发展背景下的互联网庭审直播最大程度地扩展了庭审旁听空间，使庞大的互联网用户仿佛"身临其境"般地前往法庭现场旁听司法审判，感受司法公开。

　　从现实社会发展维度看，客观的案件报道较为完整地记录了案件事实、审判经过、定罪和量刑的法律依据和道德准则，既能有效传递司法审判信息、维护司法尊严，又能产生法治宣传、防止犯罪、宣扬公平正义等传播效果。从历史发展的维度看，大量、持续、客观的案件报道有助于后来人了解当今的国家政治法治和社会发展情况，理解中国特色社会主义法治建设的历史变迁和未来发展方向。中央电视台《法治在线》栏目制作《解密于欢案》，客观全面地报道"于欢案"的案件事实、法律依据和审理过程，为公众带来一堂生动专业的法治公开课，有效推动法治建设、营造法治氛围。首先，节目独家专访了于欢案二审的三名出庭检察员，通过检察员讲述执法记录仪和周边监控录像中的案件情景，尽可能为公众梳理案发经过、还原案件事实；其次，节目独家获取到于欢母子的审讯视频，经由相关当事人陈述，重新呈现当事人心理动态和行为动机；再次，节目采访到案发时的多名目击者，如张某平和马某栋，从他们的角度回忆案件经过，成为案件还原的有力补充；最后，节目邀请阮齐林等法学专家解读相关法律适用，通过释法说理，回应于欢案的法律适用和审理过程。关涉"于欢案"的海量信息中，《解密于欢案》节目力图从专业、客观和通俗的角度，记录案件事实、抓取案情关键点以及解答公众质疑，真正地做到了不偏不倚地监督司法运行，促进司法公开，引导受众以理性方式参与司法建设，体现出复杂舆论场中主流媒体的使命与担当。

　　司法报道除了遵循客观性原则，中立理性地记录案件事实、法律适用和审判结果，还会表达人文关怀，真挚感性地记载相关人员的遭遇、情感与状态。聂树斌案的平反在中国法治史上具有重要意义，它一定程度上促进了司法公正、树立了司法权威、推动了法治进程。澎湃新闻的记者在报道聂树斌案时，不仅关注到聂树斌案的法治价值，还表达出对聂树斌家人的情感关怀。

三、记录法治现象

改革开放40年来,我国法治建设取得了令人瞩目的成就,在这一进程中,媒体发挥着重要的记录作用[1],表现在如下三个方面:

第一,记录从"法制"到"法治"的司法理念变化。1982年《宪法》在序言中首次规定"不断完善社会主义的各项制度,发展社会主义民主,健全社会主义法制。"1999年,第九届全国人民代表大会第二次会议通过的《宪法修正案》中增加"中华人民共和国实行依法治国,建设社会主义法治国家"[2]。从"法制"到"法治",这一变迁反映了我国司法理念的巨大进步,标志着在健全的法律制度下,我国从人治走向法治,从静态强调制度到动态关注治理。我国媒体记录下由"制"到"治"的关键转向,主要体现在法治媒体的名称变化上,如《四川法制报》更名为《四川法治报》,《法制日报》也正式更名为《法治日报》,"一字之变却充分体现了媒体与我国社会主义民主法治建设同频共振的决心与信念"[3],也展现出媒体对法治建设进程的充分记录。

第二,记录依法治国战略的发展演进。"从党的十一届三中全会强调加强社会主义法制建设的重要性和必要性,到十五大正式确立依法治国基本方略,到十八大与时俱进地指出必须要坚持全面推进依法治国,再到十八届四中全会为贯彻落实全面依法治

---

[1] 程果:《改革开放以来媒介在中国法治进程中的功能分析》,载《中南财经政法大学研究生学报》2010年第2期。

[2] 金成波:《从"法制"到"法治"是党依法治国理念和方式新飞跃》,载《中国纪检监察报》2018年3月26日,第2版。

[3] 《从法制到法治,媒体掌门详解"更名"》,载http://media.people.com.cn/n1/2020/0803/c40606-31807121.html,最后访问日期:2020年12月1日。

国做出全方位多环节的战略部署,当下十九大又进一步强调更加深化依法治国实践。"[1]在依法治国战略不断落实和发展的过程中,媒体忠实地记录、解读和传递每一阶段的战略精神和实施状况,记载下我国法治进程中的每一个进步瞬间。

第三,记录经典案例对法治建设的推动。一些司法案例在我国法治建设进程中起到了至关重要的作用[2],通过处理具有代表性的法律纠纷,我国法律制度得以不断完善,司法改革能够不断进步。例如,2003年"孙志刚案"引起社会公众对收容遣返制度的广泛探讨,推动《城市生活无着的流浪乞讨人员救助管理办法》的改进与调整。又如,2016年"山东非法经营疫苗案"促使国务院发布《国务院关于修改〈疫苗流通和预防接种管理条例〉的决定》(已失效),推动疫苗生产、流通和管理机制的进一步规范。这一过程中,媒体不仅在当时扮演着传递消息和告知公众的记录者角色,更通过大量、完整的跟进报道,记载着这些案件从个案审判到法律调整的全过程。

第二节 我国司法公信力建设中的传媒角色扮演:宣传者

传媒在司法公信力建设中扮演着"宣传者"角色,主要体现在三个方面:一是普及法律知识和改革成果,二是塑造司法形象和司法威信,三是构筑法治观念和法律环境。

---

[1] 吴娟:《改革开放以来依法治国战略举措研究》,东北师范大学2019年硕士学位论文。

[2] 寇佳丽:《从法制到法治40年的一字飞跃》,载《经济》2018年第18期。

一、宣传法律知识和改革成果

传媒对司法的科普宣传是推动司法走近民众的重要路径。作为司法与民众之间的沟通桥梁，传媒能够将专业晦涩的法律知识转化为生动有趣的普法故事，使民众从心底熟悉、理解和支持司法，进而拉近司法与民众间的距离。传媒对司法的宣传普及表现在三个方面：首先，传媒在司法报道中普及和宣传法律常识；其次，传媒通过生动有趣的内容形式阐释法律法规；最后，传媒是展示司法改革成果的关键阵地。

第一，传媒通过报道司法案件普及法律知识。媒体报道司法案件时，不仅向公众展示案件事实和裁判结果，还为公众解读法律依据和审理经过。通过媒体简洁、清晰地梳理报道，公众得以了解受害人的何种合法权益受到法律保护、犯罪嫌疑人的不法行径触犯哪款法律条文、法律规范如何具体适用以及司法审判如何逐步推进，抽象复杂的法律知识在案件报道中变得简单具象，从而更便于为公众所理解和运用。如山东省高级人民法院以"图文+视频"直播的形式公开二审"于欢案"，针对"警察是否涉嫌渎职""高利贷是否违法""暴力讨债是否涉黑"以及"于欢是否构成正当防卫"等法律争议问题一一作出解答，审理过程中法院不仅直接回应公众质疑，而且在解答的同时普及相关法律知识，论证司法裁判结果的合理性和合法性。这次直播审理"给全民上了一堂生动的法治公开课"[1]，很大程度上推进司法公开，使公众身临其境地学习法律常识、感知司法公正。

第二，传媒助力解读、诠释及传播法律法规和司法政策。一

---

[1]《代表通道 | 张甲天：于欢案公开庭审给全民上了一场生动法治课》，载 https://news.sina.cn/2018-03-09/detail-ifyscafs2919714.d.html?from=wap，最后访问日期：2020年12月1日。

第四章　我国司法公信力建设中的传媒角色扮演

方面，媒介本身具有教育功能，其重要职责就是"向受众传递有益于其生存与发展的有用信息"[1]，宣传和普及法律政策是传媒开展法治教育的主要内容；另一方面，法律语言通常专业而深奥，公众受制于有限的法律知识，一般情况下难以自发接触和理解法律条文，需要借助传媒搭建起司法与公众之间的桥梁。媒体往往采用三种路径来解读、宣传法律法规和司法政策：一是由具有法律知识的专业媒体人，抽丝剥茧地摘取、概括和讲解重要信息和动态走向，使公众快速清晰地了解新法新规，如人民网制作的《数读最高人民法院工作报告》[2]（图4-1），就是以数据、长图的形式条理清楚地展示最高人民法院的政策服务和工作情况。二是邀请法律政策制定者、法学专家或学者，围绕立法草案的争议问题和司法、执法的适用难题作专业探讨和权威解读。这种贯穿于立法、司法和执法各个阶段的新闻报道，大大加深了公众对法律法规的理解和认同。如公布《民法典》草案时，大公网记者便采访了中国人民大学法学院院长王轶，由他来为公众解读《民法典》草案亮点[3]。如《民法典》颁行后，澎湃新闻发布《事关每个人！专家带你一起解读〈民法典〉》一文，通过中国人民大学副校长王轶的讲解，公众了解到《民法典》所要解决的是"如何看待人，如何看待家，如何看待社会，如何看待国家，如何看待人类，以及如何看待自然这几方面的问题。"[4]三是借助抖音、今日头条等当下公众较为喜闻乐见的自媒体平台，

---

[1] 朱万曙：《论大众传播媒介的教育功能》，载《新闻大学》1995年第4期。
[2] 《数独最高人民法院工作报告》，载http://lianghui.people.com.cn/2020npc/n1/2020/0526/c431623-31723262.html，最后访问日期：2020年12月1日。
[3] 《专家解读民法典草案7大亮点 与百姓生活息息相关》，载http://www.takungpao.com/news/232108/2020/0523/452615.html，最后访问日期：2020年12月1日。
[4] 《事关每个人！专家带你一起解读〈民法典〉》，载https://www.thepaper.cn/newsDetail_forward_9751313，最后访问日期：2020年12月1日。

利用短小精悍的法治剧讲解法律条文和司法政策,如杭州司法局针对夫妻之间借款行为的法律知识,制作了名为《借条》[1]的短视频,借女主人公丽丽之口详解夫妻之间如果发生借款行为,其"借条"的法律效力及其书写格式。

图4-1 《数读最高人民法院工作报告》部分截图

第三,传媒是宣传司法改革路线、方针、政策及成果的关键阵地。一方面,媒体通过系统分析司法改革战略,详细、准确、权威地向公众传达司法改革动向,使公众能够及时把握新时代法治精神。如检察日报在宣传党的十八大提出的"科学立法、严格执法、公正司法、全民守法"新16字方针时,报道了中国政法

---

〔1〕《快看!〈借条〉系列抖音普法短视频震撼来袭》,载 https://mp.weixin.qq.com/s/GvsY_GtKPrNTP_dVr0-F8A,最后访问日期:2020年12月1日。

大学召开的"依法治国新节点"座谈会[1]，通过记录马怀德、陈光中等多位知名法学专家关于新16字方针的看法，传达出司法改革与民众日常生活的相关性，并解读了司法改革的核心内容及基本精神。另一方面，媒体通过宣传司法队伍的职业化、专业化建设以及司法人员的日常生活和先进事迹，使民众从切实具体的法治故事中了解到司法改革取得的显著成果，进而促进民众对司法的认同、尊重和信任，增强民众对司法工作的理解与支持。

二、塑造司法形象和司法威信

传媒对司法的正面宣传是带动司法走进民众的关键环节。习近平总书记指出："要进一步提高政法工作亲和力和公信力，努力让人民群众在每一个司法案件中都能感受到公平正义"[2]，这说明司法活动应从神秘走向亲切，从相对封闭走向开放，既要彰显威严和神圣，也要释放温情和阳光[3]。只有这样，司法才能进入民众生活，让民众真正知晓司法运行状态、了解司法人员工作、理解司法审判结果并感知司法公平正义。传媒在司法走进人民的过程中扮演着重要角色，其关于司法人员、司法案例的正面报道，大大加深了民众对司法的认知与理解，有助于塑造司法公正、亲切和可信的良好形象。

（一）关于司法人物的正面宣传

司法工作人员作为司法活动的践行者，其言行关系着法律的

---

[1]《"科学立法 严格执法 公正司法 全民守法"新16字方针：开启依法治国新时代》，载 http://cpc.people.com.cn/18/n/2012/1115/c350825-19589561.html，最后访问日期：2020年12月1日。

[2]《习近平：努力让人民在每一个司法案件中都能感受到公平正义》，载 http://cpc.people.com.cn/n/2013/0108/c64094-20125182.html，最后访问日期：2020年12月1日。

[3]《张社军：加强司法宣传 营造正面氛围》，载 https://www.chinacourt.org/article/detail/2013/06/id/999786.shtml，最后访问日期：2020年12月1日。

尊严，其形象在很多场合就是司法机关甚至法律形象的具体化。[1]传媒对司法工作人员精神面貌和工作状态的报道，一定程度上影响着民众对司法的整体印象。

第一，传媒以见微知著的视角记录司法工作人员的日常生活，从真实、平凡却感人的细节中展现司法队伍的温暖与柔情。这种报道使司法工作人员从审判席走入日常生活，既拉近司法与人们的关系，又打动受众心灵，引起人们的认同与共鸣。如封面新闻制作的"民警奶爸"短视频[2]，讲述了辅警潘某与2岁半男童萌萌的感人日常。潘某是凉山州越西县公安局越城派出所的辅警，萌萌的父亲因贩毒入狱后，潘某便将无人照看的萌萌接到派出所照顾。视频中没有警察英姿飒爽的执法场景，也没有严肃宏大的叙事语言，只有潘某为萌萌换衣服、陪萌萌玩玩具等日常片段，却以点滴细节感染民众情绪，使民众感受到警察的温情和可靠。

第二，传媒通过宣传司法工作人员的先进事迹，展示司法工作人员的责任与担当，塑造司法队伍专业、负责、服务、廉洁和高效的职业形象。华龙网刊播的《溜索法官》[3]，便聚焦了重庆市奉节县兴隆镇的一群平均年龄不到30岁的特别法官。视频以层叠的大山、湍急的流水、危险的溜索为开端，交待了法官们艰苦的工作环境和"溜索法官"的由来。视频接着记录了他们的工作情景，因为当地交通不便，这些法官只能经常搭"溜索"渡过湍急河流，到老百姓家里去开庭和普法。除此之外，镜头继

---

〔1〕 孙应征、刘国媛：《略论司法公信力之构建》，载《江汉大学学报（社会科学版）》2010年第1期。

〔2〕 《心酸又暖心！父亲贩毒被抓2岁男孩住进派出所民警当奶爸》，载http://www.thecover.cn/news/1776489，最后访问日期：2020年12月1日。

〔3〕 《"溜索法官"深山送法记》，载https://www.sohu.com/a/288351877_170817，最后访问日期：2020年12月1日。

续追随他们的生活日常,与他们同吃同住同办案,在点滴细节中挖掘他们的性格特色、高尚情怀与职业风范。如主持人问"第一次乘坐溜索的时候,会不会害怕"时,他们都回答到"开始时会害怕";主持人问有没有想过离开大山时,他们也都回答到"想过",但当被问到为何还是选择留在大山里,他们又不约而同地多次提到"职业认同感"。这些回答既表现出他们是有血有肉的普通人,也突显出他们对法治工作纯粹而崇高的信仰。在他们身上,不仅能看到日复一日、脚踏实地走在基层普法前线的司法工作者形象,也能看到全面依法治国的显著成果和无限希望。

(二)关于典型案例的正面报道

典型报道是指"对具有普遍意义的突出事物的强化报道"[1],司法典型案例报道即指传媒选取具有新闻价值、法治意义和时代特征的司法案例进行记录宣传。媒体报道典型司法案例既能够释明法律争议难题,又有助于树立司法公正可靠形象。

一些经典案例报道不仅能阐明一个法律知识,而且能触类旁通地说明一类司法问题[2],解决社会法律争议难题。例如,《民主与法制》杂志关于"全国首例非法代孕监护权纠纷案"[3]的报道——"非法代孕引出全国首例监护权纠纷案"[4],文中既梳理了案件事实和法律争议:代孕生子后,有血缘关系的父亲因病去世,无血缘关系的母亲是否有抚养权;又解释了一审和二审

---

〔1〕 徐玲英:《新媒体环境下典型报道的方法与意义——从邹碧华典型报道案例说起》,载《新闻战线》2018年第13期。

〔2〕 郭彩霞:《大众媒介的政治社会化功能研究——以中央电视台〈今日说法〉栏目为例》,载《中共福建省委党校学报》2010年第12期。

〔3〕《罗荣某、谢某某诉陈某监护权纠纷案》,载 https://www.pkulaw.com/pfnl/a25051f3312b07f3454d90e5fa9743bf5f947be3549fac91bdfb.html?keyword=%E4%BB%A3%E5%AD%95%20,最后访问日期:2020年12月1日。

〔4〕《非法代孕引出全国首例监护权纠纷案》,载 http://www.mzyfz.com/index.php/cms/item-view-id-1172421,最后访问日期:2020年12月1日。

判决的法律依据和道德准则:"依据我国法律,祖父母只有在父母已经死亡或者没有监护能力的情况下才有权利主张孩子的抚养权,……同时从孩子的利益最大化考虑,由陈某来照顾、抚养孩子是最有利于两个孩子成长的。"[1]通过媒体的案例报道,回答了"代孕行为本身违法,但行为的违法性并不必然导致结果的违法性"[2]这一争议性问题。

同时,典型案例之所以成为重点报道对象,是因为其"典型"而非报道[3]。典型案例本身蕴含巨大司法价值,这些案例往往或聚焦社会关注热点,或显示时代发展趋势,如扫黑除恶、反腐倡廉、纠正冤假错案等,都一定程度上反映民主与法治的进步。传媒对典型案例的正面报道,不仅能普及法律知识,而且能彰显案例背后的法治理念和立法精神,宣传国家对法治工作的规划与要求。例如,关于"聂树斌案",一些负面报道可能损害司法公信力,但若从司法进步等正面报道切入,则不仅宣传了"疑罪从无"的法治理念和冤假错案的防范、纠正机制,而且彰显出最高人民法院勇于担当、敢于认错的形象,更体现了国家对人权的司法保障。

三、构筑法治观念和法律环境

传媒对司法的案例解读是促进司法引领民众的主要步骤。传媒以讲故事的方式向公众展示违法犯罪行为、法律适用依据和司法审理经过,公众在收看法治案例的过程中,以轻松娱乐的形式

---

[1]《非法代孕引出全国首例监护权纠纷案》,载 http://www.mzyfz.com/index.php/cms/item-view-id-1172421,最后访问日期:2020年12月1日。

[2] 华东政法大学法制新闻研究中心、中华全国法制新闻协会组织编写:《2016中国年度法制新闻视角》,法律出版社2017年版,第175页。

[3] 华东政法大学法制新闻研究中心、中华全国法制新闻协会组织编写:《2016中国年度法制新闻视角》,法律出版社2017年版,第175页。

接受基础法律常识教育，充分了解到"何为能为，何为不为"，既增强公众法律意识，也培育公众守法思维。

第一，以案释法提高公众维权意识。当公众遇到类似法律问题时，会类比观看过的司法案例，知悉自己的何种权益受到法律保护，并运用司法案例中讲解的维权方式，以司法路径处理纠纷保障自身合法权益。媒体对司法案件的大量报道，营造出人人守法的法治镜像[1]，愈发强化公众的法律信仰和维权观念，在全面推进依法治国的进程中发挥着至关重要的作用。例如，"十几年前还极少有人知道的'民可告官'，现在已经成为基本常识；十年前还非常陌生的'听证'概念，现在已经成为一个耳熟能详的名词。"[2]

第二，以案释法培育人们守法思维。一方面，通过案件解读，人们认识了违法犯罪的构成要件和法律条文的基础含义，进而形成对违法行为的法律预判，厘清正常权利的行使边界，以避免在日常生活中因不知法律而越过法律红线。另一方面，案件解读可以剖析犯罪嫌疑人的作案动机和畸形心理，引导人们正确处理个人与社会的关系[3]，从而以正确价值观疏导人们负面情绪，防止类似案件再次发生。如辽宁省葫芦岛市建昌县发生犯罪嫌疑人驾车故意撞击未成年学生的恶性案件后，北京海淀法院澎湃号发表《悲剧之后，我们如何面对报复社会型犯罪》一文，从"理性看待、提升防控和司法救济"三个方面，引导人们客观理

---

[1] 程果：《新时期我国法制新闻报道的功能分析》，载《科技创业月刊》2010年第1期。

[2] 李刚：《媒体在法治传播中的社会责任》，载《新闻三昧》2008年第9期。

[3] 徐锦华：《案例报道：强化三个功能，减少负面效应》，载《中国广播电视学刊》2007年第3期。

智地调节负面情绪,以消弭极端情绪诱发的犯罪[1]。此外,大量的案例报道还为受众营造出"法网恢恢,疏而不漏"的司法环境,打击人们试图逃脱司法制裁的侥幸心理,警醒人们违法犯罪必将受到法律惩处。

第三,以案释法宣传正确法治精神。法治精神往往蕴藏在司法审判之下,它既是法治实践的反映,也是法治实践的结果[2]。媒体能够以理性、专业的姿态总结案件背后的司法经验,挖掘其法治内涵,进而向公众传递法治精神,引领法治风向。例如,《大众日报》记者关注到济南烂尾楼盘彩石山庄的"优先受偿难题",楼盘由于资金链断裂而烂尾,依照法律规定,"三联集团涉案土地等可供执行的财产层层抵押,享有优先受偿权的是银行等抵押权人,而非购房群众。这个问题不解决,即便启动司法程序,结果可能就是购房群众'颗粒无收',这也是此前法院不予立案的重要原因。"[3]济南中院民一庭庭长赵某红在协调各方利益基础上,创新性地提出让购房人享有优先受偿权,这一意见获得最高人民法院的认可和支持,最终解开耗时6年的"死结"。记者不仅关注到法院关于"优先受偿权"的创新处理,而且注意到依法治国背景下,我国司法机关充分保障人民权益、灵活运用法治思维和创新方式来处理纠纷的法治精神和工作态度。通过媒体对此案件的跟踪报道,人们直观地感受到司法为民、效率优先等社会主义法治内核,加深人们对司法的认可与信任。

---

[1] 《悲剧之后,我们如何面对报复社会型犯罪》,载 https://www.thepaper.cn/newsDetail_forward_2670987,最后访问日期:2020年12月1日。

[2] 樊非:《司法审判对社会主义法治精神培育研究》,西南大学2016年硕士学位论文。

[3] 《烂尾6年成老大难 法治解开彩石山庄"死结"》,载 http://sd.dzwww.com/sdnews/201503/t20150320_12072175.htm,最后访问日期:2020年12月1日。

第三节　我国司法公信力建设中的传媒角色扮演：监督者

由于传媒具有广泛性和权威性，因此在司法监督的诸多形式中，传媒监督被认为是现代法治发达国家一种司空见惯的且比较有效的监督形式[1]。传媒对司法的监督体现在三个方面：一是对涉法事件的监督；二是对司法工作人员的监督；三是对司法条例和司法政策制定、修改的监督。

一、对涉法事件的监督

司法案件成为媒体的重点监督对象，有以下四方面原因：一是司法权运作的内部要求。作为一种公权力，司法机关需要向公众公开其权力运行过程[2]，因而有必要借助媒体的监督报道来实现审判公开。二是满足公众知情权的外部要求。媒体的重要职能就是向公众传递消息，消除公众的信息不确定性，媒体对司法的监督报道是公众获取司法信息的重要途径。三是媒体履行监督职能的本职要求。我国《宪法》第41条规定，中华人民共和国公民对于任何国家机关和国家工作人员，有提出批评和建议的权利[3]，宪法虽然没有直接赋予媒体监督权，但媒体作为公众的传声筒，可以代表公众对司法行使监督、建议权。四是司法案件具有巨大新闻价值。司法案件往往隐含着冲突与矛盾，一些案件还蕴藏巨大法治意义，媒体对司法案件的监督报道符合受众法治需求和新闻传播规律。

---

〔1〕王圣扬、徐海龙：《传媒：应为司法公正发挥作用——关于传媒与司法关系的调查报告》，载《学术界》2004年第5期。

〔2〕王建林：《媒体对司法的监督》，载《河北法学》2004年第6期。

〔3〕《宪法》第41条。

媒体对涉法事件的监督体现在如下方面：

第一，监督司法案件进程，提高司法效率。进入网络时代，信息传播更为迅速广泛，司法案件经由媒体报道，便会传达至各个角落，成为公众关注的热点话题。媒体与公众的围观一定程度上对司法机关形成外部监督，促进司法机关高质量、高效率地完成司法审判。例如，"于欢案"中，"上诉本应是一件耗时且不确定能否达成预期效果的事情，粗略来算'于欢案'的上诉大概需要5个月才能结案，但鉴于本案的社会关注度极高，具有一定的代表性，司法工作紧锣密鼓地推进，仅过去3个月，本案就审理完毕作出宣判。"[1]

第二，防范、纠正司法审判错误，增强司法公正。在媒体的助推下，司法活动的审理程序和实体结果得以在公众的视野下运行，有效地防止、矫正和救济因应立案而未立案、非法取证、刑讯逼供或司法人员能力不足、贪污腐败等原因而造成的冤假错案，提升司法审判的正确性、合理性和合法性。如"呼格吉勒图案"就是通过传媒报道而从幕后走向前台。新华社内蒙古分社高级记者汤某在9年时间里不断为了"呼格吉勒图案"的再审而申诉呼吁，先后发表5篇内参[2]，最终引起公众关注，推动案件审理进程，并纠正案件判决错误。

然而，媒体监督有时会以负面报道的形式出现，一些为争夺流量、抢占市场而出现的不恰当报道甚至可能短时期内会影响司

---

[1] 马丽雅：《舆论监督与法律监督良性互动之研究》，陕西师范大学2018年硕士学位论文。

[2] 5篇内参为：2005年《内蒙古一死刑父母呼吁警方尽快澄清十年前冤案》；2006年《呼市"系列杀人案"尚有一起命案未起诉让人质疑》；2006年《"杀人狂魔"赵志红从狱中递出"偿命"申请》；2007年《内蒙古法律界人士建议跨省区异地审理呼格吉勒图案件》；2011年《呼格吉勒图冤死案复核6年陷入僵局，网民企盼让真凶早日伏法》。

法公信和司法形象。但总体来说，即使是负面或不恰当的报道，媒体监督也在一定程度上助力案件走进公众视野，使司法案件处于审视环境中，防止司法机关枉法专断。如《南方周末》针对"于欢案"发表的《刺死辱母者》一文，文章关于"杜某浩用极端手段污辱苏某霞——当着苏某霞儿子于欢的面"[1]等事实报道严重失真，且仅有于欢一方当事人的言辞，缺少杜家人及涉案警察的证词，有违法治新闻的平衡报道原则。但也正是这篇充满争议的"爆款文章"，推动了"于欢案"成为热点话题，使"于欢案"在全民监督下逐渐事实清晰，并获得公正审理。

二、对司法工作人员的监督

传媒对司法工作人员的监督体现在两个方面：一是防止司法工作人员贪污腐败，影响司法公正；二是防止司法工作人员受到外界干扰，影响司法实施。

"司法机关代表国家行使司法权力，对保证法律实施和维护社会公平正义负有重要责任，因而其自身的公正与廉洁就显得尤为重要。"[2]作为司法活动的实践者，司法工作人员一旦贪污腐败，势必会导致审判不公和冤假错案，这将极大地损害司法公信和司法形象。传媒能够有效监督司法工作者的审判行为，媒体的聚光灯使司法审判脱离暗房，将案件事实、法律适用、审理程序、裁判结果及执行情况完全呈现在公众视线内，因此无论上述哪一环节出现错误，都会被及时揭露和审查。如"郭文思减刑案"，最初是由北京市人民检察院发布官方通告，"北京刑满释放人员郭文思在超市排队结账时摘下口罩，因被老人段某某提醒佩戴口罩而心

---

[1] 王瑞峰、李倩：《刺死辱母者》，载 http://www.infzm.com/content/123659，最后访问日期：2020年12月1日。

[2] 谭世贵：《注重从制度上预防司法腐败》，载《人民日报》2009年6月12日。转引自王秀平：《媒体在遏制司法腐败中的作用》，载《青年记者》2015年第23期。

生不满,将段某某殴打致伤,段某某后经救治无效死亡"[1],随后财新网等媒体报道称,"郭文思曾因故意杀人罪在2005年被判无期徒刑,九次减刑后于2019年7月出狱"[2],郭文思高频率、大幅度的减刑立即引发舆情,人们不禁质疑,究竟是哪些司法人员在助其逍遥法外?其减刑背后究竟隐藏着何种不法交易?在媒体的追踪报道下,北京市委政法委等司法机关迅速调查、回应郭文思违规减刑事件,并依法对涉及腐败的司法人员作出处理。

我国《宪法》第131条规定,人民法院依照法律规定独立行使审判权,不受行政机关、社会团体和个人的干涉。[3]然而,受限于司法体制地方化和司法机制行政化,司法权有时可能受到行政权干预,表现在:一些地方政府、相关部门为维护地方利益、维护社会稳定,以行政权力干预司法进程;部分院庭长可能直接干预审判事务,以行政方式决定案件处理[4]。媒体有时也会由于缺乏法律知识、迎合受众朴素道德观或为夺人眼球、制造爆款而发表不正当评论。但总体来看,媒体对司法的监督,能够有效促进司法公开,使司法运行在阳光之下,保障司法工作人员独立审判。一方面,媒体监督能够防止审判中出现"批条子""打招呼"等违规操作,有助于司法工作人员摆脱上级领导及地方权力机关对其审判工作的影响,切实维护其司法权独立行使;另一方面,即使部分媒体恶意煽动社会负面情绪,试图以媒介审判干涉司法审判,由于案件处于媒体和公众的共同监督之下,错误舆论

---

〔1〕《北京检方依法对涉疫情暴力伤害案件的犯罪嫌疑人郭某某批准逮捕》,载https://www.sohu.com/a/383814596_162522,最后访问日期:2020年12月1日。

〔2〕《北京刑释男子郭文思打死老人 官方称将调查减刑情况》,载http://china.caixin.com/2020-03-31/101536783.html,最后访问日期:2020年12月1日。

〔3〕宪法第131条。

〔4〕龙宗智:《影响司法公正及司法公信力的现实因素及其对策》,载《当代法学》2015年第3期。

和干预因素也能很快得到纠正。

三、对司法条例和司法政策制定、修改的监督

法律并非总能对社会变革进行呼应[1]。随着改革开放的不断深入，市场经济、科学技术、文化社会等领域快速发展，一些新兴事物给人们生活带来便利的同时，也引发了新的风险和矛盾，迫切需要法律自身做出调整，以引导和规制新兴法律问题。媒体在监督司法制定、调整和修改的过程中发挥着关键作用，一是媒体出于新闻敏感性，能精准捕捉到隐藏在事件背后的问题要旨，及时发现法律漏洞；二是媒体具有"传声筒功能"，是链接公众与司法的沟通桥梁，能够汇集公众法治需求，转而以专业、理性的声音向司法输出；三是媒体肩负监督职能，可以跟踪记录司法制定、调整和修改的进度和效果。

山东济南公安破获一起重大非法经营疫苗案，经调查，大量未经冷藏的疫苗类产品流入多个省份[2]。《中国经济周刊》对此发布特别报道[3]，内容包括：一是依照国务院颁发的《疫苗流通和预防接种管理条例》（以下简称《条例》）（已失效），向公众科普"疫苗被分为一类疫苗和二类疫苗"[4]，山东非法经营疫苗案涉案人员没有经营资质，非法疫苗既不属于一类疫苗，

---

〔1〕 张欣：《大众媒体、公共事件和立法供给研究——以 2003－2013 年公共事件为例》，载《法学评论》2016 年第 5 期。

〔2〕《济南数亿元疫苗未冷藏流入 18 省 专家：这是杀人》，载 https://www.sohu.com/a/64361820_152341，最后访问日期：2020 年 12 月 1 日。

〔3〕《媒体三问山东疫苗案：谁在给疫苗贩子打掩护？》，载 https://www.sohu.com/a/67770549_119874，最后访问日期：2020 年 12 月 1 日。

〔4〕 一类疫苗是指政府免费向公民提供，公民应当依照政府的规定受种的疫苗，包括乙肝疫苗、卡介疫苗等。二类疫苗则指由公民自费并且自愿受种的其他疫苗，如水痘疫苗、狂犬疫苗等，还包括可替代一类疫苗的选择，如进口乙肝疫苗等。转引自《媒体三问山东疫苗案：谁在给疫苗贩子打掩护？》，载 https://www.sohu.com/a/67770549_119874，最后访问日期：2020 年 12 月 1 日。

也不属于二类疫苗。二是指出一类疫苗和二类疫苗的流通路径不同,《条例》关于疫苗流通的规定漏洞给不法分子提供了牟利机会[1]。三是通过采访基层疾控部门工作人员和相关业内人士,实地了解到二类疫苗存在生产缺少资质、分销"挂靠"、为压低成本取消冷链运输以及销售方与学校和企业联合,强制组织集体注射等行业乱象[2],并指出《条例》具有监管盲区、监管不力等难题。这篇报道发表后引起国家和社会的广泛讨论与关注,在媒体和公众的舆论监督下,国务院在案发36天后颁布了关于修改此《条例》的决定,针对当下存在的种种问题做出回应。从一起非法经营疫苗案,到《条例》的修正,媒体发挥了重要的监督作用,一方面,媒体关注到案件背后的法治漏洞,通过条文分析和实地调查,指出现有监管困境;另一方面,媒体和公众持续跟进官方处理进程,并针对《国务院关于修改〈疫苗流通和预防接种管理条例〉的决定》作出专家解读,如搜狐网的"新华重庆"邀请国务院法制办、食品药品监管总局、卫生计生委等相关负责人,围绕此决定的热点问题做出回应[3]。

---

[1] "一类疫苗从采购到运输是一条'封闭'的链条,由政府采购并且买单。而且《条例》中明确规定:'疫苗生产企业或者疫苗批发企业不得向其他单位或者个人供应第一类疫苗。'……二类疫苗的流通环节并不像一类疫苗一样严格,'二类疫苗还在批发企业、接种单位之间互相流通,多种流通环节之间产生了巨大了利益空间,苗贩子也就应运而生。'"转引自《媒体三问山东疫苗案:谁在给疫苗贩子打掩护?》,载https://www.sohu.com/a/67770549_119874,最后访问日期:2020年12月1日。

[2] "一类疫苗从采购到运输是一条'封闭'的链条,由政府采购并且买单。而且《条例》中明确规定:'疫苗生产企业或者疫苗批发企业不得向其他单位或者个人供应第一类疫苗。'……二类疫苗的流通环节并不像一类疫苗一样严格,'二类疫苗还在批发企业、接种单位之间互相流通,多种流通环节之间产生了巨大了利益空间,苗贩子也就应运而生。'"转引自《媒体三问山东疫苗案:谁在给疫苗贩子打掩护?》,载https://www.sohu.com/a/67770549_119874,最后访问日期:2020年12月1日。

[3] 《国务院关于修改〈疫苗流通和预防接种管理条例〉的决定》,载https://www.gov.cn/zhengce/content/2016-04/25/content_5067597.htm,最后访问日期:2020年12月1日。

第五章 我国司法公信力建设中的传媒角色冲突

在法治传播实践中，传媒作为某类角色会因其实践与角色期待不符而出现角色内部紧张的情况，同时，"传媒可能同时扮演两种或多种角色，其多重身份之间往往存在着利益冲突，使传媒陷入角色忠诚度的困境"[1]。基于上述分析和本研究调查结果，课题组认为司法公信力建设中的传媒角色冲突主要表现为角色内部冲突与角色间的冲突。

第一节 传媒角色的内部冲突

一、记录者角色的内部冲突

如前文所述，角色冲突指占有一定地位的个体或群体与不相符的角色期望发生冲突的情境，也可以认为是角色扮演者在角色扮演中出现的心理或行为的不适应、不协调的状态。具体表现为两种形式：角色内冲突和角色间冲突。其中角色内冲突是指由于角色互动对象对同一角色抱有矛盾的角色期望而引起的冲突，这里的角色互动对象既可以来自不同类型，也可来自同一类型。结

---

[1] 罗以澄、侯迎忠：《新闻记者的角色冲突与道德失范——兼论记者的职业责任与社会责任》，载《武汉大学学报（人文科学版）》2006年第2期。

合本研究主题和研究对象,法治传播主体对自身的记录者角色的期望和公众对法治传播主体作为记录者的角色期望均包括准确地使用专业术语记录法治事件或法治人物,但法治传播实践中部分传播主体时常出现专业属于错误、法律用语不规范、法律术语混淆等情况,即角色扮演与角色预期发生冲突。同时,个别法治作品在创作或传播的过程中发生侵权行为,也与自身和公众对记录者角色客观记录、维护公平正义和公民权利的角色冲突。

(一)用语失范

传媒报道法治新闻时,既在向公众传递司法资讯,也在向公众普及法律常识。因此,媒体必须严格使用法言法语,遵循法律条文规定,否则不仅影响报道专业性,更会传播错误法律知识。尽管媒体编辑部也要求采编人员做法治报道时必须恰当使用专业术语,采编人员也努力学习法律知识,但仍受制于法律专业水平有限,一些媒体在报道司法案例时仍存在如下法律用语失范问题,主要表现为:

第一,专业术语错误。如同样作为被起诉者,民诉法中将之称为"被告",而刑诉法中则称其为"被告人",虽然二者仅一字之差,却分属不同的诉讼领域,例如,环球人物网报道的《山东辱母案讨债者诉于欢案狱中开庭》一文,文中就把刑事犯罪的于欢称为"被告"[1],显然是案件司法审判涉及的主要用语错误。

第二,法律用语不规范。即表现在部分媒体使用意思相近的其他词汇来代替专业用语,例如,将拘留与逮捕这两种强制行为合称为"拘捕",但法律体系中并没有拘捕一说[2]。

---

[1]《山东辱母案讨债者诉于欢案狱中开庭》,载http://legal.people.com.cn/n1/2019/1030/c42510-31427223.html,最后访问日期:2020年12月1日。

[2] 柯丽娜:《新闻报道中法律误区探析》,载《传播力研究》2019年第1期。

第三，法律术语混淆。一些媒体虽然运用正确的法律术语，但却因混淆了相似法律名词的内涵，而将其使用在不恰当之处。如"宣告"和"告知"，虽然都有"告诉、通知"之意，但前者用于"宣告判决、宣告破产等"，后者则为"处罚告知、权利义务告知"[1]。

法律用语失范问题在一定程度上影响了公众对法律的准确认知，虽然个别媒体的一两次法律用语失范在短期内的影响程度不大，但如果传媒法律用语失范的现象广泛存在，对法律认知的负面影响将是长期的。当公众近距离接触法律问题时，需要应用法律知识维护自身权利时，这种影响就会即刻显现出来。

（二）报道侵权

在进行法治新闻报道时，相对于被报道者，媒体往往处于强势地位。他们对司法案例的报道，通常会影响大众对相关事件和人物的认知与态度。部分媒体并没有意识到这种权力落差造成的影响，在新闻采编过程中，采编人员有意无意地侵犯了被报道人的人身权益。"媒介侵权指媒介传播中发生的损害人格权益行为的简称；指各种传播媒介组织或者其他行为人通过媒介行为进行传播信息活动中损害他人人格权益的行为"[2]。随着媒体的广泛使用，以及媒体对司法报道的关注热度逐步上升，媒体在报道司法案例时侵权的情况也只增不减。其中，多数是对被报道者隐私权、名誉权的侵犯。

媒体在进行司法报道的同时，必然会对被报道事件和人员进行一定的信息披露，这是司法报道的重要组成要素。但是对信息

---

[1] 徐杰、刘慧：《社会化媒体中法治新闻报道的失范及对策》，载《青年记者》2017年第9期。

[2] 魏永征：《从"新闻侵权"到"媒介侵权"》，载《新闻与传播研究》2014年第2期。

披露的量与度的把控,却是媒体需要面对的难题。

第一,部分媒体的报道缺少对被报道者姓名权利的维护。正常情况下,"新闻报道中被诉者姓名隐私属性是按照姓名公布的群体范围、持续长短、区域空间分别讨论其存在性。另外无论被诉者是否被定责或定罪,他们的姓名也具有隐私的属性,新闻报道应尊重其意愿,按其同意与否决定是否公开姓名"[1]。同时,对涉案人员的隐私披露,也会引起不特定受众对特定当事人人格尊严的否定性评价,构成侵犯他人名誉权的后果。尤其是在具有一定社会知名度的公众人物的司法报道中,部分媒体为了争抢热度,在"法律事实"没有确定之前,就披露了部分未查证的信息,造成了公众人物的名誉受损。某些与案件事实无关的语句,不仅没有使用法律语言客观中立地报道案情,还涉及侵犯当事人隐私权和名誉权,更传达出"私立复仇似乎具有正当性"的错误理念。

第二,部分媒体对社交网络上的个人信息滥用,也会造成对当事人的骚扰、伤害以及大肆开展的"舆论审判"。由于社交生态的开放趋势,媒体通过社交网络追踪案件当事人的做法十分普遍。司法案件本身具有冲突色彩、猎奇属性,媒体在揭秘案件当事人详细信息时满足了多数人的窥私欲,只为能博得更多人的眼球。同时在司法案件审理时,司法事实披露是一个长时间的流程,媒体追踪当事人信息,一方面能够填补其信息缺失,另一方面也为媒体猜测案件过程、预测案件结果提供基础,从而在法院之前进行"舆论审判"。这不仅偏离了法律事实,而且也会给当事人带来骚扰,甚至影响其现实生活。此外,媒体对当事人的信息披露只是一个开头。一旦当事人在社会中被定位后,其家人、

---

[1] 邓嵘:《论新闻报道中被诉者姓名隐私属性的保护》,载《福建行政学院学报》2014年第1期。

朋友、同学、同事等相关人员也会受到不同程度的骚扰。在"乐清滴滴事件"后，由于受害者的微博账号被部分媒体披露，这造成了受害者的个人肖像被无节制传播，甚至其家人也不堪其扰，最后只能停止受害人的微博账号[1]。

第三，部分媒体对案件报道中的未成年未尽到保护义务。涉及未成年人的案件容易成为社会关注的热点，也容易引起舆论炒作。一旦信息披露不当或没有做好未成年信息保护，其信息在网络流通后就无法对其进行"回收"或"封存"。尤其是在我国"被遗忘权"还未具体落实的情况下，可能会对涉事未成年人的成长过程中产生"二次伤害"，不利于其回归社会，正常生活。如在沈阳市某村小学教师程某某强奸猥亵女生一案中，有些媒体在曝光作案人的同时忽视了对 6 名被侵害未成年人的信息保护，致使受害人的肖像信息在网络流通，这无疑会给受害人的未来发展造成不良影响[2]。

二、宣传者角色的内部冲突

习近平总书记在党的新闻舆论工作座谈会上强调，要牢牢坚持"团结稳定鼓劲、正面宣传为主，是党的新闻舆论工作必须遵循的基本方针"[3]。正面宣传是新闻事业健康运转并发挥舆论引

---

[1]《滴滴受害女孩的弟弟声明 就让我们最后一次保护那位女孩吧 谢谢》，载 https://m.sohu.com/a/250693982_100132136，最后访问日期：2020 年 12 月 1 日。

[2]《新媒体环境下，案件报道的诸多隐私"雷区"你该怎样避开》，载 https://baijiahao.baidu.com/s?id=1675108827472175795&wfr=spider&for=pc，最后访问日期：2020 年 12 月 1 日。

[3]《习近平在党的新闻舆论工作座谈会上强调：坚持正确方向创新方法手段提高新闻舆论传播力引导力》，载 http://cpc.people.com.cn/n1/2016/0220/c64094-28136289.html，最后访问日期：2020 年 12 月 1 日。

导功能的重要前提和基础[1]，在司法领域，传媒对司法工作的正面宣传同样发挥着重要作用。一方面，媒体通过宣传优秀司法人员和先进司法事迹，帮助司法机关树立服务为民、公正可靠的良好形象；另一方面，媒体通过宣传典型司法案件，帮助司法机关普及法律常识、解决争议难题。然而，过度的正面宣传不仅无法发挥上述功效，而且会引发消极效应。

（一）过度宣传构建出失序的拟态环境

传媒对司法的正面宣传，可能因为报道内容和数量失当，造成公众安全感下降。因为传媒通过记录和传播法治信息，为公众构建了有关法治的拟态环境，"公众即使不直接接触报道内容涉及的客观现实世界，通过对媒介构建的拟态环境的认知，也能对客观世界中存在的法治事件和法治人物进行主观认知和判断。"[2]具体来说，传媒在选取司法、执法案例做正面法治宣传时，需要借助记录侦破或审理细节，来凸显司法工作者恪尽职守的职业形象及公正严谨的专业能力。但如果大量报道恶性犯罪案件或过于详细记录案件细节，则可能给公众营造出社会失序的错误镜像，冲击公众对社会稳定的心理预期。例如，受访者A09提到，"如果说舆论环境是一个大的生态，在这个生态里，经常耳濡目染的事物会对人们的价值观等造成不同的影响。信息这么多，每天传播的如果都是司法领域的腐败、黑暗这些信息的话，每个人都很焦虑、没有安全感，没有信心，希望以暴制暴。"[3]

---

[1] 张勇锋：《舆论引导的中国范式与路径——"坚持正面宣传为主的方针"新探》，载《现代传播（中国传媒大学学报）》2011年第9期。

[2] 王天铮：《媒介拟态环境与法治文化》，载《新闻爱好者（理论版）》2007年第12期。

[3] 受访者A09。

(二) 过度宣传塑造虚假形象

宣传需要说真话，接地气，减少距离感，用活生生的人和事去宣传。长期以来，我国司法政治宣传工作理念都相对落后，内容可能会偏离实际认知。媒体宣传能够搭建法治人物与公众间的桥梁，那么桥梁是否稳固就需要考虑内容的真实性、表达的完整性。为了塑造司法机关中的典型形象，或者突出某个个人、某个集体，部分媒体忽略现实生活的实际情况，把被宣传者渲染成身体和心理承受能力都超出常人认知的"超人"形象，这其实并不能得到公众的认同。反而不利于达到宣传目的，容易给人们制造出对司法体系的不良认知和反面印象。

三、监督者角色的内部冲突

(一) 政治思维与司法思维的碰撞

媒体活动与司法活动遵循的思维方式有所不同，前者更偏向政治思维，后者则是司法思维。两种思维方式经常在司法报道中碰撞与矛盾，"司法的归司法，媒体的归媒体"[1]只能悬置为一种理想状态。

媒体的政治思维来源于两个方面：首先，来自传媒在功能上部分地分享了现代政治的基本逻辑，进而满足了现代政治哲学的基本诉求。"传媒报道通过渲染案件来扩大自身的影响力，背后隐藏的是'权力制约'的政治逻辑"[2]。但是古典政治学在权力制约上强调"权力的内部分立制约"往往存在制约困境。如司法单位和行政单位之间存在着诸多利益瓜葛，原本设想的分权制约容易异化为利益链条上的攻守同盟。而传媒与这些科层式机

---

[1] 封安波：《论转型社会的媒体与刑事审判》，载《中国法学》2014年第1期。
[2] 石聚航：《传媒报道渲染刑事案件的策略及其反思》，载《法商研究》2015年第4期。

构相比,具有"非官方化特点",能够作为权力系统外在的制约机制对刑事司法进行毫无掩饰的批评。其次,"由于中国的转型巨变,人们对司法的评判标准容易被置换为对政治的评判标准,当这种评判标准具有决定性意义并且成为政府形象评估的重要参数时,公众的兴趣以及意见就会成为传媒进行自我生存拓展和发挥社会功能的重要资源"[1]。有鉴于此,传媒在进行司法报道时,会在政治思维中为自己寻找角色落脚点与合理性资源,而司法思维常常处于弱势地位。尤其是在自媒体时代,媒体对司法内容的报道能在瞬时抵达大部分公众的视野,同时在时间上具有持续性和重复性,在内容上具有类似性,相关舆论场快速形成,对司法案件的影响相当强烈。

在政治思维的影响下,个别媒体忽视司法思维,对刑事司法案件的监督强烈攻击。其基本手段包括对来源信息进行加工处理、改造新闻标题和内容以及将司法案件故事化,借此扩大案件的影响力。

第一,部分媒体司法报道时采用冲突框架与对立思维。由于我国处于转型期,多元主体之间利益分配不公,容易出现民意与司法体系、民意与司法官员之间的冲突[2]。媒体在司法案件报道中突出社会矛盾引发公众对照现实,继而持续关注后续相关报道。另外,塑造强与弱,官与民的对立框架也容易吸引受众眼球,这也是媒体无法摆脱依赖此框架的原因[3]。如"个别媒体报道'于欢''唐慧案'案件采用了'冲突框架引起舆论关注+

---

[1] 石聚航:《传媒报道渲染刑事案件的策略及其反思》,载《法商研究》2015年第4期。

[2] 常纡菡:《公案报道中媒体责任再审思——以于欢媒体微博报道为例》,载《郑州大学学报(哲学社会科学版)》2018年第3期。

[3] 袁光锋:《同情与怨恨——从"夏案"、"李案"报道反思"情感"与公共性》,载《新闻记者》2014年第6期。

情感框架引发情感共鸣'的建构策略"[1]。

第二，不同于司法思维对判决结果的认知，部分媒体具有影响审判结果的报道目的。在多数司法案件中，主流媒体通常遵循司法报道的基本规范，避免"媒体审判"。但是在一些具有重大社会影响力的案件中，部分媒体就很难遵守相关规范，通常会以社论、评论的形式对案件审判施加影响，如在"于欢辱母杀人案"中，无论是传统媒体《新京报》还是新媒体"澎湃新闻"，都希望为案件改判发声[2]。澎湃新闻社论说："在公众一边倒地同情'辱母杀人案'的时候，我们期待足以令人信服的正义理据，或者作出正义的修订。"[3]

（二）追求轰动效应替代客观报道

媒体司法监督职能的正常实现需要媒体在司法审判的全过程中始终保持理性、客观，聚焦于司法审判本身，避免将复杂的司法审判简单化、道德化。

第一，部分媒体追求轰动效应，报道失实。司法案件不同于一般新闻事件，持续周期长、复杂程度高，其披露过程不仅需要媒体人持续投入时间，还需要媒体人具有较高的法律素养。但在新闻实践中，部分媒体为了自身的利益诉求，追求轰动效应，无法真实、全面、客观的反映案情。轰动性是这些媒体报道的首选标准，通常以追求视觉效果的猎奇性、娱乐性报道为主，将复杂的案情分切筛选，重新组织为片面夸张、信息失实、恶意炒作的新闻报道，从而收获眼球，换取商业利益。

---

[1] 常纾菡：《公案报道中媒体责任再审思——以于欢案媒体微博报道为例》，载《郑州大学学报（哲学社会科学版）》2018年第3期。

[2] 孙永兴：《论于欢案中的媒体报道特征》，载《中国广播电视学刊》2017年第8期。

[3]《社论|辱母案：期待"正义的理据或修订"》，载https://www.sohu.com/a/130303078_617374，最后访问日期：2020年12月1日。

第二，由于司法案件本身具有冲突属性，部分媒体将复杂的司法审判简单化为一场道德站位的狂欢。媒体将司法案件中对立的人、对立的事件等故事化，演绎、修饰、重组出具有对抗性的符号或形象。如前所述，中国的传统法律文化"重实体，轻程序"，缺乏真正的"程序正义"的理念。这种只要结果公正，程序具有瑕疵也无所谓的观点不仅流通于社会传统观念中，而且对部分媒体影响深远。"这让部分媒体将其运用各种方式获取的信息展现于公众视野，尽管这部分'客观事实'无法得到法律上的承认"[1]。将复杂法律问题变成一个是非分明的道德问题，媒体的这种行为迫使法院不得不屈从于媒体掀起的"公意合流"，放弃"程序正义"理念。这不仅无法使案件获得公正解决，同时让法治观念愈发淡薄，形成一个无解的死循环[2]。如在《刺死辱母者》一文中，《南方周末》运用文学叙事的口吻，文章开头就描写了苏银霞当着儿子受辱的场景。这不仅为后面塑造被逼反击杀死暴徒的儿子的形象做了铺垫，也将读者对于欢的同情和对讨债者的痛恨引发至极致[3]。

第二节　传媒角色之间的冲突

一、记录者角色与宣传者角色之间的冲突

以案释法是媒体常见的普法手段，媒体运用生动易懂的语言或喜闻乐见的方式，向公众解读和传递案件事实，使公众能够在

---

〔1〕　陈颖：《司法与传媒的冲突与协调》，载《福州党校学报》2015年第2期。

〔2〕　方明杰、王治军：《试论媒体监督与司法独立》，载《政法学刊》2007年第2期。

〔3〕　孙永兴：《论于欢案中的媒体报道特征》，载《中国广播电视学刊》2017年第8期。

具体案例中了解自身行为边界、知悉法律条文内涵、培育依法解决纠纷的法治思维。然而在以案普法的过程中，媒体可能会因报道案件细节、记录犯罪心理而造成恶劣影响。

（一）细节报道容易诱发犯罪

媒体过度描写案件细节，既会诱发"模仿效应"，也会为不法分子提供反侦察知识，还会影响公众正确认知[1]。随着市场经济发展和信息网络进步，媒体面临着市场竞争和流量争夺的双重压力，为广泛地争取受众注意力，媒体在选题、内容和形式等方面更加关注公众需求。以案释法的报道中，一些媒体为迎合受众猎奇心理，着重刻画犯罪细节。这些细节报道既可能诱发潜在不法分子模仿犯罪，增加社会犯罪概率；也可能提醒犯罪嫌疑人注意相关事项，给司法机关侦破案件带来阻碍；还可能带偏公众关注焦点，使公众过度关心非案件重点的内容，忽视司法公正和法律常识。例如，"清华朱令案"发生后，媒体对投毒细节和药种的过度探讨，使"铊"这种罕见的化学品成为日后多起校园投毒案的"毒品"[2]。

（二）犯罪心理记录引发负面情绪共鸣

媒体过度刻画犯罪心理，可能会引起公众错误同情或带来负面情绪共鸣。媒体在报道司法案例时，往往会剖析犯罪嫌疑人的作案动机，以找到犯罪嫌疑人犯罪心理的症结所在，从而及时疏导相似的负面社会情绪，运用正确价值观念引领社会情感导向。但一些媒体为抓取受众眼球，用"泛娱乐化"的语言推测甚至想象犯罪心理，"把犯罪嫌疑人的告白作为卖点，使新闻报道中

---

[1] 童静：《刑侦案件新闻报道的法律规制研究》，安徽大学2012年硕士学位论文。

[2] 何成兵：《论大众传媒对青少年犯罪的影响》，载《青少年犯罪问题》2005年第5期。

的涉案人员形象得到美化[1]",这不仅不利于纠正错误观念,而且可能误导公众产生"犯罪嫌疑人是英雄"的错误认知。如"张扣扣案"中,"财经头条"发布《张扣扣:杀我母亲者,虽久必诛!》一文,全文引用张扣扣委托人邓某平律师的辩护词,文中多处描写张扣扣"为母复仇"的心路历程,将张扣扣的故意杀人行为刻画为"英雄的正义之举"。

二、记录者与监督者之间的冲突

(一)司法与传媒对传媒角色的期待存在巨大差异

西方新闻理论大体形成了两大主要体系:"客观新闻学"和"对话新闻学"[2]。前者是指传媒应是客观中立的记录者,"外化"于其报道对象,报道的首要功能是传递信息和告知公众;后者是指传媒应是某个特定政治和社会群体的一份子,其报道的首要功能是在政治和社会领域引发建设性的"公共对话"[3]。从传媒自身的角色定位看,传媒是社会的"瞭望者",不仅担负着记录法治进程的告知功能,而且发挥着参与司法监督的重要职能。而从司法对传媒的角色期待看,"媒体担负的唯一责任就是客观报道,不要对没有审判和正在审判的案件妄加评论。"[4]

司法和传媒之所以对传媒角色持有不同期待,是因为两者社会功能存在差异。司法是解决社会纠纷最基本也是最后的合法手

---

[1] 童静:《刑侦案件新闻报道的法律规制研究》,安徽大学2012年硕士学位论文。

[2] 史安斌、钱晶晶:《从"客观新闻学"到"对话新闻学"——试论西方新闻理论演进的哲学与实践基础》,载《国际新闻界》2011年第12期。

[3] 史安斌、钱晶晶:《从"客观新闻学"到"对话新闻学"——试论西方新闻理论演进的哲学与实践基础》,载《国际新闻界》2011年第12期。

[4] 霍旭光:《论媒体在法制报道中的角色"错位"》,载《当代电视》2008年第1期。

段，其主要功能是平息止争，保障公民接受公正审判[1]。为保证司法公平正义，司法审判必须遵循独立原则，即在"理性判断与逻辑推理的过程中，不依傍、不偏袒任何一方当事人，排除任何形式的干扰和影响，包括来自媒体的渲染和影响"[2]。所以对司法而言，媒体应充分且客观真实地报道案件事实，避免由于发表具有倾向性的监督评论而干预司法审判。而媒体作为社会"瞭望者"和"守门人"，其主要职能是向公众传递信息，代表公众行使监督权，收集民意并为公众发声。司法的运行过程和审判结果需要置于公众和媒体的监督之下，因此对传媒而言，媒体应充分监督司法权行使，防止因司法腐败、能力不足或滥用权力而造成司法不公。

(二) 监督司法与干预司法的边界模糊

在传媒与司法的关系中，传媒既是法治资讯的记录者，也是司法运行的监督者，这两种角色互为补充、相互配合。一方面，媒体记录法治资讯和案件进程，使公众能够了解案件信息、知悉审判流程，并在获取充足司法信息的基础上，携手媒体共同监督司法运行。另一方面，媒体监督司法公开和司法公正，既有效揭发了司法审判的不当之处，也以此记录了我国法治建设的不断进步。

然而，受制于专业知识和职业立场，媒体有时会记录失范和参与过度，不仅无法发挥监督司法的积极作用，反而容易引起干预司法的消极后果，具体表现在以下三个方面：

---

[1] 卞建林、焦洪昌等：《传媒与司法》，中国人民公安大学出版社2006年版，第93~95页。

[2] 卞建林、焦洪昌等：《传媒与司法》，中国人民公安大学出版社2006年版，第93~95页。

1. 以新闻事实代替法律事实

"法律看到的事实和媒体看到的事实是有差别的"[1]。从判定过程看，法律事实是经过严格质证程序最终认定的事实[2]，而新闻事实是通过新闻文本重现的客观事实[3]。这两者之间存在一定差异，如记者如实记录下未经质证的当事人陈述，虽然遵循了报道客观性原则，但是其无法将其作为审判依据。

从呈现标准看，法律事实注重全面性和严谨性，而新闻事实强调冲突性和价值性，如受访者称"法律讲求的是全面，而新闻版面有限，要尽可能地突出新闻价值，即便报道要遵循平衡原则，原告和被告的篇幅要'五五'开，但也是选代表性、冲突性的话语"[4]。

媒体将新闻事实等同于法律事实，则可能出现以下负面效果：一是报道失实，客观现实经过法院质证，如果不属于案件证据，便不能作为定罪量刑的依据。媒体一旦将其作为案件事实加以报道，就会导致公众错误理解案情，形成与法律相悖的"舆论正义"。二是报道片面，受版面篇幅和受众注意力影响，媒体往往会报道最具新闻价值和最具冲突性的细节，而忽略定罪量刑的关键要素。

2. 追逐时效性而干扰审判程序

正如受访者A08所提到的，"新闻时效性和政法的程序性存在对立矛盾。"[5]因为新闻报道讲求实时性，记者要尽可能地在

---

[1] 受访者A06。

[2] 陈乐：《法律视野下的新闻事实》，载《新闻爱好者（理论版）》2007年第9期。

[3] 鲍春晖：《新闻事实、新闻真实与法律事实》，载《青年记者》2008年第2期。

[4] 受访者A09。

[5] 受访者A08。

第一时间将消息传递给公众。尤其进入全媒体时代后,"人人都有麦克风"转变为"人人皆有摄像机",信息技术的发展给新闻时效性提出更高要求。而司法则注重程序性,从立案侦查到审查起诉,再到司法审判,每一步都要严谨细致,不能过于求效率而忽略质量。媒体对时效的追求,可能影响到司法活动正常进行。

首先,媒体为追求即时新闻,披露未经证实的案件细节,或对尚未审结的案件妄下结论,既诱导公众作出错误判断,形成舆论压力影响法官裁判,也违反"无罪推定原则"和"罪刑法定原则"。其次,媒体为实现实时报道,未经核实便直播其所见所闻,随着事件不断发展,更多细节得以显现,反转新闻接续上演。涉法报道中,反转新闻具有严重危害性,它既损害媒体公信力,消解公众与司法对媒体的信任;也多次反向呈现案件事实,其每一次反转,都影响公众对司法工作的判断,从而通过舆论不断地干扰司法审判,影响司法效率和司法公正。最后,在未掌握充足信息的情况下,媒体急于作出片面报道或主观推论,会使公众陷入"信息真空"状态,公众可能为寻求全部真相而无端臆想或听信谣言,这些不实信息不仅危及司法形象,而且会威胁社会安定和谐。

如在"念斌案"中,念斌于2006年8月8日作出有罪供述以后,《福州日报》、当地电视台等媒体当即报道警方已经成功破获"7·27投毒案",嫌犯念某已被刑拘。也就在同一个月,在检察机关尚未对念斌提起公诉的时候,当地就重金嘉奖破获念斌投毒案有功人员。事实表明,这件命案非但未破,而且由于舆论压力,迫使检察院、法院按照公安机关的定罪进行起诉、判决。2008年2月、2009年6月、2010年4月、2011年11月福州中院、福建高院分别4次判处念斌死刑。2014年8月22日,又因为"事实不清、证据不足",念斌被判无罪释放。

3. 以倾向性报道干扰司法公正

媒体报道涉法案件时，通常要遵循真实性、客观性和中立性原则，然而现实中，媒体受制于法律素养缺失、市场流量竞争以及信息选择性呈现等因素，其报道往往具有一定倾向性。表现在三个方面：

一是媒体没有经过专业法律培训，更多依靠道德标准来评判案件是非，当审判结果不符合道德正义时，媒体通过发表批判性、煽情性评论，带动舆论偏离理性轨道，给司法机关及其工作人员带来巨大外部压力，使司法审判不得不接受媒体左右。当类似具有煽动性的评论接连出现在公众视野时，这些评论裹挟着人们的情绪，不断影响案件审判进程。二是受市场竞争和流量红利的影响，媒体为抓取受众眼球并赢得受众青睐，故意迎合公众朴素的道义共鸣感，站在道德高地上发表偏激言论，影响公众对司法审判的接受与认可。三是媒体报道一些与案件事实相关或无关的事实，如犯罪嫌疑人的前科、一些有罪的陈述和交待等[1]。这些对案件审理毫无意义的事实，一定程度上干扰了公众和司法人员的判断，既损害当事人的合法权益，也影响裁判结果的公平公正。

---

[1] 石莹：《对媒体监督与司法独立的思考》，载《新闻采编》2005年第3期。

第六章　我国司法公信力建设中的传媒角色建构

我国司法公信力建设中的传媒角色的内部冲突和角色间冲突均对司法公信力有所影响。本章结合上一章研究内容，在对影响我国司法公信力的传媒要素定量分析的基础上，针对角色内冲突和角色间冲突，提出了对记录者角色、宣传者角色、监督者角色的规范策略，并提出全媒体时代我国司法公信力建设需要的建设者角色以及构建路径。

第一节　影响我国司法公信力的传媒要素分析

一、公众对我国司法公信的认同程度

本研究采用问卷调查的方式考察受众媒体接触行为、传媒角色认同、司法公信力、对经典司法案例的认知和态度认同等四方面，共设计问题31道。问卷通过问卷网平台发放，最终回收问卷600份，有效问卷600份[1]。问卷的被调查者男女比例各占50％，

---

[1] 根据第44次《中国互联网统计发展状况调查报告》（2019年8月发布，本调查问卷于2019年12月发放），中国互联网网民男女比例52.4∶47.6，接近1∶1；19岁以下占比20.8％，20～29岁的占比24.6％；30～39岁的占比23.7％；40～49岁占比17.3％；50～59岁的占比6.7％；60岁以上的占比6.9％。调查问卷回收到600份时发现被访者性别、年龄与《中国互联网统计发展状况调查报告》中的网民性别和年龄比例接近，信效度具有代表性，且被访者数量增长处于停滞状态，故终止问卷发放。

来自全国各地，各省份人数也较为平均，都在 3.3% 左右。19 岁以下的占比 16.7%；20~29 岁的占比 26.3%；30~39 岁的占比 26.7%；40~49 岁占比 11.3%；50~59 岁的占比 2.3%；60 岁以上的占比 16.7%。政治面貌以群众为主，占比 67.8%，共青团员和中共党员占比分别为 25% 和 6.5%，民主党派 0.7%。被调查者以汉族为主，占比在九成以上，其他民族占比都很少。被调查者文化程度整体较高，大专、本科及以上学历的被调查者占比 64.5%；高中/中专/技校占比为 24.3%，初中及以下占比 11.2%。被调查者的职业主要集中于在校学生、企业/公司一般职员和退休人员，这三类职业人群占比超过 60%。被调查者的收入水平普遍不高，月工资在 5000 元以下的占比 59.6%；收入在 5001~10000 元的占比 32.7%；月收入在 10000 元以上的仅占 7.7%。超过九成的被调查者本人或其直系亲属没有直接接触过司法机关或司法工作人员。

将调查问卷结果录入 spss18 软件中，对司法公信认同和传媒角色认同两个变量进行信度分析，前者包括四个可测变量，α 值为 0.877；后者包括三个可测变量，α 值为 0.616，总体 α 值为 0.809。各个研究变量的 α 系数均大于 0.6，说明信度良好，信度所得结果如表 6-1 所示。关于问卷效度，一方面问卷问题的设计结合司法和传媒实践，并充分参考了已有文献；另一方面采用探索性因子分析对量表题进行测量，得出 KMO 值为 0.818，说明问卷设计的变量之间有一定联系，SIG 值为 0.000<0.001，进一步说明变量间具有相关性，问卷数据有效，有效度所得结果如表 6-2 所示。

表 6-1 研究变量可信度即 α 系数表

研究变量	可测变量个数	α	总体 α 系数
司法公信认同	4	0.877	0.809
传媒角色认同	3	0.616	

表6-2 研究变量有效度即 KMO 值

KMO 和 Bartlett 的检验

取样足够度的 Kaiser-Meyer-Olkin 度量		0.818
Bartlett 的球形度检验	近似卡方	1470.987
	DF	21
	SIG.	0.000

(一)公众对我国司法公信的总体认同程度

本次调查通过四个问题来测量公众对我国司法公信的认同情况。四个问题分别是"您认为我国司法机构是公正的吗?""您认为我国司法工作者是公正的吗?""您对我国司法机构的信任程度?""您对我国司法工作者的信任程度?"。统计结果如下:第一个问题选择比较公正和非常公正的占比84.2%,第二个问题选择比较公正和非常公正的占比76.3%,第三个问题选择比较信任及非常信任的占比82.4%,第四个问题选择比较信任及非常信任的占比74.9%。总体而言,公众对我国司法公信认同程度较高,其中对我国司法机构公正的认可程度和信任程度高于对我国司法工作者的认可程度和信任程度。

84.2%的被调查者认为我国司法机构是公正的,其中57.5%的人持比较公正的看法。持非常不公正和比较不公正的人极少,占比分别为0.2%和1.2%(图6-1)。

76.3%的被调查者认为我国司法工作者是公正的,其中54.3%的人认为比较公正,仅有22%的人持非常公正态度。5.8%的人认为我国司法工作者是比较不公正的,较之认为司法机构比较不公正的1.2%的比例高出很多(图6-2)。

超过80%的被调查者信任我国司法机构,其中51.1%的人持比较信任态度,非常信任的也占比31.2%,说明我国公民对

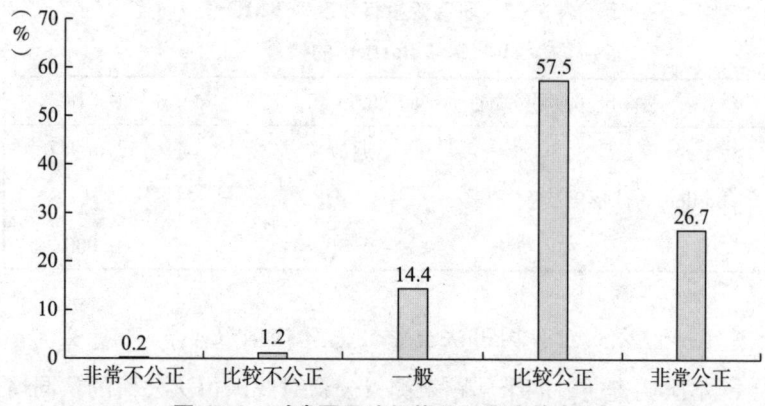

图6-1 对我国司法机构公正程度的态度

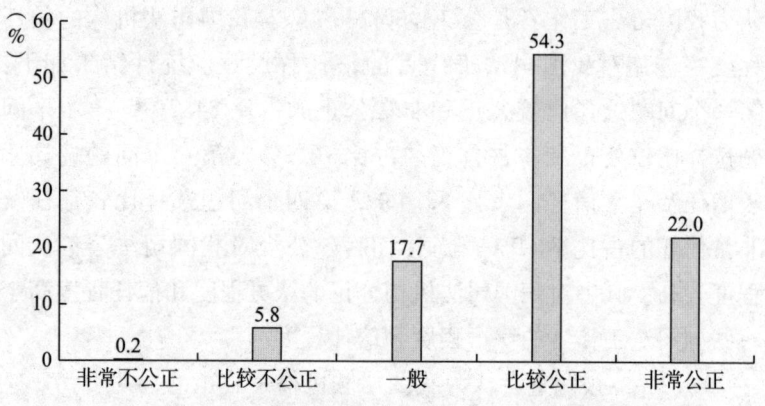

非常不公正 0.2
比较不公正 1.2
一般 14.4
比较公正 57.5
非常公正 26.7

图6-2 对我国司法工作人员公正程度的态度

非常不公正 0.2
比较不公正 5.8
一般 17.7
比较公正 54.3
非常公正 22.0

司法机构的信任度很高。1.7%的人持比较不信任态度，没有人非常不信任我国司法机构（图6-3）。

50.6%的被调查者比较信任我国司法工作者，非常信任的人占比24.2%。非常不信任和比较不信任的人占比分别为0.2%和5.5%（图6-4）。

如前文"关于司法公信力的运行现状的研究"文献综述所述，公众对司法的信任程度，存在两种截然不同的直观感觉：一

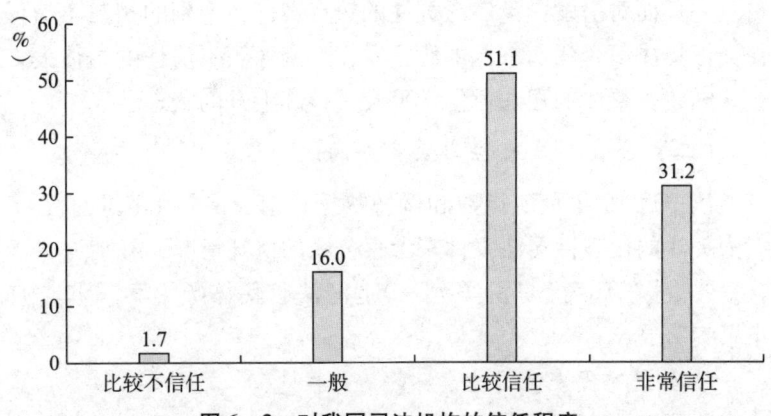

图 6 – 3 对我国司法机构的信任程度

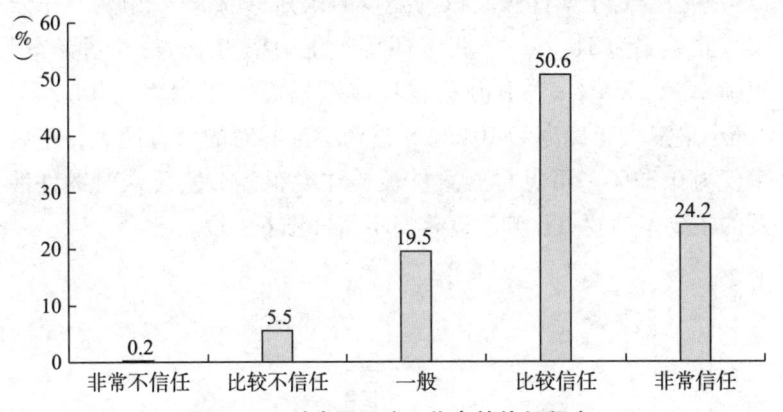

图 6 – 4 对我国司法工作者的信任程度

种是较高,多表现为公众对司法公信整体层面的认同(刘青,2007;吴宝珍,2013);另一种是较低,多表现为对个别法治现象、个别地区、个别司法人员等的怀疑,表现为:公众怀疑司法公正、终局性判决之后执行难及上访闹诉等(海淀法院课题组,2018;吴宝珍,2013)本研究的上述调查数据说明公众对司法公信的整体信任程度普遍偏高,但这并不能说明公众会普遍认同个别案件的司法判决结果、部分地区的司法机构及其司法工作人员。一旦面对引发舆论广泛关注的热点案件，个别的司法不信任便会汇集成河奔涌而来，即便这样，个别司法不信任的主体大多会认同我国整体的司法公信水平及其持续上升的状态。

（二）公众对代表性司法案件的认同程度

依据近10年百度指数和微博热搜量值，课题组选取了五个广为关注的代表性司法案件来考察公众的认知情况，分别为"于欢案""张玉环案""雷洋案""上海法官集体嫖娼案"和"孙小果案"。

1. 公众对代表性司法案件的认知程度

课题组选取热点案件的主要法律事实、定罪和量刑设置选项以考察公众对于案件核心审判要点的认知。调查结果是："于欢案"正确率为31.8%；"张玉环案"正确率为16%；"雷洋案"正确率为23.5%；"上海法官集体嫖娼案"正确率为14.2%；"孙小果案"正确率为10%。5道题全部答对的只有两人，正确率仅为0.33%。可见尽管案件被关注度很高，但公众对案件涉及的主要审判要点认知程度普遍不高（图6-5）。

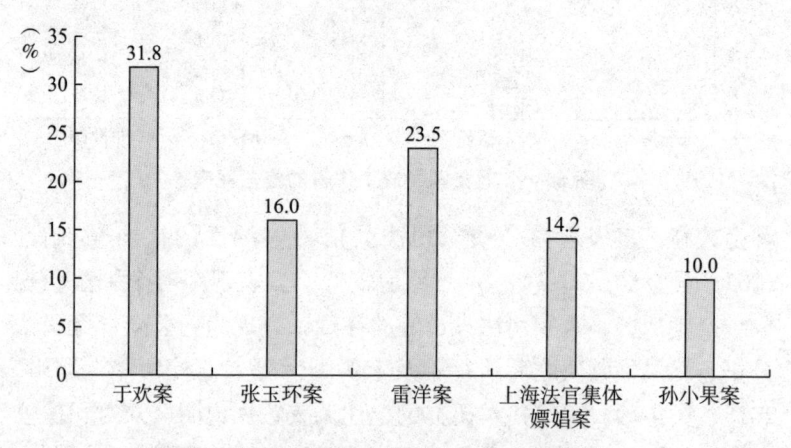

图6-5 对五个司法案件的认知正确率占比

"于欢案"设置的三个题项分别为:"于欢二审被判故意伤害罪""于欢二审被判6年""于欢案的二审法院是济南中院"。三个选项的正确答案是第一个,答对的人为191人,占比31.8%。

"张玉环案"设置的三个题项分别为:"张玉环曾遭刑讯逼供""张玉环案真凶已被缉拿归案""张玉环案是目前羁押时间最长的冤案"。三个选项的正确答案为第一个和第三个,全部都答对的为96人,占比16%。

"雷洋案"设置的三个题项分别为:"雷洋在抓捕过程中身体出现异常,警察及时给予救治""雷洋在抓捕过程中曾激烈反抗""雷洋死于心脏病发作"。三个选项的正确答案是第二个,全部都答对的有141人,占比23.5%。

"上海法官集体嫖娼案"设置的三个题项分别为:"涉事法官公款嫖娼""共有4名涉事法官参与嫖娼""涉事法官受到刑事处罚"。三个选项的正确答案是第二个,答对的人为85人,占比14.2%。

"孙小果案"设置的三个题项分别为:"孙小果曾因强奸罪被判处死刑""孙小果服刑期间多次违规减刑""孙小果出狱后再次涉黑犯罪"。三个选项都为正确答案,全部都答对的人共计60人,占比10%。

2. 公众对代表性司法案件的理解

5个热点案件测试题分别设置了两个问题来考察人们对具体案件中司法公信力的态度。五道题全部持正向态度的人数为23人,占比3.8%;全部持负向态度是人数为4人,占比0.67%。每个案件持正向态度的人均多于持负向态度的人。这组数据说明公众对司法案件的法治价值认同整体水平还不高,公众还处于正负态度游移的状态,但积极的正向态度多于消极的负向态度。具体情况如下(图6-6):

"于欢案"中的两个题项为:"于欢案二审公正、公开""于欢案迫于舆论压力而改判",前者表明被调查者对于司法认同的态度为正向,后者为负向。经统计,态度为正的有214人,占比35.7%;态度为负的有75人,占比12.5%。

"张玉环案"中的两个题项为:"张玉环案体现了'疑罪从无'原则在司法实践中的贯彻落实""张玉环案说明法院经常审判不公",前者表明被调查者对于司法认同的态度为正向,后者为负向。经统计,态度为正的有264人,占比44%;态度为负的有32人,占比5.3%。

"雷洋案"中的两个题项为:"检察院对涉案警务人员作出不起诉处理,实际上是'官官相护'""检察院公布雷洋尸检结果和不起诉决定,体现了司法过程公开透明",前者表明被调查者对于司法认同的态度为负向,后者为正向。态度为正的有133人,占比22%;态度为负的有84人,占比14%;

"上海法官集体嫖娼案"中的两个题项为:"司法领域普遍存在贪污腐败、吃请受贿现象""涉事法官受到惩处说明法律面前人人平等"。前者表明被调查者对于司法认同的态度为负向,后者为正向。经统计,态度为正的有139人,占比23%;态度为负的有91人,占比15.2%。

"孙小果案"中的两个题项为:"孙小果案的终审判决说明司法公开公正公平""孙小果案反映出司法机关是黑恶势的'保护伞'",前者表明被调查者对于司法认同的态度为正向,后者为负向。经统计,态度为正的有165人,占比27.5%;态度为负的有85人,占比14.2%。

二、公众对司法公信力建设中的传媒角色的认同程度

基于上文分析,司法公信力建设中的传媒角色主要包括记录者角色、宣传者角色、监督者角色,故而本研究主要考察公众对这三类传媒角色的认同情况。三个问题分别是"您对'媒体应

第六章 我国司法公信力建设中的传媒角色建构

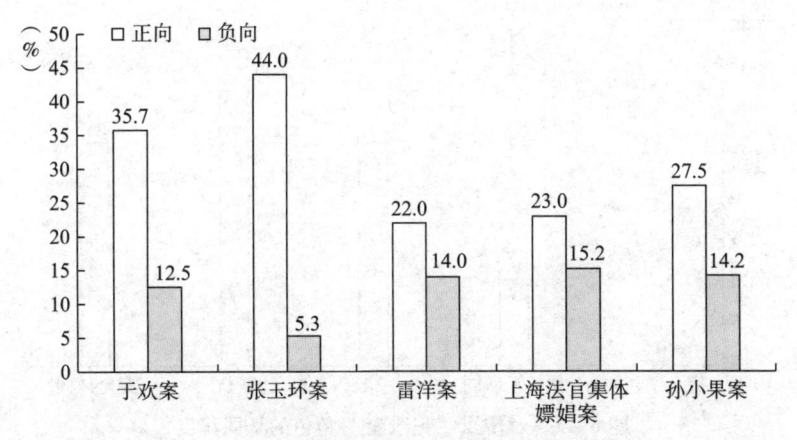

图 6-6 五个案件中对司法公信力的正负向态度

对司法进行客观'记录',这一观点的认同程度是?""您对'媒体应对司法进行宣传报道'这一观点的认同程度是?""您对'媒体应对司法进行监督报道'这一观点的认同程度是?"。

调查发现,认同媒体应对司法进行客观"记录"的占比64%,认同媒体应进行宣传报道的占比80.2%,认同媒体应对司法进行监督报道的占比88%,其中对媒体监督者角色的认同度最高。

64%的被调查者认为媒体应对司法进行客观"记录"的观点。10.2%的被调查者比较不认同此观点,0.5%的被调查者完全不认同,持一般态度的人占比为25.3%(图6-7)。

超过80%的被调查者认为媒体应对司法进行宣传报道,其中52.1%的人比较认同这个看法,28%的人完全认同。比较不认同和完全不认同的人占比较低,仅为4.9%(图6-8)。

接近90%的被调查者认为媒体应对司法进行监督报道。其中比较认同和完全认同的人占比接近,分别为46.3%和41.6%。持不认同态度的人极少,占比为1.6%(图6-9)。

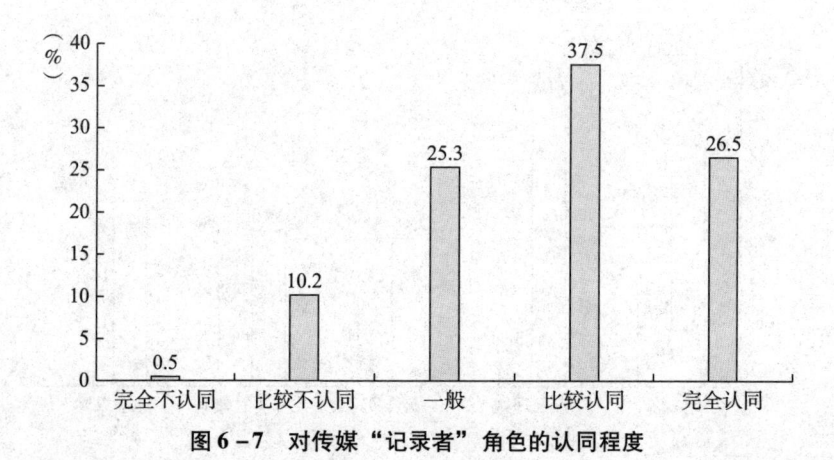

图 6-7 对传媒"记录者"角色的认同程度

图 6-8 对传媒"宣传者"角色的认同程度

三、公众司法认同与传媒接触

（一）传媒接触对公众司法认同的影响

本课题因变量测量包括两个维度：对司法公正的认同度和对司法信任的认同度。每个维度的测量包括两方面：司法机构和司法工作人员。具体做法是将影响公众对司法公信力认同度（结果

图 6-9　对传媒"监督者"角色的认同程度

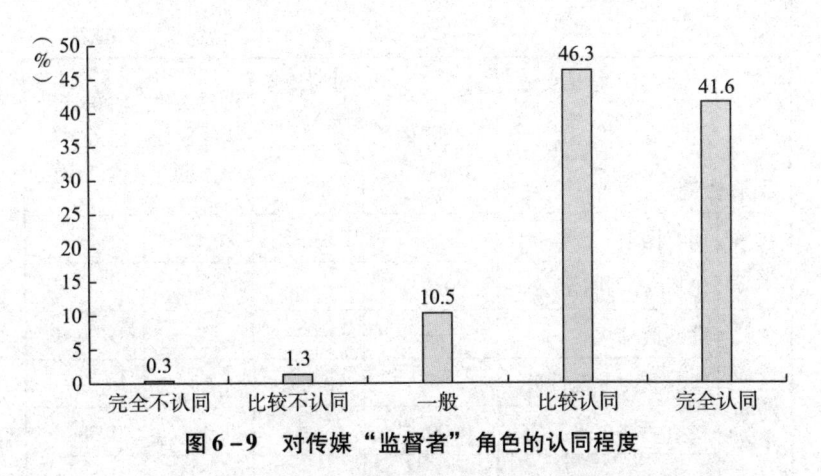

变量）的因素（解释变量）分为六类：传媒角色认同、内容选择倾向、传播渠道、传媒产品形态、阅读行为和评论与转发行为，将年龄和教育程度作为控制变量。在作回归分析之前，将阅读行为和评论与转发行为在 SPSS 软件中转化为了虚拟变量，而后让解释变量、控制变量和结果变量进入回归方程。统计结果如表 6-3：

表 6-3　公众司法认同与传媒接触的回归分析

解释变量		结果变量：对司法机构是公正的认同程度	对司法工作人员是公正的认同程度	对司法机构的信任程度	对司法工作人员的信任程度
传媒角色认同	记录者	0.109**	——	——	——
	宣传者	0.264***	0.292***	0.283***	0.223***
	监督者	——	——	——	0.096*
内容选择倾向	正面报道	0.098**	0.105**	0.098*	——
	负面报道	-0.091*	——	——	——

续表

解释变量	结果变量	对司法机构是公正的认同程度	对司法工作人员是公正的认同程度	对司法机构的信任程度	对司法工作人员的信任程度
传播渠道	门户网站	——	——	-0.093*	——
	论坛/社区网站	-0.077*	——	——	——
传播产品形态	新闻消息	——	——	——	0.093*
	法治新闻专题报道	——	-0.091*	——	——
	线下活动	0.095**	——	0.083*	0.084*
	电影	——	——	——	0.079*
阅读行为	即主动关注，也被动接收	0.126***	——	——	——
	30-60分钟	0.094*	——	——	——
	一般会看完新闻全文	——	——	0.102**	——
	一般只看首屏内容，不会拖动往下看	——	-0.101**	——	——
评论与转发行为	会看也会积极参与法治新闻评论	——	——	——	0.105**
	基本不转发法治新闻	——	——	-0.103**	——
控制变量	年龄	-0.168***	——	-0.097**	-0.102*
	教育程度	——	0.119**	——	0.112**
样本数		600	600	600	600
常数		2.945	2.398	3.096	2.305
F值		17.099	20.061	17.811	14.061
调整后的 R^2		0.195	0.137	0.164	0.164
DW		1.912	2.058	2.060	2.031

注：*$P<0.05$，**$P<0.01$，***$P<0.001$

回归结果显示：各阶段 DW 值在 1.9~2.1 之间，表明样本无自相关现象。各阶段调整后的 R^2 值在 0.137~0.195 之间，表明回归方程中所有变量对公众司法认同和信任的解释程度在 13.7%~19.5% 之间，方程的拟合度良好。有如下具体发现：

第一，公众对记录者、宣传者、监督者三类传媒角色的认同程度均一定程度地影响了对司法公信的认同程度。其中对宣传者角色的认同程度显著地正向影响了司法公信的所有维度，说明我国传媒在法治宣传对感知司法机关和司法工作人员的公正性、提高对司法机关和司法工作人员的信任度方面均发挥了显著的正向引导效果；对记录者角色的认同较明显地正向影响了对司法机构公正的认同程度，说明传媒客观报道有利于公众对司法机构正面印象的形成。对监督者角色的认同正向影响对司法工作人员的信任程度，说明传媒的监督使得司法工作人员的工作更为公开透明，其正面形象更容易深入人心。

第二，公众的内容选择倾向也较为显著地影响了司法公信的认同程度。正面报道和负面报道的定性由被调查者自己界定。正面报道对司法机构的被认同和被信任程度、对司法工作人员的被认同度均有相当显著的正向影响，说明正面报道能一定程度地让公众感知司法的公正、公平与公开，以及司法的不断进步。负面报道对司法机构公正的认同度有一些负向影响，说明我国传媒对司法的一些批评性报道和呈现，会让公众对司法机构的公正程度产生质疑或者不满。

第三，公众的传播渠道选择和传播产品形态选择对司法公信认同度的影响有限。其中，线下活动的影响相对较大，对司法机构的公信和司法工作人员的信任都有正向影响，说明传媒或司法部门组织的各种论坛、宣讲、提供法治服务等线下活动，有效加强了与公众的互动，取得了良好效果。门户网站、论坛/社区网站、法治新闻专题报道都对司法公信的某个维度的某方面产生了较小影响，并且影响均为负向。门户网站由于需要吸引公众的注意力，会偏向于发布更容易被点击的负面报道，易使公众对司法机构的信任水平有所降低；论坛/社区网站由于包含较多情绪宣泄的内容和相对片面的观点，加深了公众对司法机构的不公正感知。新闻消息和电影都正向影响着对司法工作人员的信任，说明客观的消息和经过加工的电影作品中呈现的工作人员形象满足了公众的期待，能够提升公众的信任。

第四，公众的阅读行为和评论、转发行为对司法公信认同度的影响有限。"既主动关注，也被动接受法治类信息"正向影响着对司法公信的认同感，说明通过多种方式获取法治信息有利于提升司法公信认同感；每次关注法治类信息时长在30~60分钟、一般会看完新闻全文都正向影响着对司法公信的认同，说明深度阅读法治信息有利于提升司法公信认同感；会看新闻评论、也会积极参与新闻评论也正向影响着对司法公信的认同，说明参与法治信息互动有利于提升司法公信认同感。与上述部分因素相反，代表着浅阅读的"一般只看首屏内容，不会拖动往下看"、不参与互动的"基本不转发法治新闻"都负向影响着对司法公信的认同。

第五，年龄和教育程度较为显著地影响了公众对司法公信的认同度。年龄对司法机构公正的认可和信任、对司法工作人员的信任的回归系数均为负数，说明年龄越大对司法公信的认可程度越低，这与年龄大者社会经历多、负面见闻多有关；教育程度正向影响对司法工作人员公正的认可和信任，说明学历越高，越认为我国司法工作人员公正、越信任他们。

（二）具有正向司法认同的公众的媒介接触行为

课题组提取了"于欢案""张玉环案""雷洋案""上海法官集体嫖娼案"和"孙小果案"五个案例中司法认同为正向的

被调查者样本,分析了每个案例中态度正向的公众的媒介接触行为特点,旨在通过考察这些样本来发现具有正向司法认同的群体的媒介接触的共同点。

1. 内容选择倾向

调研发现,愿意关注正面报道(如审判公正公开、法官公正审判的新闻报道)和动态(中性)报道(如案件审判结果、法院新闻通报的新闻报道)被调查者占比接近,分别为73%和67%。46.83%的被调查者愿意关注负面报道(如审判不公、法官受贿等的新闻报道)(图6-10)。

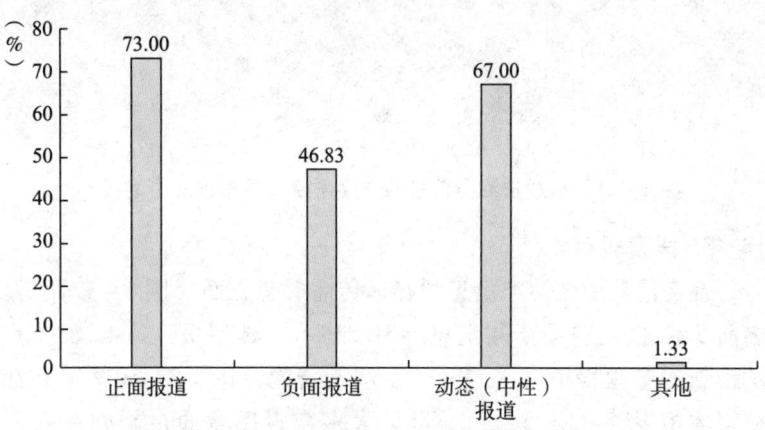

图6-10 对于不同偏向法治信息的选择(多选)

2. 接触途径

在法治类信息的传播渠道接触方面(图6-11),问卷调查发现大众了解法治类信息的主要途径包括新闻资讯网站/新闻客户端、电视、微信和微博。新闻资讯网站/新闻客户端是人们了解倡议的首要途径,占比49.83%。电视、微信、微博紧随其后,占比分别为47%、31.17%、26%。排序较低的媒介接触途径包括:集体活动、名人微博或公众号、电脑/手机弹窗,占比分别为7.5%、7.17%、4.33%。

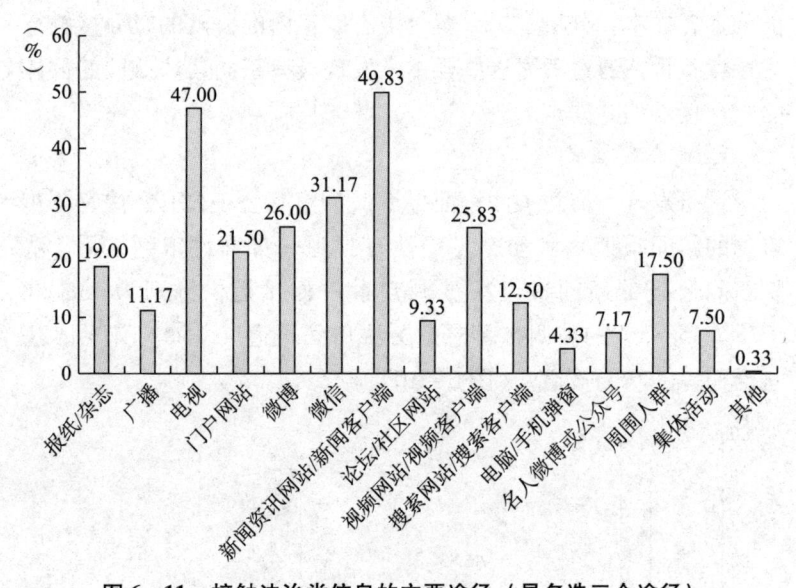

图 6-11 接触法治类信息的主要途径（易多选三个途径）

数据（按柱状图从左到右）：
- 报纸/杂志：19.00
- 广播：11.17
- 电视：47.00
- 门户网站：21.50
- 微博：26.00
- 微信：31.17
- 新闻资讯网站/新闻客户端：49.83
- 论坛网站/社区网站：9.33
- 视频网站/视频客户端：25.83
- 搜索网站/搜索客户端：12.50
- 电脑/手机弹窗：4.33
- 名人微博或公众号：7.17
- 周围人群：17.50
- 集体活动：7.50
- 其他：0.33

3. 阅读行为

在意愿获取法治类信息的媒体传播形态方面（图 6-12），排名前 5 位的分别是新闻消息（51.83%）、典型报道（48.83%）、法治新闻专题报道（46.33%）、法治新闻评论（27.50%）和社交媒体短视频（23.50%），可见大多数人愿意通过新闻来获得法治信息资讯。被调查最不愿意接收资讯的三种途径分别是标语/横幅/海报（3.67%）、网络课程（3%）、展览（2.17%）。

在关注的主动性方面（图 6-13），一半（占比 52.84%）的人既主动关注也被动接收法治类信息。其次是主动接收或交流法治类信息的人，占比为 27.33%；最少的是被动接收的人，占比为 19.83%。可以看出人们大多愿意主动去了解法治类信息。

在关注频率方面（图 6-14），3/4 的被调查都有定期关注法治类信息的习惯。其中 48.00% 的被调查者每周都会关注；每天关注和每月关注的被调查者占比各为 17.50% 和 10.33%。不定

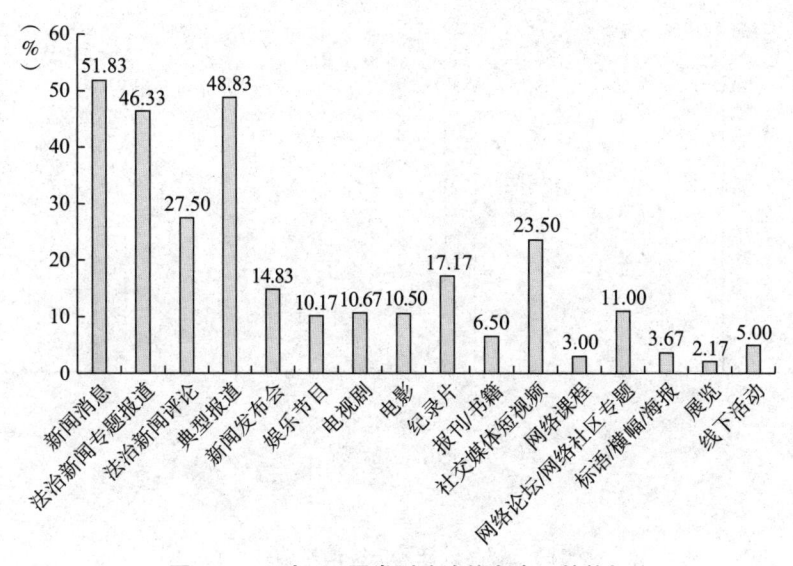

第六章 我国司法公信力建设中的传媒角色建构

图 6-12 对于不同类型法治信息资讯的偏好

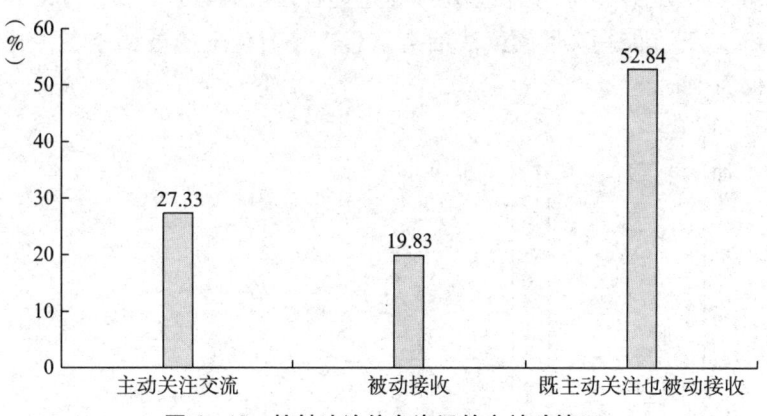

图 6-13 接触法治信息资讯的主被动情况

期,想起来才关注的占比为 24.17%。

在关注的时长方面(图 6-15),大多数调查者对法治类信息的关注在 10~30 分钟,占比为 57.83%。其次是关注时长在

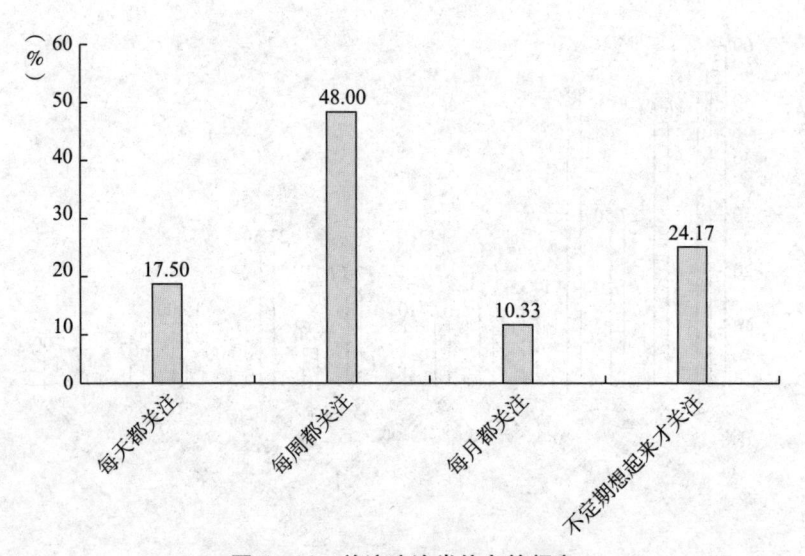

图 6-14 关注法治类信息的频率

柱状图数据:
- 每天都关注: 17.50
- 每周都关注: 48.00
- 每月都关注: 10.33
- 不定期想起来才关注: 24.17

30~60分钟和10分钟以内的被调查者,占比分别为22.17%和13.17%。能一次性阅读法治类信息1小时以上的被调查者占比仅为1%。

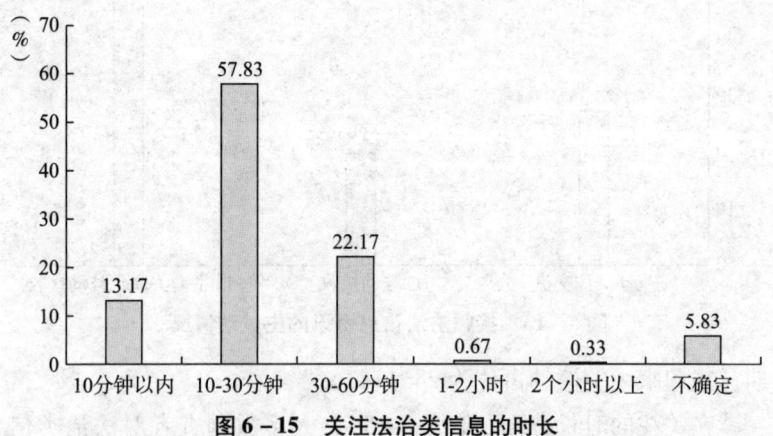

图 6-15 关注法治类信息的时长

柱状图数据:
- 10分钟以内: 13.17
- 10-30分钟: 57.83
- 30-60分钟: 22.17
- 1-2小时: 0.67
- 2个小时以上: 0.33
- 不确定: 5.83

在阅读篇幅方面(图6-16),多数人认真阅读法治类信息,包括图片内容和文字内容。57.67%的被访者会阅读完新闻全文；28.83%的人会只看新闻标题和正文图片；"基本只看新闻标题"和"一般只看首屏内容不会拖动往下看"的参与者占比都不高，分别为8.67%和4.83%。

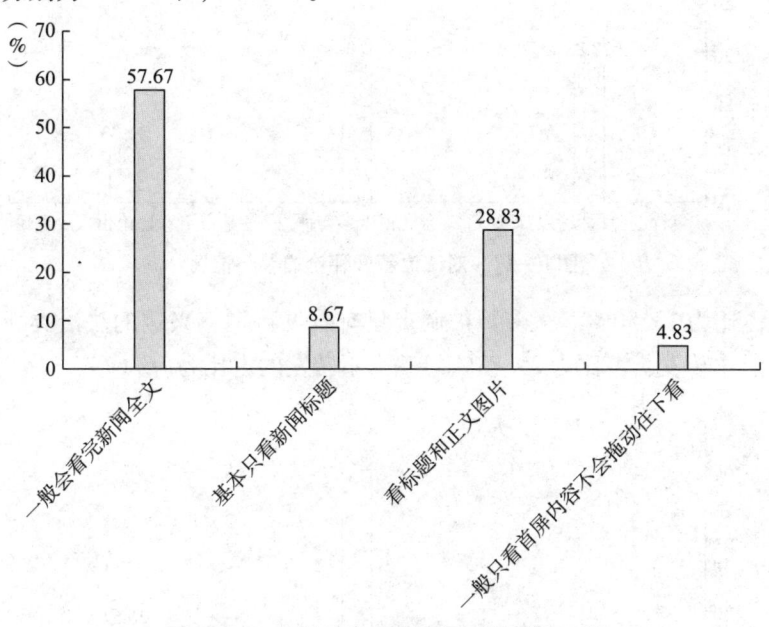

图6-16 接触法治新闻资讯时的浏览习惯

4. 评论与转发行为

在评论方面（图6-17），59.84%的被调查者乐于了解他人对相关资讯的认知、态度等信息，但是较少表露自己的认知和态度，不太愿意参与互动，会观看评论但很少参与评论。"基本不看评论也很少评论"的被调查者与"会看也会积极参与评论"的被调查者占比分别为28.83%和11.33%。从上述统计数据可以看出，只有不到三成的人愿意表明自己对资讯的认知和态度，其余七成通常处于静默之中。

在转发方面（图6-18），只有少数人经常转发法治类信息，

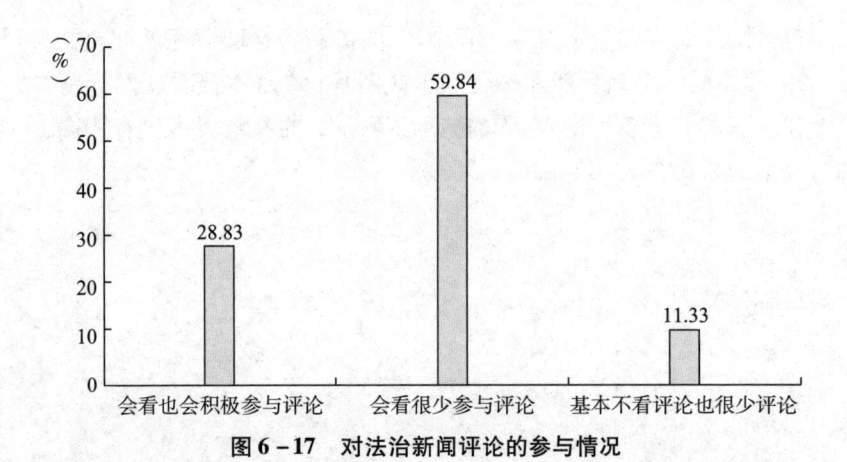

图 6-17 对法治新闻评论的参与情况

占比为 13.50%。大多数被调查只有看见特别感兴趣的法治类新闻才转发，占比为 59.83%。基本不转发的占比为 26.67%。

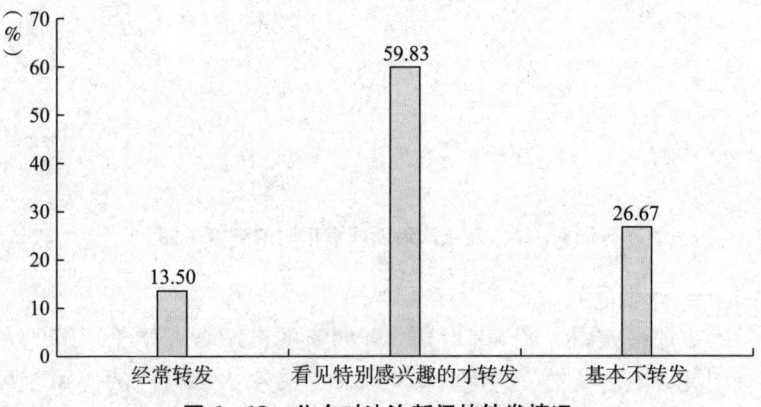

图 6-18 公众对法治新闻的转发情况

基于上述回归分析和代表性案例的描述性分析结果，为进一步提升我国司法公信力建设，课题组认为传媒以及司法机构的自媒体发展方向包括以下几方面：

第一，重视记录者、宣传者和监督者三种传媒角色在我国司法公信力建设中发挥的作用。首先，要加大宣传者角色的报道力度：宣传法律知识、司法改革成果、热点案件审判结果等，有助于树立良好的司法形象和司法权威，以及构筑司法观念和法律环境。其次，加大记录者角色对公检法司机构公平公开公正司法的报道，以及监督者角色对司法工作人员秉公执法的报道。

第二，多元传播主体联合开展线下活动。线下活动具有互动性强、影响力大的功效，传媒提供技术、平台和品牌支持，司法机构提供人力和内容，将普法从媒体延伸到身边，满足公众的法律服务需求，提升司法服务质量，使公众切身感受到司法的正能量。

第三，加大新闻类产品的创新力度以提升公众对司法工作人员的信任度。进一步丰富新闻类产品的传播形式，扩展传播渠道，创新传播内容，对司法工作人员的报道不再简单停留在机械刻板地宣传好人好事上，可以通过公众喜闻乐见的形式或者公众关注的热点事件来展现司法工作人员谨慎谦逊的品质、规范廉洁的作风等。

第四，注重法治传播的方式与技巧，"推""拉"结合提升公众关注力和认同感。"推"意味着通过一定的算法和技术手段将法治信息传递给公众，公众被动地接受；而"拉"意味着公众通过搜索等方式主动获取相关信息。全媒体时代，"推""拉"并行才能有效提升法治传播效果，这需要重视用户观察，加大法治传播的力度和精准度，不断创新产品内容和形式。

第五，重视针对特定群体的法治传播。一方面，开展针对老年人的法治传播与教育活动。针对老年人受教育程度普遍不高、司法认知狭隘、智能终端使用不畅等特点，可采取社区活动、发放平面媒体宣传手册等方式开展法治宣传活动；另一方面，邀请高学历人员参与法治传播产品的策划与制作。鼓励一些具有舆论领袖特质的高学历人员在热门社交平台和司法机构官方平台开设账号，解读司法审判、亮出自己的观点，为公众提供个人化的司法信息服务以正向影响公众的司法认同。

第二节　我国司法公信力建设中传媒角色的规范策略

一、记录者角色的规范策略

（一）以法言法语记录法治精神

以法言法语传达法治精神，是媒体在法治传播中有效发挥记录与宣传功效的关键步骤。一方面，相比于其他类型的新闻传播，法治传播具有较高的专业特性，其不仅要注意新闻的时效性和可读性，还要确保法律的专业性和精确性[1]。另一方面，传媒不仅承担着报道法治资讯的记录功能，还同时兼任着普及法律知识、传达法治精神的宣传功能。作为人们获取信息的主要载体，媒体如果不用或滥用法言法语、错误传播法律知识，那么国家普法进程将面临阻碍[2]。因此，为保障司法报道的准确和专业，更好融合传媒在司法公信力建设中的记录者与宣传者角色，传媒需要掌握基础法律知识、具备基本法律思维并运用专业法律术语。

具体来说，一是媒体要依照法律思维记录司法案情。对新闻媒体来说，法治思维意味着尊重客观事实、强调规则至上以及追求公平公正[3]，报道要以案件事实为依据，以法律规定为准绳，不偏不倚地还原案件经过和司法论证审理过程，应避免使用文学

---

[1] 党德强：《法制报道中的法言法语》，载《青年记者》2018年第30期。
[2] 郝铁川：《媒体应带头使用法言法语》，载《青年记者》2015年第16期。
[3] 吴林：《"内外兼修"提升媒体工作者的法治思维》，载《新闻世界》2019年第5期。

纪实性笔调，防止带有强烈感情色彩的语句记录与事实和法律无关的情节。二是媒体要运用法律术语报道法律事实。这需要媒体知悉并掌握各领域法律的基础知识和常见术语，既要准确区分刑事、民事、行政等各领域法律术语的适用边界，也要正确把握法律术语的内涵、性质和使用场景。三是媒体要发掘涉法案件所蕴藏的法治精神。由于缺乏专业知识，普通公众通常需要经媒体报道后，才能理解涉法案件所包含的法治理念。因此，媒体需要以客观记录和普法宣传为目标，精准聚焦案件背后的法治精神，不偏离案件主旨，不缺席法治宣传，既要满足公众对法律知识的需求，又要帮助司法机关塑造司法形象。

（二）以普法目标指引报道内容

"细节是使新闻报道生动起来的灵魂，但在法制报道中对细节则要求提高警惕。"[1]因为过度的细节描写，可能诱发模仿效应、阻碍案件侦破、带偏公众关注焦点，法治传播中的细节报道，应该为搜集线索、展现案情和普法宣传服务，应有利于案件侦破、有利于审判公正、有利于法治教育工作[2]。

第一，要把控细节展现的程度。对于尚未侦破的案件，我国法律虽没有明确规定是否可以公开侦查细节，但媒体报道应以案件侦破为目标，不得擅自披露与案件相关的重要线索和关键物证，以免无意中帮助犯罪嫌疑人潜逃或趁机毁灭、伪造证据或串供，进而干扰侦查进度，增加侦破难度[3]。对于正在审理的案件，要严格遵照我国依法不公开审理的相关规定，如2018年修

---

[1] 孟子为：《避免法制报道的负面影响》，载《中国广播电视学刊》2005年第12期。

[2] 蒋劲锋：《论刑事案件的新闻报道原则》，载《行政与法》2007年第9期。

[3] 童静：《刑侦案件新闻报道的法律规制研究》，安徽大学2012年硕士学位论文。

正的《刑事诉讼法》第188条[1]以及2012年修正的《未成年人保护法》第39条第1款[2]、第58条[3]等，不得擅自披露不公开审理的案件细节，以免泄露国家秘密，或侵犯个人、商业隐私。

第二，要把控细节描写的尺度。媒体不应为博取受众关注，大肆渲染案件细节，应采用中性简洁的语言适当地、概括地叙述，既要避免细节描写刺激公众感官，使公众过于关注有害信息而忽略司法公正和法律知识；也要避免细节描写给受害者及其家属造成二次伤害。媒体不应过于详实地介绍犯罪细节、作案工具和作案手段，要注意避免给潜在不法分子提供"犯罪的教科书"[4]，也要注意避免诱发"模仿效应"，给不具备完整人格、是非判断力的未成年人带来错误示范。

第三，要把控心理描写的范围。媒体不应推测、想象犯罪嫌疑人的作案动机和犯罪心理，不应以文学化、煽情性的语言大量描写犯罪嫌疑人的心路历程。一方面，这些心理描写与案件事实无关，不仅不利于传达案件信息和普及法律知识，而且可能会激发公众的同情心理，或引发公众的负面共鸣。另一方面，这些心理描写往往并无依据，缺少客观性和真实性，失实报道可能误导舆论走向，干扰司法机关及其工作人员的正常审判。

---

[1]《刑事诉讼法》第188条（2018修正）规定："人民法院审判第一审案件应当公开进行。但是有关国家秘密或者个人隐私的案件，不公开审理；涉及商业秘密的案件，当事人申请不公开审理的，可以不公开审理。不公开审理的案件，应当当庭宣布不公开审理的理由"。

[2]《未成年人保护法》（2012修正）第39条第1款规定："任何组织或者个人不得披露未成年人的个人隐私"。

[3]《未成年人保护法》（2012修正）第58条规定："对未成年人犯罪案件，新闻报道、影视节目、公开出版物、网络等不得披露该未成年人的姓名、住所、照片、图像以及可能推断出该未成年人的资料"。

[4] 赵增军、樊书哲：《预防法制报道中的负面效应》，载《商品与质量》2010年第S2期。

（三）以法律事实框定报道范围

"新闻事实与法律事实都以尽可能还原客观真实为目标，但法律事实作为司法过程中定罪量刑的依据，其可信度显然高于新闻事实"[1]，因此涉法报道既要以法律事实为基准，又要以法律事实为边界。

第一，涉法报道要以法律事实为基准。作为司法机关定罪量刑的客观依据，法律事实经历了严谨地调查核实和质证论证，能够最大限度地还原案件真实。涉法报道需要严格遵循法律事实，为公众客观、真实、全面地提供经由司法认定的案件事实。唯有如此才能满足公众知情权，使公众在获取准确信息的基础上探讨案件事实和法律适用，形成理性、建设性的舆论氛围，同时保障媒体报道的真实性，防止因新闻失实而侵犯当事人名誉权等人格权。如南方周末报道的《刺死辱母者》一文，媒体虽然如实记录下相关证人的发言，但其发言所提及的细节，经司法机关后续认定均为不实消息。这些失实报道不仅传播错误信息，更造成舆论偏离正轨，影响司法公正审判。

第二，涉法报道要以法律事实为边界。传媒为抓取更广泛受众的眼球，往往会在报道基本案件事实以外，介绍一些当事人的社会背景、周边信息、心路历程及其生活现状，或围绕案件发表一些观点与评论。这些与法律事实无关的内容，可能误导公众和司法人员的判断，影响司法公正审判，损害当事人合法权益。例如，南方周末报道的《与自己的战争——复旦研究生为何毒杀室友》一文，媒体花大量笔墨描述"复旦投毒案"犯罪嫌疑人林某浩的成长经历，通过亲友之口将其描绘成一个沉默、害羞、优秀的；还多处推测其内心煎熬以至犯罪的心路历程，如"他似乎

---

[1] 陈乐：《新闻客观性原理的法律解读》，复旦大学 2007 年硕士学位论文。

陷入了与自己性格中充满挫败感、无力感和疏离感的那一半抗争。"[1]这些与案件事实无关的描写,可能触发公众的同情心理,形成一边倒的舆论导向,影响司法审判。

二、宣传者角色的规范策略

"无论是正面报道还是负面报道,出发点一定是善意性和建设性的。"[2]从长期来看,法治报道的最终目标是推进法治建设、增强司法公信力;而从短期来看,一些涉法的负面报道可能会解构司法形象[3]。媒体在法治传播中,应坚持长期目标为根本,缩小短期消极影响,合理规划报道时机和密度,以实现"小报道大帮忙"。

(一)注重报道时机

所谓报道时机,"就是在策划和组织报道中寻找到有利于报道获得良好效果的机会。"[4]只有把握好涉法报道的最佳时机,才能实现宣传法治精神、培育法治理念、树立司法公信的最优效果。抓准涉法报道的时机,首先要求媒体紧跟法治热点,当出现突发涉法舆情时,只有抢先聚焦法治要旨,才能第一时间博取公众注意力,以正确、主流价值占领舆论阵地;其次要求媒体尊重司法规律,当报道涉法案件时,需要严格依照司法机关发布的案件事实、遵循司法机关的审判程序,不得未经核实便发布案件信息,不得在案件尚未审结前提前发表判决性言论;最后要求媒体等待合适时机,如"在党和国家一些重要的节庆、赛事及会议召开前后,问题类负面新闻就不能与工作成就等主旋律宣传争抢版面和

---

〔1〕《复旦研究生为何毒杀室友:饮水机与水票》,载http://edu.sina.com.cn/kaoyan/2013-04-25/1754378367_3.shtml,最后访问日期:2020年12月1日。

〔2〕受访者A06。

〔3〕受访者A06。

〔4〕林晓东:《提高舆论引导能力应注意把握报道时机》,载《新闻实践》2007年第3期。

第六章　我国司法公信力建设中的传媒角色建构

时段"[1]，以免影响国家的稳定和谐，撼动司法的权威与公信。

（二）控制报道密度

受议程设置理论影响，"当一类报道过多过频地出现在媒体中，媒体的观点、倾向、对问题的认识等无疑会成为个体头脑中的图像。"[2]大量、密集地负面涉法案件报道，往往给公众构建出司法不作为、社会不稳定的消极法治镜像。因此传媒既要避免在一个阶段频繁地报道一类负面涉法案件，如"彭宇案"前后接连关注"助人为乐反被起诉"的问题，导致社会上弥漫着"不敢扶"的不良风气；传媒也要避免占用过多版面、时长过度报道负面涉法新闻，积压其他正常或正向的法治信息，给公众造成司法腐败或司法不公的错误印象。

（三）把控报道尺度

把控法治宣传尺度，需要在报道中注意如下问题：

第一，遵循真实性原则。真实是宣传的根基，只有报道对象和报道事迹是准确无误的，其背后蕴藏的宣传理念才能立得住、传得远。这要求记者做宣传报道时，必须核实信源、调查事实，保障信息真实的基础上，客观适当地发布正向评价。传媒不得为树立典型而夸大、歪曲事实，新闻失实既会影响宣传可信度，也会使公众质疑"其他事实是不是也是为了宣传需要编的"，从而不仅不利于树立司法形象，而且会损害司法公信。

第二，遵循适度性原则。一些正面宣传之所以会引起公众反感，是因为其忽略伦理人情，将典型人物刻画成严重偏离日常的"假大空"超人形象。这些过度报道不仅无法引起公众共鸣，而且会加剧公众质疑，激发公众逆反心理。因此传媒在法治宣传

---

[1] 王会：《当下媒体过度报道现象研究》，湖北大学2012年硕士学位论文。
[2] 王会：《当下媒体过度报道现象研究》，湖北大学2012年硕士学位论文。

中，一方面要注重人文关怀，既要展现宣传对象的光荣事迹和精神面貌，也要强调以人为本，关注其困难与不易之处；另一方面要注意贴近公众，避免过度渲染宣传对象的形象，忽略其作为普通人的生活日常，而出现"神化"典型人物的问题。

三、监督者角色的规范策略

"表面上看，传媒监督与司法机关独立行使职权有着价值根源的差异性：司法依靠公众形成的公共准则，即法律来化解纠纷，保证当事人的合法权利，追求法律公正；传媒则通过激发公众内心的价值标准，即道德来评判是非，用舆论来批判违法道德的行为，从而追求道德上的公正"[1]。然而实际上，无论是传媒监督还是司法机关，从目的来看，两者都在追寻社会正义的终极价值，两者的契合点也基于此。司法过程的公正性与透明性，社会公众对司法活动的间接参与，都需要传媒监督。传媒监督需秉持客观理性，遵循司法程序；同时恪守法律规定，避免报道侵权。

（一）恪守法律规定 避免报道侵权

恪守法律规定，避免报道侵权，是传媒司法报道时需要提高警惕的首要事项。由于我国没有制定单行的新闻法或传播法，法律对信息传播活动的调整与治理，通常散见于所有现行的公法和私法领域，这包括了宪法、隐私法、侵权责任法、知识产权法、保密法、广告法等以及关于各类特定媒体的专门法[2]。大体来说，目前法律规制下，传媒在进行司法报道时，不能以侮辱、诽

---

[1] 何鑫博：《我国传媒监督与司法机关独立行使职权之冲突与契合》，载《法制与社会》2013年第36期。

[2] 《徐迅探寻大众传播"第三种规范"》，载 https://www.workercn.cn/358/201710/23/171023093355387_2.shtml，最后访问日期：2020年12月1日。

谤等方式损害法官名誉，或者损害当事人名誉权等人格权；也不能随意披露当事人隐私，在新媒体时代涉及对当事人社交账号等内容的披露；同时不能随意披露涉及国家机密或商业机密的信息；最后在进行信息披露的同时需要考虑到对未成年人的保护等[1]。有鉴于此，传媒在进行司法报道时更需要以公共利益原则、当事人同意授权原则、对被害人伤害最小化原则以及涉未成人报道尽最大程度保护原则为指导。

遵循公共利益原则、当事人同意授权原则。在某些司法案件报道中，无论是嫌疑人的个人隐私，还是涉案的其他人员隐私，甚至参与司法审判的法官、律师等的个人隐私，都可能会与公共利益原则产生博弈。适度公开司法案件是现代法治社会的标志，但是保护涉案人员的基本权利也是法律的明文规定，这是法治社会的共识。在披露与否、披露多少的抉择中，媒体既要考虑报道后能否让公众了解事件真相，消除谣言传播的社会危害，同时也要考虑报道后能否促进司法公开，达到新闻监督的效果。而天平的尺度就在于当事人同意授权原则和公共利益原则。媒体在采访涉案人员时，应向采访对象明示采访内容将予以公开，尊重当事人人格权利，获得当事人的允许，必要时应当获得其授权。在践行公共利益原则时，不能将其作为媒体自身"私利的遮羞布"。"传媒中涉及公共利益的决定只能由公众作出，只有通过理性的公众参与积极有效的讨论，才能得出传媒与国家安全、司法公正、个人隐私、儿童权益等诸多利益冲突时何种利益符合公共利益"[2]。这就要求传媒在保持司法思维的同时，去了解和关注公

---

〔1〕《最高人民法院印发〈关于司法公开的六项规定〉和〈关于人民法院接受新闻媒体舆论监督的若干规定〉的通知》，载 http://www.law-lib.com/law/law_view.asp?id=305059，最后访问日期：2020年12月1日。

〔2〕罗以澄、刘兢：《论新闻传播中的公共利益原则》，载《当代传播》2006年第4期。

众对司法案件的讨论和态度。

遵循对被害人伤害最小化原则。在案件报道中回归案件本身，而非片面选取、片面渲染、片面炒作。一方面是对案件当事人，尤其是被害人的保护，另一方面也避免了消费公众情感，体现了媒体的人文关怀。在报道刑事案件，尤其是恶性暴力案件时，如强奸案、凶杀案等，不要发布被害人的照片，也不要披露案件被害人的真实姓名。同时对被害人职业、工作单位、年龄、居住地等细节信息的披露也需要慎之又慎。在社交媒体时代，也要注意保护当事人社交媒体账号的隐私，以免被其他人追踪而形成"网络暴力"。在进行案件描述时也要避免过分详细而伤害被害人及其家属的情感。引发新闻事件的客观事实已经给当事人造成了物质或精神的第一次伤害，而在特定案件中，新闻报道又将造成当事人物质或精神上的再一次伤害。这种无意中的"二次伤害"的后果可能比第一次伤害更为严重。

（二）秉持客观理性 遵循司法程序

传媒要秉持客观理性的监督立场，避免偏见与权力干预。但传媒监督不是过度怀疑或敌视，传媒在遵循政治思维的同时也要提高司法思维，处理好与司法的关系。监督司法是加强自律，以理性负责的态度对待司法，而不是预设立场高下，或盛气凌人，或敌视不满，凌驾于司法之上。传媒是监督者，而不是司法机关的审判者。此外，我国党媒也需要处理好自身喉舌的政治角色与司法监督之间的关系，二者是辩证统一的，均服务于国家治理和司法公信力提升上。尊重司法，用司法思维报道法律事实，也是传媒政治思维的提升进路。

监督步调与司法程序保持一致，不能先声夺人，也不能只注重实体结果。司法案件不同于一般新闻事件，重视程序，从立案到终审持续时间久。尽管媒体报道追求时效性和高关注度，但需要尊重司法，媒体既不能超越司法程序抢先作出判断，如在案件审结前发布有关定罪量刑的倾向性意见，干扰审判，损害当事人权益，也不能只关注实体结果，忽视程序正义，在法院已经遵循司法程序作出正确判决时，仍然依照预设立场攻击审判结果。这会影响司法判决，更会影响社会正义的实现。促进司法进步的媒体监督通常遵守三方面原则：在监督原则上，传媒需要坚持中立性原则和平衡性原则，准确、全面、客观报道司法信息；在监督报道上，避免泛道德化和泛娱乐化色彩；在监督立场上，"坚持正确监督导向，不能故意站在司法对立面，煽动公众对司法的质疑和不信任，适当的批评是为了让法治更快发展，而过度的批评会影响公众对法治的信仰"[1]。

第三节 我国司法公信力建设中传媒建设者角色的构建

一、"建设者"角色：传媒与法治发展的需要

"建设性新闻是运用积极心理学的 PERMA 模式：积极情感（positiveemotion）、参与融入（engagement）、和谐关系（relationship）、共同意义（meanings）、任务达成（accomplishment）来重构新闻生产流程的一种新闻生产模式。"[2]其拥有六大新闻要素："问题解决导向、面向未来的视野、包容与多元、民众赋权、提

---

[1] 陈俊、汪祝芬：《媒体监督与司法权良性关系构建探讨》，载《辽宁行政学院学报》2017年第6期。

[2] McIntyre, K., Gyldensted, C., "Constructive Journalism: An Introduction and Practical Guide for Applying Positive Psychology Techniques to News Production", *Journal of Media Innovations*, 2017, pp. 20–34.

供语境、协同创新。"[1]而按照建设性新闻理念的设计,媒体所应当担负的责任是:"作为意见表达和社会行动空间,主导或参与公共讨论规则的制定,规则应最大限度反映、具化程序理性与实质理性的要求;通过提供事实和解决方案、调适协商过程和场景、激发积极情感和专注投入等手段,合理干预公共协商并持续为之赋能;促进以达成多元共识、建设性成果为导向和目标的平等对话"等,[2]这是一种建设者角色。

一些西方国家的新闻业为缓解营收的下滑、信息的过载、受众的脱节、信任的流失等问题的新闻业危机,提出了"建设性新闻"概念。我国不同于西方国家,长久以来很多传媒扮演着建设者角色,如主流媒体通常设有内参部,在新闻采编过程中发现值得关注但不易大规模宣传的问题会以内参的形式上书给国家相关部门。在法治传播方面,记录者、宣传者、监督者三种角色均以提升我国司法公信力建设为主要目标,且因传媒与司法需要保持适度距离而未把建设者角色单独提出。如本书第二章所述,随着网络技术和媒体技术的不断升级换代,社交网站、短视频网站等被广泛应用,大数据和人工智能技术使得新闻信息个性化推送成为普遍现象,公众获取法治信息的主要渠道已非传统媒体,而是种类丰富的专业传媒、互联网新闻媒体、社交媒体等。传媒环境变化的同时,我国法治建设也在快速发展,如本书第二章介绍,司法改革加速进行,智慧法院系统带动司法公开程度处于世界领先水平,尽管公众的法治素养水平不高但在持续增长,通过多种媒体广泛关注司法领域的热点事件,且较大众传媒时代更有意愿参与到法治话题的讨论

---

[1] 史安斌、王沛楠:《建设性新闻:历史溯源、理念演进与全球实践》,载《新闻记者》2019年第9期。

[2] 胡百精:《概念与语境:建设性新闻与公共协商的可能性》,载《新闻与传播研究》2019年第S1期。

中。在传媒行业与司法领域的快速发展的背景下，传媒应当以法治建设作为其制作新闻的重要目的，积极发挥其能动作用，以"推动理性协商、凝聚社会共识为旨归",[1]协同其他社会成员一起共同推动我国司法改革历程。积极的"建设者"角色将作为时代的需要和记录者、宣传者、监督者三种传媒角色的补充与拓展，逐渐进入公众的视野。

"建设者"角色强调"介入性"，即媒体应当主动参与社会建构。在这个层面上，传媒建设者角色的根本立场发生了转变，从法治建设的"旁观者"，变成法治建设的主体之一。这并不意味着传媒的市场价值会因此得到贬损，甚至恰恰相反，能够使传媒行业在商业利益和社会责任之间寻找到合适的平衡点。一方面，与传统新闻相比，建设者角色强调技术赋能、公民赋权、多元对话、共同参与，能够吸引更为广泛的多元主体共同参与到法治新闻生产、互动、交流的过程。而这种传媒主导，公众共同协作的新闻方式，不仅能够在保障新闻内容专业性的基础上生产更丰富多样、喜闻乐见的高质量法治信息产品，而且可以积极调动公众参与积极性，打破媒体和公众之间的壁垒，获取更多可持续的注意力资源，共同参与到法治建设中来。另一方面，建设者角色的传媒能够积极承担社会公共责任，参与法治建设进程，推动法治进步，能够最大程度上消除新闻媒体所创造的负面认知，构建传媒与社会的良性关系，获取更多的社会信任和社会认同，重塑与司法机关和公众关系，增强传媒公信力，并在社会正向反馈过程中进一步扩大自身影响力。

---

[1] 胡百精：《概念与语境：建设性新闻与公共协商的可能性》，载《新闻与传播研究》2019年第S1期。

二、传媒建设者角色构建的具体路径

（一）鼓励参与，创新法治内容生产协同模式

随着媒介技术的成熟以及智媒平台、社交媒体的快速发展，多元协同的新闻生产模式是发展趋势。建设者角色的传媒会突破媒体边界，打破新闻生产的闭环，以及单向度"灌输"模式，鼓励多元主体加入法治信息生产，以包容开放的立场鼓励用户分享观点，以"对话"的方式寻求共识下的解决方案，以合作的方式在"生产—接受—再生产"的循环流程中与用户共享法律知识，共建法治信仰，促进法治建设。该新闻模式的重塑不仅有利于吸纳多元主体参与法治传播，广泛汲取民智，保障法律讯息译码编码的正确率，提升法律传播的深度与广度，让法治成果真正送到千家万户；而且能为新闻业助入新的活力，使得传媒在法治建设进程中发挥更积极的作用。

第一，为公众理性"对话"提供条件。为公众提供充足的背景和语境，尽可能全面、均衡地描绘问题全貌，充分挖掘案件裁判要旨、司法改革等议题背后的深层次原因，提供相关法律知识和释理来引导公众全面理解议题背后复杂的社会问题、法律问题，以先进的大数据、VR技术创新呈现方式，如在"于欢案"中，部分媒体通过VR技术还原案发现场，能够更加清楚直观让公众认知到该案情始末，有利于公众了解案件全貌。

第二，创新社会精英生产模式，发挥舆论领袖在法治传播中的作用。在法律译码编码中，由于法律语言、法律的专业化程度要求较高，传媒采编人员有时也难以成为合格的法律"翻译者"，此时可将社会精英、特别是专业的法律"大V"作为舆论领袖纳入新闻生产过程。通过他们的加入，达到理想的编码效果，促成法律精准传播。如中国政法大学刑法学教授罗翔，在视

频网站发布刑法学课程内容,因为其幽默诙谐的讲课方式能将晦涩的法律变得生动起来,迅速获得了千万粉丝关注。B 站律师"法山叔",通过详细透析热点案件后的法律关系,输出法律知识,视频播放量也是百万级别。作为专业的法律人,他们将原本对普罗大众而言晦涩、艰深的法律术语和法学知识,以一种轻松、诙谐的表达方式传递给社会公众,更易为公众所理解和接受。专业人士就像一座桥梁,将公众关心的社会热点问题与法律连接起来,为社会传递正确的价值观,逐渐引导舆论场走向理性客观。

第三,普通公众成为法治信息生产机制的重要主体,成为传统法治新闻生产方式的补充。互联网语境下的用户生成内容模式往往能够扫除传媒制作法治新闻的"盲点盲区",聚焦于公众真正关心的法治议题,生成推动传播活动的核心力量,加快司法问题被发现和解决的进程。更重要的是,用户生产内容模式能够赋予普通公众更多新闻主动性和选择性,调动其参与的积极性,在内容生产过程中更容易形成对法治传播内容深层次的理解,助力法治建设。在自媒体快速发展的今天,涌现出一批非常优质的个人法律公众号、普法短视频等,其通过个体叙事来反映中国法治进程对其影响,更能反映人民群众的需求。因此,传媒应当努力支持这些普通公众的法治内容生产,并积极与之展开合作,在互动中生产更加优质、更加贴近生活的法治新闻产品。

(二)良性沟通,打造理性的公共平台

在普法进程 30 多年后,公众对"民主""法治"认识愈加深刻,拥有了一定的权利意识和参与意愿。新兴媒体技术也为全民参与持续赋能,能够提供公共场域,实现多元主体交流沟通,"促进社会共识的凝聚和理性协商的进行"[1]。然而现实生活中

---

[1] 董聪聪:《建设性新闻理念在法治报道中的运用策略》,载《青年记者》2020 年第 33 期。

个别公众对司法存在偏见,若缺乏专业的引导和管制,则容易借助网络的开放性和匿名性制造谣言和极端言语,负面情绪过度宣泄,敏感时刻容易引导民意朝着非理性的方向发展,对法治建设造成不良影响。因此,传媒在日常工作中应当发挥其主观能动性,积极采以下措施防止上述现象发生。

第一,利用专业优势来打造传媒主导的法治交流平台。传媒应当积极利用融媒体、算法推荐等新兴技术手段,打造专业的公共空间来保障多元主体都能够及时分享观点看法与诉求情绪。譬如,新浪微博平台常常通过设置涉法话题讨论,促使民众及时发表关于法治问题的讨论与建议。中国庭审公开网案件审判直播视频中,民众通过弹幕形式发表对案件的见解。这些交流平台都能保障社情民意得到了最及时地表达。

第二,公众交流互动过程中,传媒应当积极发挥媒体主导型作用。公民新闻的式微,很大程度上是因为传媒虽然创设公共平台空间帮助公民发声,但是缺乏引导,放任公众"非理性"对话肆意发展,最终导致话语秩序混乱。而建设性新闻则是吸取了公民新闻的教训,通过强调传媒主导性作用来规避上述问题[1]。在公共空间中,传媒需要通过议程设置、专业信息把关、观念整合、提供解决方案来积极干预公众互动过程,及时将涉法信息中不实内容、法理错误、伦理失范言论进行辟谣或纠正,通过及时提供大量精准的法律信息实现对劣质信息的驱除,用主流价值观去消解负面的情绪宣泄,用多元声音弱化冲突的基调,以积极情绪来引导多元对话,以解决方案的提供消除公众的信息焦虑、实现传媒和普通民众之间的良性互动,构建更健康的公共环境。

---

[1] 殷乐、高慧敏:《建设性新闻:溯源、阐释与展望》,载《新闻与写作》2020年第2期。

第六章 我国司法公信力建设中的传媒角色建构

(三) 公共协商，协调社会矛盾与冲突

在现实生活中，由于司法机关与普通公众之间，基于对信息获取能力的差异和法学素养的不同，实践中常常会形成一种"知沟"现象——法官常常用严谨的法律语言来阐释法律事实和内在法理。但普通公众由于不具备较高的法律素养，也不能以司法机关预设的立场和意义来解读讯息，甚至会产生误读，形成与司法机关截然不同的观点和看法，造成双方的信任危机。在案件事实层面，司法机关聚焦的是法律事实，即法律规范所规定的能够引起法律关系产生、变更和消灭的客观情况或现象；而普通公众更加关心的是当事人的性格品质、不公遭遇、现场冲突等具有冲击力的片面真相或部分案情。在主观评价层面，司法机关须严格按照法律规定，形成以事实为依据、以法律为准绳的司法裁判；而不具备专业素质的普通公众更倾向于形成以情感为基础，以道德为立场的感受与结论。"于欢案"便是双方基于"知沟"产生分歧的典型案件：司法机关将该案件争议焦点归结为于欢持刀行凶行为是否构成正当防卫或防卫过当；而普通公众却难以理解裁判背后蕴含的法理，而是将注意力聚焦于"辱母情节"等与伦理道德的相关部分事实，很少讨论案件全貌和法律问题，并对司法机关产生质疑。[1]同时，在互联网"众声喧哗"的语境下，很容易被夸大或不实的案件信息内容刷屏，常常会放大群众的负面情绪，民意与司法之间的冲突往往容易朝着极化方向发展，使得双方关系愈加紧张。因此，此时媒体角色应该做出一定调整，不能仅仅只做双方沟通的桥梁，更要发挥矛盾协调者的作用，促进双方矛盾冲突的解决。

第一，传媒应当稳定公众情绪，引导舆论场朝着理性方向发

---

〔1〕 梁治平：《"辱母"难题：中国社会转型时期的情—法关系》，载《中国法律评论》2017年第4期。

展。近年来,许多涉法案件网络舆情爆发不仅伴随着大量虚假言论和负面情绪,而且舆论容易出现"极化"现象,呈现一边倒的情况。譬如"于欢案"爆发之初,网络上许多言论超越了"于欢案"原本事实和法律适用,出现很多极端言论,已经偏离了理性讨论的方向,对司法机关造成严重的负面影响。此时部分传媒积极行动,澄清案件真相,将讨论范围引导回理性框架之中,呼吁公众相信司法,等待公正的司法判决。如《中国青年报·中青在线》发表《请给公民战胜邪恶的法律正义》,呼吁公众等待二审结果,相信司法公正。相关报道都有利于稳定公众情绪,使"舆论"朝着理性方向发展。[1]

第二,传媒需要通过为双方提供对话和协商机制,增进对话品质,促成双方矛盾冲突的解决。在法律传播中,由于"知沟现象",法律强者与法律弱者之间常常存在难以弥合的认知分歧。此时,传媒需要通过解读法律来为双方提供对方语境和理由,减少二者之间误读的风险。传媒需要承担"调解人"的角色,提供对话渠道来努力凝聚双方共识,提供解决方案,在民意和司法之间寻找平衡点,弥合双方之间的矛盾。

---

[1] 魏永征:《群体智慧还是群体极化——于欢案中的舆论变化及引导》,载《新闻记者》2017年第11期。

结论与讨论

一、结论

作为司法公信力建设的重要推动者，全媒体时代的传媒主要扮演着记录者、宣传者、监督者和建设者四种角色。通过对这些传媒角色定性和定量分析，本书得出如下结论：

第一，传媒的记录者角色能够传递法治资讯、报道法治案件和反映法治变迁，但在具体的法治传播实践中存在用语失范、报道侵权、细节披露过度等问题。为准确传播司法信息、记录法治发展历程，传媒需要依照法律思维记录司法案情，采用法言法语报道法律事实，精准挖掘案件蕴藏的法治精神；立足普法目标，适度报道案件细节和犯罪心理，发挥以案释法的最优效果；尊重法律事实，摒除无关干扰信息，以最大限度地还原案件真实，引领正确舆论导向。

第二，宣传者角色的传媒能够普及法律知识、彰显司法公开、整合民众意见的重要工具，但过度的法治宣传会产生负面效应，既可能构建失序的拟态环境，也可能塑造假大空的形象。为发挥法治宣传在司法公信力建设中的正面效应，传媒既要注重报道时机，也要控制报道密度，应合理规划尺度、密度和时间节点，以发挥最大宣传功效。坚持真实性原则与适度性原则，避免为树立典型而夸大事实和过度渲染。

第三，监督者角色的传媒是推动司法进步、维护司法权威、保障司法公正的关键主体,但在监督涉法事件、司法人员和司法条例的过程中,传媒由于报道逻辑偏颇、追求轰动效应和强权干预,出现误导舆论、干预司法和媒介审判等报道困局。对此,传媒要秉持客观公正,找准自身定位,避免逻辑偏见与权力干预;遵循司法程序,监督步调与司法步调保持一致,既不先声夺人,也不道德审判;坚持平衡理性,避免报道的泛道德化和娱乐化;恪守法律规定,避免报道侵犯当事人和法官的合法权益,以正当监督推动司法正义。

第四,随着各类网络智能媒体的广泛应用和我国法治建设快速发展,现有传媒角色已无法单纯凭借传媒力量充分满足司法公信力建设的需要,建设者角色被提上日程,成为记录者、宣传者、监督者三种传媒角色的补充与拓展。建设者角色以推动理性协商、凝聚社会共识为旨归,协同其他社会成员共同推动我国司法历程。建设者角色建构的具体路径包括:传媒创新法治内容生产协同模式,鼓励多元主体共同加入法治信息生产;传媒利用专业优势来打造传媒主导的法治交流平台,保障多元主体都能够及时分享观点看法与诉求情绪,积极发挥传媒主导作用,构建更健康的公共环境;传媒在民意和司法之间发生冲突时,传媒需要通过为双方提供对话和协商机制,稳定民众情绪,增进对话品质,促成双方矛盾冲突的解决。

第五,传媒角色间存在多种冲突,包括记录犯罪细节容易引发受众效仿、犯罪心理记录引发负面情绪共鸣、司法和传媒对传媒角色预期的巨大差异导致记录与监督某种程度的不可调和、监督司法与干预司法的边界模糊导致司法与传媒冲突不断等。面对这些冲突,厘清记录者、宣传者和监督者的角色边界尤为重要。

第六,本研究采用定性研究与定量研究相结合的方式探寻影响司法公信力的传媒要素,发现正面宣传是提升司法公信力的有效途径。公众对记录者、宣传者、监督者三类传媒角色的认同程度均一定程度地影响了对司法公信的认同程度，其中对宣传者的认同显著影响司法公信认同程度；公众对正面内容的选择倾向也显著地影响司法公信的认同程度；公众的传播渠道选择、传播产品形态选择、阅读与评论转发习惯对司法公信认同度的影响有限；老年人和高学历人群较为显著地影响了对司法公信的认同度。综上所述，通过多种传播渠道传递正面司法报道、强化传媒的宣传者角色、面向老年群体传播法治信息、塑造高学历人群为舆论领袖是当前提升司法公信力的有效途径。

二、讨论与不足

基于本书作者能力有限等多方面原因，本科研还存在多方面的不足，有待于作者和其他科研工作者今后深入研讨。

第一，未深度探讨建设者角色与其他角色之间的冲突以及建设者角色发展策略。由于课题组前期主要围绕记录者、宣传者和监督者这三种已有角色进行了问卷调查和深度访谈，在获取和分析调研数据的基础上，发现构建传媒建设者角色的必要性，受科研时间的限制，本课题未能再针对建设者角色进行量化研究和深入分析。

第二，需进一步完善和深入分析现有调研数据。受其他因素影响，课题组通过深度访谈、调查问卷的形式获取相关数据，已知悉新闻从业者代表和公众对传媒角色及司法公信力的看法，但未能深访到中宣部等国家级媒体管理单位相关负责人以获取司法公信力建设中媒体管控的一手资料，需在后续研究中进一步完成。

第三，受研究时间和研究水平所限，对传媒角色的建构策略还需进一步完善，增加更多实用性建议。

参考文献

一、中文文献

（一）专著

［1］毕玉谦主编：《司法公信力研究》，中国法制出版社 2009 年版。

［2］公丕祥、董开军主编：《司法改革研究（2012 年卷）——司法公信建设》，法律出版社 2013 年版。

［3］陈力丹主编：《马克思主义新闻观百科全书》，中国人民大学出版社 2018 年版。

［4］陈力丹：《马克思主义新闻观教程》，中国人民大学出版社 2015 年版。

［5］陈甦、田禾主编：《法治蓝皮书：中国法治发展报告 No.18（2020）》，社会科学文献出版社 2020 年版。

［6］曾宪义主编：《中国法制史》，中国人民大学出版社 2009 年版。

［7］中共中央文献研究室编：《习近平关于全面依法治国论述摘编》，中央文献出版社 2015 年版。

［8］刘徐州：《法律传播学》，湖南人民出版社 2010 年版。

［9］庹继光、李缨：《法律传播导论》，西南交通大学出版社 2006 年版。

［10］徐迅主编：《依法审判与舆论监督》，世界图书出版社2015年版。

［11］陈柏峰：《传媒监督的法治》，法律出版社2018年版。

［12］刘海龙：《宣传：观念、话语及其正当化》，中国大百科全书出版社2013年版。

［13］牛克、刘玉民：《法制宣传学》，人民法院出版社2003年版。

［14］孙旭培：《自由与法框架下的新闻改革》，华中科技大学出版社2010年版。

［15］唐绪军、殷乐编著：《建设性新闻实践：欧美案例》，社会科学文献出版社2019年版。

［16］李良荣：《新闻学概论》，复旦大学出版社2001年版。

［17］［加］罗伯特·哈克特、赵月枝：《维系民主？西方政治与新闻客观性》，沈荟、周雨译，清华大学出版社2005年版。

［18］华东政法大学法制新闻研究中心、中华全国法制新闻协会组织编写：《2016中国年度法制新闻视角》，法律出版社2017年版。

［19］林山田：《刑事诉讼法》，三民书局1990年版。

［20］孙国华主编：《中华法学大辞典·法理学卷》，中国检察出版社1997年版。

［21］王利明：《司法改革研究》，法律出版社2000年版。

［22］《媒体人新闻业务守则》编写组编著：《〈媒体人新闻业务守则〉释义》，中国政法大学出版社2015年版。

（二）译著

［1］［德］卡·马克思、弗·恩格斯：《马克思恩格斯全集（第6卷）》，人民出版社1964年版。

［2］［德］卡·马克思、弗·恩格斯：《马克思恩格斯全集

（第6卷）》，人民出版社1961年版。

［3］［美］沃尔特·李普曼：《公众舆论》，阎克文、江红译，世纪出版集团、上海人民出版社2006年版。

［4］［美］哈罗德·D. 拉斯韦尔：《世界大战中的宣传技巧》，张洁、田青译，中国人民大学出版社2003年版。

［5］［英］安东尼·吉登斯：《民族－国家与暴力》，胡宗泽、赵力涛译，生活·读书·新知三联书店1998年版。

［6］［美］费约翰：《唤醒中国：国民革命中的政治、文化与阶级》，李恭忠、李里峰等译，生活·读书·新知三联书店2004年版。

［7］［英］弗·培根：《培根论说文集》，水天同译，商务印书馆1983年版。

（三）期刊论文

［1］郭镇之：《舆论监督与西方新闻工作者的专业主义》，载《国际新闻界》1999年第5期。

［2］陈建云、吴淑慧：《舆论监督三十年历程与变革》，载《当代传播》2009年第4期。

［3］孙旭培、刘洁：《传媒与司法统一于社会公正——论舆论监督与司法独立的关系》，载《国际新闻界》2003年第2期。

［4］李永：《新媒介语境下舆论监督本位回归：历程与方向》，载《现代传播（中国传媒大学学报）》2018年第1期。

［5］王秀平：《微媒体时代舆论监督与司法公正的关系探究》，载《青年记者》2018年第11期。

［6］庹继光、李缨：《监督司法：传媒对舆论的支援与离逸》，载《新闻大学》2013年第2期。

［7］顾培东：《论对司法的传媒监督》，载《法学研究》1999年第6期。

［8］王世心、张志华：《媒体监督与司法公正的冲突与协调》，载《人民司法》2008年第15期。

［9］许身健：《冲突中的平衡：媒体监督与独立审判》，载《人民检察》2006年第5期。

［10］卞建林：《媒体监督与司法公正》，载《政法论坛》2000年第6期。

［11］周慧、冀建峰：《我国新闻媒体监督司法审判的体制和文化障碍》，载《山西大学学报（哲学社会科学版）》2005年第2期。

［12］陈俊、汪祝芬：《媒体监督与司法权良性关系构建探讨》，载《辽宁行政学院学报》2017年第6期。

［13］赵利：《媒体监督与司法公正的博弈》，载《中山大学学报（社会科学版）》2010年第5期。

［14］方明杰、王治军：《试论媒体监督与司法独立》，载《政法学刊》2007年第2期。

［15］何鑫博：《我国传媒监督与司法机关独立行使职权之冲突与契合》，载《法制与社会》2013年第36期。

［16］魏永征：《群体智慧还是群体极化——于欢案中的舆论变化及引导》，载《新闻记者》2017年第11期。

［17］张勇锋：《舆论引导的中国范式与路径——"坚持正面宣传为主的方针"新探》，载《现代传播（中国传媒大学学报）》2011年第9期。

［18］胡铭：《司法公信力的理性解释与建构》，载《中国社会科学》2015年第4期。

［19］吕中行、谢俊英：《新时代我国司法公信力的重塑》，载《河北法学》2020年第4期。

［20］陈光中：《略谈司法公信力问题》，载《法制与社会发展》2015年第5期。

［21］龙宗智：《影响司法公正及司法公信力的现实因素及其对策》，载《当代法学》2015年第3期。

［22］刘平海：《刍议提升我国司法公信力的现实路径》，载《法制与社会》2015年第12期。

［23］齐文远：《提升刑事司法公信力的路径思考——兼论人民陪审制向何处去》，载《现代法学》2014年第2期。

［24］王国龙：《判决的可预测性与司法公信力》，载《求是学刊》2014年第1期。

［25］张善根：《司法公信力的救赎与重塑》，载《中国党政干部论坛》2014年第1期。

［26］李树民：《当代中国司法公信力建构的政治蕴含》，载《当代法学》2013年第6期。

［27］龙俊迪、赵彦双：《论提升我国司法公信力的对策》，载《法制与社会》2013年第11期。

［28］季金华：《司法公信力的意义阐释》，载《法学论坛》2012年第5期。

［29］陈发桂：《公众司法参与视角下我国司法公信力的生成探析》，载《前沿》2010年第3期。

［30］王学成：《论良好司法公信力在我国的实现》，载《河北法学》2010年第2期。

［31］郑成良：《法治公信力与司法公信力》，载《法学研究》2007年第4期。

［32］刘青、张宝玲：《司法公信力问题研究》，载《法制与社会》2007年第2期。

［33］宋聚荣、张敬艳：《和谐社会视野下的司法公信力研究》，载《中国司法》2007年第2期。

［34］赵建华、谭红：《论司法公信力的属性》，载《法律适用》2006年第12期。

［35］郑成良、张英霞：《论司法公信力》，载《上海交通大学学报（哲学社会科学版）》2005年第5期。

［36］于慎鸿：《程序公正与司法公信力》，载《南阳师范学院学报（社会科学版）》2005年第8期。

［37］孙应征、刘国媛：《略论司法公信力之构建》，载《江汉大学学报（社会科学版）》2010年第1期。

［38］安健：《影响我国司法公信力缺失的原因分析》，载《企业导报》2016年第17期。

［39］王学成：《再论良好司法公信力在我国的实现——站在司法之外的视角》，载《河北法学》2010年第7期。

［40］关玫：《司法公信力初论——概念、类型与特征》，载《法制与社会发展》2005年第4期。

［41］关玫：《司法公信力的结构性要素》，载《长春大学学报》2004年第5期。

［42］史安斌、钱晶晶：《从"客观新闻学"到"对话新闻学"——试论西方新闻理论演进的哲学与实践基础》，载《国际新闻界》2011年第12期。

［43］黄荣昌：《符号学建构下新闻记者角色再思考》，载《中国报业》2019年第4期。

［44］喻国明：《关于传媒影响力的诠释———对传媒产业本质的一种探讨》，载《新闻战线》2003年第6期。

［45］颜振亮：《新闻单位的绩效管理研究——评〈大众传媒新闻绩效考核与评价制度研究〉》，载《新闻记者》2020年第6期。

［46］刘李佳、白山、邹鑑珉：《信令数据让新闻推送更精准》，载《中国传媒科技》2017年第4期。

［47］常媛媛、曾庆香：《新型主流媒体新闻身份建构：主体间性与道德共识》，载《西南民族大学学报（人文社科版）》

2020年第3期。

[48] 张新宝：《"新闻（媒体）侵权"否认说》，载《中国法学》2008年第6期。

[49] 杨立新：《我国的媒体侵权责任与媒体权利保护——兼与张新宝教授"新闻（媒体）侵权否认说"商榷》，载《中国法学》2011年第6期。

[50] 魏永征：《从"新闻侵权"到"媒介侵权"》，载《新闻与传播研究》2014年第2期。

[51] 罗斌：《"新闻侵权"、"媒体（介）侵权"抑或"传播侵权"——媒体传播行为侵权概念法律化问题研究》，载《国际新闻界》2016年第10期。

[52] 孙曼曼：《新媒体侵权责任问题探析——以微信传播中的侵权责任为视角》，载《新闻知识》2014年第12期。

[53] 叶明蓉：《法制报道侵权及预防》，载《新闻前哨》2007年第10期。

[54] 刘建明：《马克思主义新闻观的经典性与实践性》，载《国际新闻界》2006年第1期。

[55] 郑保卫：《马克思主义新闻观的形成与特点》，载《中国记者》2001年第5期。

[56] 展江：《马克思主义新闻自由观再探》，载《中国青年政治学院学报》2000年第1期。

[57] 林如鹏、支庭荣：《习近平新闻思想：当代马克思主义新闻观的重大创新》，载《暨南学报（哲学社会科学版）》2017年第7期。

[58] 郑保卫：《马克思主义新闻观中国化的历史进程及其理论贡献》，载《新闻与传播研究》2018年第2期。

[59] 杨保军：《当前我国马克思主义新闻观的核心观念及其基本关系》，载《新闻大学》2017年第4期。

[60] 陈力丹：《"遵循新闻从业基本准则"——马克思主义新闻观立论的基础》，载《新闻大学》2010 年第 1 期。

[61] 郑保卫：《习近平新闻宣传舆论观的形成背景及理论创新》，载《现代传播（中国传媒大学学报）》2016 年第 4 期。

[62] 陈力丹：《党性和人民性的提出、争论和归结——习近平重新并提"党性"和"人民性"的思想溯源与现实意义》，载《安徽大学学报（哲学社会科学版）》2016 年第 6 期。

[63] 孟威：《习近平的新闻舆论观——深入学习习近平总书记在党的新闻舆论工作座谈会上的讲话》，载《当代传播》2016 年第 3 期。

[64] 胡正荣：《传统媒体与新兴媒体融合的关键与路径》，载《新闻与写作》2015 年第 5 期。

[65] 习近平：《加快推动媒体融合发展 构建全媒体传播格局》，载《奋斗》2019 年第 6 期。

[66] 陆先高：《促进内容生产深度融合 构建全媒体传播格局——以光明日报的实践探索与实现路径为例》，载《传媒》2020 年第 20 期。

[67] 周斌：《"集团军"作战助力"四全媒体"建设——深圳报业集团战"疫"报道特色剖析》，载《中国记者》2020 年第 5 期。

[68] 沈正赋：《"四全媒体"框架下新闻生产与传播机制的重构》，载《现代传播（中国传媒大学学报）》2019 年第 3 期。

[69] 王圣扬、徐海龙：《传媒：应为司法公正发挥作用——关于传媒与司法关系的调查报告》，载《学术界》2004 年第 5 期。

[70] 伍德志：《冲突、迎合与默契：对传媒与司法关系的再审视》，载《交大法学》2016 年第 4 期。

[71] 薛剑祥、陈亚鸣：《接纳与规制：面对新闻传媒的司

法审判》，载《法律适用》2009年第2期。

[72] 孙伟峰：《法院微博：司法效用与规范路径》，载《河北法学》2015年第2期。

[73] 郭道晖：《实行司法独立与遏制司法腐败》，载《法律科学.西北政法学院学报》1999年第1期。

[74] 贺卫方：《传媒与司法三题》，载《法学研究》1998年第6期。

[75] 高一飞：《媒体与司法关系规则的三种模式》，载《时代法学》2010年第1期。

[76] 高一飞：《互联网时代的媒体与司法关系》，载《中外法学》2016年第2期。

[77] 张冠楠：《"媒介审判"下的司法困境》，载《法学》2011年第5期。

[78] 汪振军：《传媒与司法：在矛盾中寻求统一》，载《新闻界》2005年第4期。

[79] 王好立、何海波：《"司法与传媒"学术研讨会讨论摘要》，载《中国社会科学》1999年第5期。

[80] 江西省高级人民法院课题组、张忠厚、卓泽渊：《人民法院司法公信现状的实证研究》，载《中国法学》2014年第2期。

[81] 公丕祥：《能动司法与社会公信：人民法官司法方式的时代选择——"陈燕萍工作法"的理论思考》，载《法律适用》2010年第4期。

[82] 严励：《司法权威初论》，载《中国司法》2004年第6期。

[83] 季金华、叶强：《程序正义：司法权威的基石》，载《南京社会科学》2003年第9期。

[84] 孙发：《司法权威初步解读——概念、分类和特征》，

载《当代法学》2003 年第 9 期。

［85］于浩:《传媒与司法关系的重构》,载《国家检察官学院学报》2014 年第 3 期。

［86］曾枫:《"传媒与司法关系"相关研究述评》,载《重庆第二师范学院学报》2013 年第 1 期。

［87］马春娟、李明:《互联网时代媒体与刑事司法关系的协调——基于于欢案的思考》,载《南昌师范学院学报》2018 年第 2 期。

［88］陈颖:《司法与传媒的冲突与协调》,载《福州党校学报》2015 年第 2 期。

［89］夏雨、程果:《我国司法报道中的异化现象及其克服》,载《洛阳师范学院学报》2012 第 1 期。

［90］刘海龙:《汉语中"宣传"概念的起源与意义变迁》,载《国际新闻界》2011 年第 11 期。

［91］刘海龙:《西方宣传概念的变迁:从旧宣传到新宣传》,载《国际新闻界》2007 年第 9 期。

［92］马静:《从宣传概念演变看我国对外传播的理念革新》,载《新闻世界》2010 年第 9 期。

［93］喻国明、兰美娜、李玮:《智能化:未来传播模式创新的核心逻辑——兼论"人工智能+媒体"的基本运作范式》,载《新闻与写作》2017 年第 3 期。

［94］刘颖洁:《智能媒体时代网络短视频的传播模式研究》,载《记者摇篮》2020 年第 12 期。

［95］阿迪娜·约提库尔:《智能媒体时代网络短视频的传播模式与思考》,载《新闻世界》2019 年第 1 期。

［96］张洪忠、石韦颖、韩晓乔:《从传播方式到形态:人工智能对传播渠道内涵的改变》,载《中国记者》2018 年第 3 期。

[97] 陈昌凤：《未来的智能传播：从"互联网"到"人联网"》，载《人民论坛·学术前沿》2017年第23期。

[98] 郭全中：《大数据时代下的智能传播及其盈利模式》，载《新闻爱好者》2015年第1期。

[99] 刘经南：《5G时代新兴技术对新闻传播的变革性影响》，载《未来传播》2019年第2期。

[100] 石聚航：《传媒报道渲染刑事案件的策略及其反思》，载《法商研究》2015年第4期。

[101] 刘婷：《网络媒体对拆迁刑事案件的报道策略与反思——以贾敬龙拆迁案为例》，载《青年记者》2017年第35期。

[102] 袁光锋：《同情与怨恨——从"夏案"、"李案"报道反思"情感"与公共性》，载《新闻记者》2014年第6期。

[103] 孙永兴：《论于欢案中的媒体报道特征》，载《中国广播电视学刊》2017年第8期。

[104] 陈力丹、李志敏：《客观、全面：传媒报道的理性准则》，载《东南传播》2013年第7期。

[105] 栾相科：《从最小伤害原则看媒体在未成年人报道中的问题及对策》，载《新闻世界》2013年第7期。

[106] 徐玲英：《新媒体环境下典型报道的方法与意义——从邹碧华典型报道案例说起》，载《新闻战线》2018年第13期。

[107] 徐文谦：《法制报道的隐性失实——表现、影响及规避》，载《中国广播电视学刊》2009年第8期。

[108] 王登宏：《法律术语在法制报道中的运用》，载《记者摇篮》2009年第9期。

[109] 邓嵘：《论新闻报道中被诉者姓名隐私属性的保护》，载《福建行政学院学报》2014第1期。

[110] 常纡菡：《公案报道中媒体责任再审思——以于欢案媒体微博报道为例》，载《郑州大学学报（哲学社会科学版）》

2018年第3期。

［111］党德强：《法制报道中的法言法语》，载《青年记者》2018年第30期。

［112］郑金雄：《易读性传播：法律传播中的语言解码与理解》，载《政法论坛》2011年第6期。

［113］赵增军、樊书哲：《预防法制报道中的负面效应》，载《商品与质量》2010年第S2期。

［114］梁治平：《"辱母"难题：中国社会转型时期的情—法关系》，载《中国法律评论》2017年第4期。

［115］王贺：《新闻消费主义盛行之下媒介责任的缺失与重构》，载《新媒体研究》2019年第20期。

［116］赵江萍：《从鲍德里亚的消费社会看新闻消费主义对新闻意义的蚕食》，载《科教文汇（上旬刊）》2008年第7期。

［117］秦志希、刘敏：《新闻传媒的消费主义倾向》，载《现代传播》2002年第1期。

［118］方苏、张薇：《新闻消费主义对新闻专业主义的建构与消解》，载《湖北师范学院学报（哲学社会科学版）》2006年第5期。

［119］罗以澄、刘兢：《论新闻传播中的公共利益原则》，载《当代传播》2006年第4期。

［120］杨保军、雒有谋：《新闻学视野中的公共利益》，载《新闻记者》2013年第3期。

［121］苗连营：《公民法律意识的培养与法治社会的生成》载《河南社会科学》2005年第5期。

［122］胡弘弘：《论公民意识的内涵》，载《江汉大学学报（人文科学版）》2005年第1期。

［123］母文华：《当前我国公民法律意识现状及成因分析》，载《内蒙古民族大学学报（社会科学版）》2001年第3期。

［124］李萃英等：《山东省公民法律意识调查与分析》，载《山东科技大学学报（社会科学版）》2000年第3期。

［125］张明新：《对当代中国普法活动的反思》，载《法学》2009年第10期。

［126］刘志坚、韩雪梅、韩林：《青海少数民族地区公民行政法律意识调查》，载《青海社会科学》2005年第2期。

［127］李蕊、孙玉芝：《公民法律意识——法治之精神力量》，载《法学论坛》2000年第2期。

［128］高鸿钧：《法律文化的语义、语境及其中国问题》，载《中国法学》2007年第4期。

［129］龚廷泰：《法治文化的认同：概念、意义、机理与路径》，载《法制与社会发展》2014年第4期。

［130］张文显：《法治的文化内涵——法治中国的文化建构》，载《吉林大学社会科学学报》2015年第4期。

［131］梁平：《语义与实践：中国特色法治文化及其建设进路探究》，载《法学杂志》2013年第3期。

［132］刘学灵：《法律文化的概念、结构和研究观念》，载《河北法学》1987年第3期。

［133］李晖：《法律·法制·法治：公民的法律意识与法治认同》，载《社会心理科学》2015年第1期。

［134］王爱伟：《试论危机传播中的知情权》，载《当代传播》2008年第3期。

［135］李良荣、张春华：《论知情权与表达权——兼论中国新一轮新闻改革》，载《现代传播（中国传媒大学学报）》2008年第4期。

［136］姚建龙：《四中全会依法治国之梦解读》，载《中国青年社会科学》2015年第2期。

［137］莫纪宏：《"全面推进依法治国"笔谈之一 全民守法

与法治社会建设》，载《改革》2014年第9期。

[138] 唐登然：《党管媒体：中国共产党意识形态建设的内在逻辑》，载《科学社会主义》2020年第1期。

[139] 夏倩芳：《党管媒体与改善新闻管理体制——一种政策和官方话语分析》，载《新闻与传播评论》2004年第00期。

[140] 刘伯高：《新媒体条件下党管媒体的环境适应性研究》，载《山西大学学报（哲学社会科学版）》2012年第4期。

[141] 洪浩：《非讼方式：农村民事纠纷解决的主要途径》，载《法学》2006年第11期。

[142] 张文香、萨其荣桂：《传统诉讼观念之怪圈——"无讼"、"息讼"、"厌讼"之内在逻辑》，载《河北法学》2004年第3期。

[143] 王天铮：《诱导还是警示：对明星吸毒新闻传播效果的实证分析》，载《国际新闻界》2018年第1期。

[144] 王中伟：《论事实认识错误的罪责认定》，载《法制与社会》2016年第36期。

[145] 王利明：《隐私权概念的再界定》，载《法学家》2012年第1期。

[146] 赵汀阳：《民主的最小伤害原则和最大兼容原则》，载《哲学研究》2008年第6期。

[147] 高勇：《浅析法律权威的范围与建构过程》，载《绵阳师范学院学报》2009年第9期。

[148] 滕晓慧、姜言文：《涉法涉诉信访的性质及其工作制度存在的必要性》，载《广播电视大学学报（哲学社会科学版）》2011年第2期。

[149] 芮必峰、余跃洪：《参与者：一种新的新闻职业观——再论"建设性新闻"与我国新闻传播理论和实践的创新发展》，载《当代传播》2020年第5期。

［150］徐敬宏、张如坤、张世文：《建设性新闻的冷思考：中西语境、理论风险与实践误区》，载《新闻大学》2020年第6期。

［151］芮必峰、余跃洪：《他山之石：从"建设性新闻"看我国新闻传播理论和实践的创新发展》，载《新闻大学》2020年第6期。

［152］许加彪、成情：《建设性新闻的产制语境、理论含蕴与学理旨归》，载《中国编辑》2020年第6期。

［153］白红义、张恬：《作为"创新"的建设性新闻：一个新兴议题的缘起与建构》，载《中国出版》2020年第8期。

［154］殷乐：《建设性新闻：要素、关系与实践模式》，载《当代传播》2020年第2期。

［155］胡百精：《概念与语境：建设性新闻与公共协商的可能性》，载《新闻与传播研究》2019年第S1期。

［156］吴飞、李佳敏：《从希望哲学的视角透视新闻观念的变革——建设性新闻实践的哲学之源》，载《新闻与传播研究》2019年第S1期。

［157］金苗：《建设性新闻：一个"伞式"理论的建设行动、哲学和价值》，载《南京社会科学》2019年第10期。

［158］陈薇：《建设性新闻的"至善"与"公共善"》，载《南京社会科学》2019年第10期。

［159］史安斌、王沛楠：《建设性新闻：历史溯源、理念演进与全球实践》，载《新闻记者》2019年第9期。

［160］徐敬宏等：《建设性新闻：概念界定、主要特征与价值启示》，载《国际新闻界》2019年第8期。

［161］晏青、凯伦·麦金泰尔：《建设性新闻：一种正在崛起的新闻形式——对凯伦·麦金泰尔的学术访谈》，载《编辑之友》2017年第8期。

（四）学位论文及论文集

[1] 关玫：《司法公信力研究》，吉林大学2005年博士学位论文。

[2] 樊非：《司法审判对社会主义法治精神培育研究》，西南大学2016年博士学位论文。

[3] 陈乐：《新闻客观性原理的法律解读》，复旦大学2007年博士学位论文。

[4] 孙日华：《裁判客观性研究》，山东大学2011年博士学位论文。

[5] 申琦：《论我国新闻舆论监督与司法公正》，广西大学2006年硕士学位论文。

[6] 简海燕：《媒体报道司法活动的法律限制——以美国为例》，中国政法大学2006年博士学位论文。

[7] 张晶晶：《法治传播：历史、范畴与意义》，载孙江主编：《传媒法与法治新闻研究（2017年卷）》，中国政法大学出版社2018年版。

（五）网络文章

[1] 陈建华：《加强党的领导 深化司法体制综合配套改革》，载http://www.qstheory.cn/dukan/hqwg/2018-01/25/c_1122313683.htm。

[2]《〈中国司法文明指数报告2019〉发布 司法文明发展向上》，载https://baijiahao.baidu.com/s?id=1680981410776119082&wfr=spider&for=pc。

[3]《中共中央关于全面深化改革若干重大问题的决定》，载http://www.scio.gov.cn/xwfbh/xwfbh/wqfbh/2013/2013n11y28/xgzc29567/Document/1351477/1351477_8.htm。

[4]《中央政法委首次通报五起干预司法典型案例》，载http://

politics. people. com. cn/n/2015/1107/c1001 -27787992. html。

［5］《坚持正面宣传为主需澄清的几个问题》，载 http：//www. qstheory. cn/wp/2016 -04/01/c_ 1118501756. htm。

二、英文文献

［1］Liesbeth Hermans, Cathrine Gyldensted, "Elements of constructive journalism: Characteristics, practical application and audience valuation", *Journalism*, Vol. 20, No. 4, 2018.

［2］Jelle Mast, Roel Coesemans, Martina Temmerman, "Constructive journalism: Concepts, practices, and discourses", *Journalism*, Vol. 20, No. 4, 2019.

［3］Peter Bro, "Constructive journalism: Proponents, precedents, and principles", *Journalism*, Vol. 20, No. 4, 2019.

［4］Unni From, Nete Nørgaard Kristensen, "Rethinking Constructive Journalism by Means of Service Journalism", *Journalism Practice*, Vol. 12, No. 6, 2018.

［5］Karen McIntyre, Cathrine Gyldensted, "Positive Psychology as a Theoretical Foundation for Constructive Journalism", *Journalism Practice*, Vol. 12, No. 6, 2018.

［6］Klaus Meier, "How Does the Audience Respond to Constructive Journalism?", *Journalism Practice*, Vol. 12, No. 6, 2018.

［7］Wilhelm Kempf, "Peace Journalism: A Tightrope Walk between Advocacy Journalism and Constructive Conflict Coverage", *Conflict & Communication Online*, Vol. 6, No. 2, 2007.

后　记

　　本书是本人主持的国家社会科学基金一般项目《我国司法公信力建设中的传媒角色与全媒体传播策略研究》（15BXW078）的结项成果之一。2018年底开始资料搜集，2020年12月完成初稿写作，2021年起几经修改，于2023年4月完成终稿。

　　我的博士生董宇璞和崔尧、硕士生王宇豪和曾旭婷参加了国社科课题研究，承担了资料搜集、深度访谈、问卷调查和初稿写作等工作。董宇璞和我一起访谈了8位受访人员、设计了问卷初稿并做了初级数据分析工作，她参与了第一章第二节、第三章的第三节、第六章的第一节的初稿写作工作；崔尧参与了文献综述、第一章第一节和第三节、第二章第一节、第三章第一节和第二节的初稿写作；王宇豪参与了第四章第一节和第二节的初稿写作，以及全书脚注的校对工作；曾旭婷参与了第六章第三节的初稿写作。

　　写作期间因为多种原因几经停滞，虽有诸多遗憾，所幸终能出版。感谢中国政法大学出版社副社长阚明旗对本书的大力支持，以及艾文婷、李美琦两位编辑的辛苦工作。

　　行到水穷处，坐看云起时。

王天铮

2023年10月